Informationsgerechtigkeit

Age of Access?
Grundfragen der Informationsgesellschaft

Herausgegeben von
André Schüller-Zwierlein

Editorial Board
Herbert Burkert (St. Gallen)
Klaus Ceynowa (München)
Heinrich Hußmann (München)
Michael Jäckel (Trier)
Rainer Kuhlen (Konstanz)
Frank Marcinkowski (Münster)
Michael Nentwich (Wien)
Rudi Schmiede (Darmstadt)
Richard Stang (Stuttgart)

Band 1

Informations-
gerechtigkeit

Theorie und Praxis der gesellschaftlichen
Informationsversorgung

Herausgegeben von
André Schüller-Zwierlein und
Nicole Zillien

DE GRUYTER
SAUR

ISBN 978-3-11-025884-4
e-ISBN 978-3-11-025885-1
ISSN 2195-0210

Library of Congress Cataloging-in-Publication Data
A CIP catalog record for this book has been applied for at the Library of Congress.

Bibliografische Information der Deutschen Nationalbibliothek
Die Deutsche Nationalbibliothek verzeichnet diese Publikation in der Deutschen Nationalbibliografie; detaillierte bibliografische Daten sind im Internet über http://dnb.dnb.de abrufbar.

© 2013 Walter de Gruyter GmbH, Berlin/Boston
Typesetting: Dr. Rainer Ostermann, München
Printing: Hubert & Co. GmbH & Co. KG, Göttingen
♾ Printed on acid free paper
Printed in Germany

www.degruyter.com

Age of Access?
Grundfragen der Informationsgesellschaft

Vorwort zur Reihe

Zugänglichkeit: Wann immer es um das Thema Information geht, gehört dieser Begriff zu den meistverwendeten. Er ist zugleich facettenreich und unterdefiniert. Zahlreiche seiner Dimensionen werden in unterschiedlichen Fachtraditionen analysiert, jedoch oft nicht als Teile derselben Fragestellung wahrgenommen. Die Reihe *Age of Access? Grundfragen der Informationsgesellschaft* geht die Aufgabe an, die relevanten Diskurse aus Wissenschaft und Praxis zusammenzubringen, um zu einer genaueren Vorstellung der zentralen gesellschaftlichen Rolle zu kommen, die die Zugänglichkeit von Information spielt.

Die ubiquitäre Rede von „Informationsgesellschaft" und „age of access" deutet auf diese zentrale Rolle hin, suggeriert aber – je nach Tendenz – entweder, dass Information allenthalben zugänglich ist, oder, dass sie es sein sollte. Beide Aussagen, so der Ansatz der Reihe, bedürfen der Überprüfung und Begründung. Der Analyse der Aussage, dass Information zugänglich sein sollte, widmet sich – grundlegend für die folgenden – der erste Band der Reihe, *Informationsgerechtigkeit*. Weitere Bände arbeiten die physischen, wirtschaftlichen, intellektuellen, sprachlichen, politischen, demographischen und technischen Dimensionen der Zugänglichkeit bzw. Unzugänglichkeit von Information heraus und ermöglichen so die Überprüfung der Aussage, dass Information bereits allenthalben zugänglich ist.

Einen besonderen Akzent setzt die Reihe, indem sie betont, dass die Zugänglichkeit von Information neben der synchronen auch eine diachrone Dimension hat – und dass somit beispielsweise die existierende Forschung zu Fragen der kulturellen Überlieferung ebenso wie die heute bekannten Überlieferungspraktiken die Diskussion zum Thema Zugänglichkeit von Information befruchten können. Daneben analysiert sie Potenziale und Konsequenzen der täglich entstehenden neuen Techniken und Praktiken der Zugänglichmachung. Sie durchleuchtet Bereiche, in denen Zugänglichkeit nur simuliert wird oder in denen die Unzugänglichkeit von Information nicht bemerkt wird. Und schließlich widmet sie sich Gebieten, in denen sich die Grenzen der Forderung nach Zugänglichkeit zeigen. Die Themen- und Diskursvielfalt der Reihe vereint eine gemeinsame Annahme: Erst wenn die Dimensionen der Zugänglichkeit von Information erforscht worden sind, kann man mit Recht von einer Informationsgesellschaft sprechen.

Die Publikation der Bände in gedruckter und elektronischer Form in Kombination mit der Möglichkeit der zeitversetzten Open Access-Publikation der Beiträge stellt einen Versuch dar, verschiedenen Zugänglichkeitsbedürfnissen Rechnung zu tragen.

André Schüller-Zwierlein

Danksagung

Ein großes Dankeschön der Herausgeber geht an Lena Berg, Julian Keitsch und Margret Laufer für ihre Korrekturen am Manuskript, an Alice Keller, Christina Lembrecht und Nina Valenzuela vom De Gruyter Verlag für ihre stete und zuverlässige Unterstützung in allen redaktionellen Fragen und an die Mitglieder des Editorial Boards der Reihe für ihre inhaltlichen Anmerkungen zum Konzept und den Beiträgen des Bandes.

Inhalt

André Schüller-Zwierlein, Nicole Zillien
Einleitung —— 1

Prinzipien einer gerechten Informationsverteilung

    André Schüller-Zwierlein
    Grundfragen der Informationsgerechtigkeit: ein interdisziplinärer Überblick —— 15

    Rainer Kuhlen
    In Richtung eines gerechten, inklusiven, nachhaltigen Umgangs mit dem Gemeingut (Commons) Wissen —— 46

    Wolfgang Benedek
    Menschenrechte in der Informationsgesellschaft —— 69

Unterschiede in der Verfügbarkeit und Nutzung von Informationen

    Anke Grotlüschen, Wibke Riekmann, Klaus Buddeberg
    Literalität als Element der Ungleichheitsreproduktion? Aufstieg eines Seitenthemas der deutschsprachigen Erwachsenenbildungsforschung —— 91

    Jan A.G.M. van Dijk
    Digitale Spaltung und digitale Kompetenzen —— 108

    Jan-Hinrik Schmidt
    Social Media – Verbreitung, Praktiken und Folgen —— 134

Maßnahmen zur gerechten Informationsverteilung

    Jan-Pieter Barbian
    Schlüssel zur Welt: Öffentliche Bibliotheken als gesellschaftliche Orte der Information und des Wissens —— 153

    Karsten Weber
    Informationsgerechtigkeit umsetzen —— 173

Dorothea Kleine
Informations- und Kommunikationstechnologien in der internationalen Entwicklungszusammenarbeit (ICT4D) —— 194

Über die Autoren —— 215

Register —— 216

André Schüller-Zwierlein, Nicole Zillien
Einleitung

Die Wurzel des Wortes Information liegt im Lateinischen: *informatio* bedeutet Vorstellung, Erläuterung, Deutung, aber auch Bildung, Belehrung oder Unterricht. Allgemein stammen Informationen entweder aus eigenen Erfahrungen und Gesprächen oder aus medial vermitteltem Erleben. Mit wachsender Mobilität, zunehmender Globalisierung und umfassender Mediatisierung gewinnt Zweiteres an Relevanz: Zu vielen Themen öffentlichen Belangs ist es Mitgliedern moderner Gesellschaften schlechterdings nicht mehr möglich, unmittelbare Erfahrungen aufzuweisen oder mit direkt Beteiligten zu sprechen, weshalb Medien – die die „raum-zeitlichen Bindungen und Bedingtheiten der Kommunikation von Angesicht zu Angesicht" (Höflich 2005, 69) überwinden – einen zentralen Stellenwert bezüglich der gesellschaftlichen Informationsverteilung einnehmen.

So revolutionierte schon der Buchdruck nicht nur den Produktionsprozess von Schriftstücken, sondern führte ab dem 15. Jahrhundert zu breiteren Möglichkeiten des Zugangs zu Informationen jedweder Art. Entsprechend kritisch wurden die neuen Möglichkeiten des Selbstlesens von jenen betrachtet, die bislang ein Lese- und damit auch ein Interpretationsmonopol hatten. So wandte sich das Zensuredikt des Erzbischofs von Mainz aus dem Jahr 1485 gegen das Selbstlesen ohne kirchliche Einordnung: „Denn wer wird den Laien und ungelehrten Menschen und dem weiblichen Geschlecht, in deren Hände die Bücher der heiligen Wissenschaften fallen, das Verständnis verleihen, den wahren Sinn herauszufinden?" (zitiert nach Scholz 2004, 17). Besondere Bedeutung bezüglich der Informationsverbreitung kam dem schnell distribuierbaren Druckwerk, den Pamphleten, fliegenden Blättern und schließlich dem im 17. Jahrhundert entstehenden Zeitungswesen zu. Die Zeitungslektüre fand – als Vorgang des Selbst- oder Vorlesens – über alle gesellschaftlichen Gruppierungen hinweg statt, weshalb sich die Befürworter der Zeitung eine Teilhabe der unteren Stände am öffentlichen Geschehen erhofften (vgl. Pompe 2004, 42). Kritiker hingegen warnten vor dem neuen Informationsmedium; beispielsweise weist ein juristisches Gutachten aus dem Jahr 1676 auf die aus krankhafter Neugier entstehende Zeitungssucht großer Bevölkerungsteile hin: „Sie lechzen danach, täglich nach Neuem zu fragen, Neues zu hören, Neues zu erzählen [...]. Ja einige sind so schrecklich neugierig und auf Neue Zeitungen so erpicht, dass sie sich nicht scheuen, sie sogar in den Kirchen während der heiligen Handlungen zu lesen oder zu hören sowie in Amtsstuben bei noch wichtigeren Beschäftigungen" (zitiert nach Pompe 2004, 44). Dabei waren zu dieser Zeit große Teile der Bevölkerung noch vom Selbstlesen ausgeschlossen. Erst die Reformation mit ihrer Forderung danach, dass die „Heilige Schrift in jedermanns Hand kommen und zur wichtigsten Lektüre werden [sollte]" (Fend 2006, 112), stieß eine breitere Alphabetisierung an. Für England wird für die Mitte des 17. Jahrhunderts ein Anteil an Lese- und Schreibkundigen von etwa 40 % geschätzt. Da zur Lese- und Schreibfähigkeit im deutschsprachigen Raum nur Teilstatistiken beispielsweise von Rekruten oder Eheschließenden existieren, lassen sich schwerlich repräsentative Zahlen nennen. In jedem Fall wurde im 17. Jahrhundert auch hier „das Analphabetentum zu einer Erscheinung des öffentlichen Lebens, die man erörterte" (Engelsing 1973, 45). Spätestens für die zweite Hälfte des 19. Jahrhunderts wird von einer umfassenden Alphabetisierung ausgegangen. Charles Dickens macht nichtsdestotrotz wiederholt auf den Zusammenhang von Armut und Analphabetismus aufmerksam. In seinem letzten, Mitte der 1860er Jahre entstandenen Roman *Unser gemeinsamer Freund* wiegt er in einem Gespräch die physische Einschränkung des einen Protagonisten durch ein Holzbein gegen die Leseunfähigkeit des anderen auf: „Hier bin ich, ein Mann ohne hölzernes Bein, dem alles Gedruckte verschlossen ist" (Dickens 1878, 84). Zur gleichen Zeit wurden – beispielsweise mit Karl Preuskers früher Beschreibung einer für alle Bürger zugänglichen Bibliothek (vgl. Preusker 1839) – Modelle entwickelt, wie Informationen für alle zugänglich gemacht werden konnten. Einhundert Jahre später zeigt Bernard Berelsons Studie „The Library's Public" (1949) für die USA, dass die Bibliotheksnutzung in hohem Ausmaß mit sozialstrukturellen Merkmalen korreliert und eher von jungen Menschen, eher von Hochgebildeten und tendenziell auch eher von Frauen erfolgt, wobei weite Teile der Bevölkerung die Bibliotheken überhaupt nicht nutzen: „As a source of information, the public library has little reality for most people" (Berelson 1949, 18). Dabei wurde mit den Öffentlichen Bibliotheken schon immer auch ein demokratietheoretisches Ideal verfolgt, das Michael Gorman in seiner Auseinandersetzung mit dem Bibliothekswesen im 21. Jahrhundert auf den Punkt bringt: „Democracy needs knowledgeable citizens, and libraries are prime movers in providing knowledge and information to the citizenry" (Gorman 2000, 170).

In seiner klassischen Arbeit „Der gut informierte Bürger. Ein Essay zur sozialen Verteilung von Wissen" skizziert der Wissenssoziologe Alfred Schütz den „gut informierten Bürger" als entsprechendes Mitglied demokratischer Gesellschaften: „Gut informiert zu sein bedeutet ihm zu vernünftig begründeten Meinungen auf Gebieten zu kommen, von denen er weiß, dass sie ihn zumindest mittelbar betreffen, auch wenn sie keinen Einfluss auf seinen zuhandenen Zweck haben" (Schütz 1946/2011, 117). Der gut informierte Bürger wird dabei einerseits vom „Experten" abgegrenzt, unterscheidet sich andererseits aber auch deutlich vom „Mann auf der Straße", der – so Schütz – in seiner Meinungsbildung von Emotionen geleitet und an öffentlichen Themen weitgehend uninteressiert ist. Es ist somit der „gut informierte Bürger", der dafür prädestiniert ist, das „aufgeklärte Verstehen" („enlightened understanding") zu praktizieren, welches der Demokratietheoretiker Robert Dahl als einen Standard des demokratischen Prozesses nennt. Nach Dahls Auffassung ist es in Demokratien unerlässlich, dass unabhängige und für alle zugängliche Informationen als Entscheidungsgrundlage im Meinungsbildungsprozess der Bürger existieren: „Each citizen ought to have adequate and equal opportunities for discovering and validating (within the time permitted by the need for a decision) the choice on the matter to be decided that would best serve the citizen's interests" (Dahl 1989, 112).

Empirische Studien machten jedoch schon früh darauf aufmerksam, dass ein harter Kern chronischer „Know-Nothing's" (Hyman/Sheatsley 1947, 413) existiert, der auch durch aufwändige Informationskampagnen kaum zu erreichen ist. In der Arbeit „Some Reasons Why Information Campaigns Fail" belegen die amerikanischen Meinungsforscher Hyman und Sheatsley (1947), dass unabhängig von konkreten politischen Themen sowohl Personen existieren, die generell eine hohe Motivation zur Informationsaufnahme haben, als auch solche, die sich hier fast durchweg ignorant verhalten. Angesichts der rasanten Medienentwicklung und -verbreitung drängte sich deshalb Mitte des 20. Jahrhunderts zunehmend die Frage auf, ob ein Anstieg medialer Information wirklich den Informationsstand aller Gesellschaftsmitglieder gleichermaßen verbessere. Hyman und Sheatsley (1947) führen aus, dass die Gründe, die Ende der 1940er Jahre üblicherweise als Barrieren der Informationsverbreitung ausgemacht werden – fehlende oder unangemessene Kommunikationsmöglichkeiten, politische oder ökonomische Barrieren – das Phänomen der gänzlich Uninformierten nur ansatzweise erklären. Jenseits der materiellen Barrieren gäbe es weitere Gründe, die eine umfassende Verbreitung von Informationen vereitelten: „Even if all the physical barriers to communication were known and removed there would remain many psychological barriers to the free flow of ideas" (Hyman/Sheatsley 1947, 412). Zu diesen „psychologischen Gründen" zählen die Autoren unterschiedliches Themeninteresse, Ungleichheiten der Informationsselektion und -aufnahme sowie unterschiedliche Interpretationen der verfügbaren Medieninformationen – womit sie die zentralen Argumentationsfiguren im Diskurs um die ungleiche Verteilung von Informationen schon vorzeichnen. In der Folgezeit widmeten sich zahlreiche weitere Studien der unterschiedlichen Diffusion von (Medien-)Informationen, wobei sich der Einfluss der sozioökonomischen Merkmale auf das Informationsverhalten als ein zentraler Forschungsgegenstand herauskristallisierte. Während Hyman und Sheatsley das (politische) Interesse als zentralen Faktor herausgestellt hatten, machten weitere Studien die formale Bildung, das Alter und das Geschlecht als Determinanten des Informationsverhaltens – und speziell des „know-nothingism" (Bennett 1988, 484) – aus. Insbesondere der Zusammenhang von Bildungsgrad und Informationsstand konnte in späteren Studien empirisch belegt werden. Es ließ sich zeigen, dass Höhergebildete jeweils in größerem Ausmaß von den Informationen der Massenmedien profitierten als Personen mit geringerer Schulbildung.

Anfang der 1970er Jahre existierten demnach bereits eine ganze Reihe an Arbeiten, die in Frage stellten, dass der Zuwachs an medialer Information den Wissensstand aller Mitglieder einer Gesellschaft gleichermaßen verbessere. Hierauf aufbauend hegten auch der Kommunikationswissenschaftler Phillip J. Tichenor und die Soziologen George A. Donohue und Clarice N. Olien von der University of Minnesota Zweifel daran, dass der Anstieg der massenmedialen Berichterstattung sozialisations- und bildungsbedingte Ungleichheiten kompensieren könne. Vielmehr formulierte das Forscherteam die Ansicht, dass im Zuge der wachsenden Verfügbarkeit medialer Informationen gesellschaftliche Wissensunterschiede sogar eher erweitert als abgebaut würden, was sie in der These einer wachsenden Wissenskluft auf den Punkt brachten: „As the infusion of mass media information into a social system increases, segments of the population with higher socioeconomic status tend to acquire this information at a faster rate than the lower status segments, so that the gap in knowledge between these segments tends to increase rather than decrease" (Tichenor et al. 1970, 159f.). Statusbezogene Wissensklüfte werden demnach im Laufe der Zeit durch massenmediale Informationsvermittlung nicht eingeebnet, ganz im Gegenteil: Sie weiten sich aus, da die „soziale Oberschicht zusätzliche ‚Informationshappen' schneller ‚verdaut' als die Unterschicht" (Horstmann 1991, 9). Zur Erklärung des Phänomens nennen Tichenor, Donohue und Olien (vgl. 1970, 162) mehrere Faktoren, die die sich mit zunehmender Medieninformation vergrößernden Wissensunterschiede zwischen den Statusgruppen plausibel machen und in nachfolgenden Arbeiten auch empirische Bestätigung fanden (vgl. Eveland/Scheufele 2000, 217f.): Höhere Medienkompetenz, größeres Vorwissen, das Verfügen über relevante Sozialbeziehungen, eine selektivere Informationssuche und -rezeption sowie die Affinität zu printmedialen Darstellungsformen resultieren hinsichtlich der Aneignung und Verwertung medial bereitgestellter Informationen in einer vorteilhaften Ausgangsposition für Personen mit höherem formalen Bildungsgrad.

Für das 21. Jahrhundert suggerieren die Begriffe ‚Informationsgesellschaft' und ‚age of access' die ubiquitäre Zugänglichkeit von Information – als Ist-Zustand ebenso wie als Norm.[1] Der Begriff der Informationsgesellschaft verweist im

---

[1] Der von Jeremy Rifkin im Rahmen der *access vs. ownership*-Debatte geprägte Begriff ‚age of access' bezeichnete ursprünglich ein Zeitalter, in dem der Besitz von Objekten durch den Erwerb von Zugangsrechten abgelöst wird (vgl. Rifkin 2001). Er wurde jedoch in der Folge eher als Bezeichnung für den „scheinbar unbegrenzte[n] und allzeitige[n] Zugang zu Informationen" (Landesmusikrat NRW 2012) in der heutigen Zeit verwendet.

wissenschaftlichen und politischen Schrifttum meist auf Information als Wirtschaftsfaktor (vgl. Weber 2005, 23). Gleichzeitig führt er jedoch in vielen Zusammenhängen die Konnotation mit, dass Information allenthalben zugänglicher sei als früher und dass dies im Hinblick auf die Erfüllung menschlicher Grundbedürfnisse auch so sein solle. Wie jüngere Forschungsergebnisse aus ganz verschiedenen Fachrichtungen zeigen, entspricht dies jedoch weder im internationalen noch im nationalen Kontext der Realität. So existieren nach wie vor Hürden in Bezug auf die technische und wirtschaftliche Zugänglichkeit. Beispielsweise hat über eine Milliarde Menschen weltweit keinen Strom (vgl. United Nations 2010, 7), womit die Nutzung elektronischer Medien ausgeschlossen ist. Weiterhin sind große Teile der Weltbevölkerung gar nicht oder nicht ausreichend mit Internetanschlüssen versorgt: „Internet access is still low in Africa, Asia, Latin America, the Caribbean and the Middle East" (Unwin 2009, 91). Darüber hinaus sind Informationen auch deshalb unzugänglich, weil die geforderten Kenntnisse und Fähigkeiten zur Informationssuche, Informationsgewinnung und -verarbeitung nicht vorhanden sind. So ist es kein Automatismus, dass sich mit der Diffusion der Informationstechnologien auch die notwendigen Fähigkeiten verbreiten – „the information literacy of young people has not improved with the widening access to technology: in fact, their apparent facility with computers disguises some worrying problems" (CIBER 2008, 12). Eine der zentralen individuellen Hürden, die den Zugang zu Informationen jeder Art erschweren, stellt der funktionale Analphabetismus dar (vgl. Grotlüschen et al. in diesem Band). Zudem variiert auch die Fähigkeit des sinnerfassenden Lesens in elektronischen Medien deutlich (vgl. Schwantner/Schreiner 2011). Auf der Angebotsseite lässt sich festhalten, dass 95 % aller öffentlichen Websites nicht nach den Maßstäben der ‚web accessibility' (vgl. die Homepage des European Disability Forum: http://www.edf-feph.org; zum Begriff vgl. z.B. Harper/Yesilada 2008) gestaltet sind – die enthaltenen Informationen sind demnach für Menschen mit entsprechenden Einschränkungen nicht zugänglich. Und generell sind viele Informationsangebote für ältere Menschen nur schwer nutzbar (vgl. Subasi et al. 2011; Harley et al. 2012; Czaja/Lee 2007). Hinzu kommen Probleme der sozialen und kulturellen Unzugänglichkeit, wie beispielsweise der Umstand, dass es Frauen in verschiedenen Ländern nicht möglich ist, alleine ein Internetcafé zu besuchen (vgl. Kleine 2011). Ganz allgemein variiert die Internetnutzung auch in Deutschland zwischen verschiedenen gesellschaftlichen Gruppierungen und korreliert zudem mit sozialen Ungleichheiten, wobei sich zeigt, dass wirtschaftlich und gesellschaftlich schlechter gestellte Personen in einem geringeren Ausmaße von der Verfügbarkeit des Internets profitieren als dies statushöheren Gruppierungen gelingt (vgl. Zillien 2009, 234). Alles in allem betreffen die beschriebenen Unzugänglichkeiten von Information nicht nur Randgruppen: Information ist für viele Menschen in vielerlei Hinsicht de facto unzugänglich – physisch, wirtschaftlich, intellektuell, sprachlich, politisch, technisch: „Die Informationsgesellschaft ist keine Gesellschaft der gleichmäßig Informierten" (Zimmer 2001, 66). Parallel zur Wissenskluftforschung der 1970er Jahre lässt sich deshalb auch für das Internetzeitalter fragen, ob die unbestritten existente Verbesserung der technischen Informationsverbreitung wirklich zu einer Verbesserung der allgemeinen Zugänglichkeit von Information und zu einem Ausgleich von Ungleichheiten in der Informationsversorgung führt. Vor diesem Hintergrund ist in den letzten zwei Jahrzehnten die Diskussion um die Informationsversorgung noch einmal deutlich aufgelebt, wobei auf der einen Seite insbesondere das Informations- und Demokratisierungspotenzial neuer Medientechnologien herausgestellt wird, während auf der anderen Seite wachsende Informationsungleichheiten konstatiert werden: „[T]here is mounting concern over the uneven distribution of the new information wealth, both within nations and internationally" (van den Hoven/Rooksby 2008, 376).

Die wachsenden Ungleichheiten der Informationsverteilung werden dabei insbesondere deshalb beklagt, weil angenommen wird, dass sie mit steigenden sozialen Ungleichheiten in Verbindung stehen. Soziale Ungleichheit liegt nach einer gängigen Definition dort vor, „wo die Möglichkeiten des Zugangs zu allgemein verfügbaren und erstrebenswerten sozialen Gütern [...] dauerhafte Einschränkungen erfahren und dadurch die Lebenschancen der betroffenen Individuen, Gruppen oder Gesellschaften beeinträchtigt bzw. begünstigt werden" (Kreckel 2004, 17). Sowohl in der aktuellen Ungleichheitsforschung als auch in den Theorien der Informations- und Wissensgesellschaft werden Information und Wissen zunehmend als eines dieser erstrebenswerten sozialen Güter angesehen. Peter Berger hält beispielsweise fest, dass „die Zugangsmöglichkeiten zu Informationen und Kommunikationskanälen sowie die Fähigkeiten, das ‚richtige' oder wenigstens das dem jeweiligen Kontext ‚angemessene' Wissen aus dem immer lauter anschwellenden ‚Rauschen' der weltweiten Dauerkommunikation herauszufiltern, eine eigenständige Dimension sozialer Ungleichheit [begründet]" (Berger 1999, 149). Dabei lässt sich – analog zur Rawls-Sen-Debatte, die die letzten Jahrzehnte der politischen Philosophie geprägt hat (vgl. den Beitrag von André Schüller-Zwierlein im vorliegenden Band) – ergänzen, dass die allgemeine Verfügbarkeit von Informationen der Forderung nach Informationsgerechtigkeit nicht Genüge tut. Ein zentrales Element der Herstellung von Informationsgerechtigkeit ist die Schaffung von Umständen, die die Mitglieder einer Gesellschaft de facto in den Stand setzen, die verfügbaren Güter für ihre (grundlegenden Lebens-)Ziele zu nutzen. In diesem Sinne definieren auch Leah A. Lievrouw und Sharon E. Farb den Begriff der Informationsgerechtigkeit als „the fair or reasonable distribution of information among individuals, groups, regions, categories, or other social units, such that those people have the opportunity to achieve whatever is important or meaningful to them in their lives" (Lievrouw/Farb 2003, 503).

Der vorliegende erste Band der Reihe *Age of Access? Theorie und Praxis der gesellschaftlichen Informationsversorgung* arbeitet nun – grundlegend für die folgenden Bände – heraus, wie das Gebot der Informationsgerechtigkeit begründet werden kann, wie sich Informationszugang und -nutzung sozialstrukturell unterscheiden und welche aktuellen Maßnahmen zur gerechteren Verteilung von Information existieren. Neben den verschiedenen Fachdisziplinen (u.a. Informationswissenschaft, Philosophie, Rechtswissenschaft, Geographie, Soziologie, Kommunikationswissenschaft) werden in dem Band unterschiedliche Diskurstraditionen (z.B. Digital Divide-Forschung, Menschenrechtsdiskurs, Bibliothekspraxis) vereint, um so die normativen, deskriptiven und praktischen Auseinandersetzungen mit dem Thema Informationsgerechtigkeit einerseits zu kontrastieren und andererseits – bei allen Unvereinbarkeiten und Widersprüchen – zu einem Forschungsbereich Informationsgerechtigkeit zusammenzuführen. Die Beschäftigung mit den normativen, den deskriptiven und den praktischen Aspekten der Informationsgerechtigkeit spiegelt sich dabei in den drei Abschnitten des Bandes wider, die im Folgenden weiter ausgeführt werden.

Teil 1: Begründung – Warum ist Informationsgerechtigkeit relevant?

Im ersten Teil des Bandes stehen die normative Begründung des Rechts auf Information sowie eine Auseinandersetzung mit möglichen Prinzipien einer gerechten Informationsverteilung im Vordergrund, wobei in erster Linie Antworten aus der Informationswissenschaft, der Philosophie und Rechtswissenschaft zum Tragen kommen. André Schüller-Zwierleins Beitrag zeigt dabei einleitend auf, welche *Grundfragen der Informationsgerechtigkeit* über die verschiedenen Disziplinen und Diskurse hinweg auszumachen sind. Rainer Kuhlen befasst sich aus informationsethischer Sicht mit *Information als Gemeingut*, wobei er die Bedingungen eines gerechten Umgangs mit Wissen und Information auslotet. Wolfgang Benedek widmet sich dem Thema *Menschenrechte in der Informationsgesellschaft* und behandelt hier die Diskurse um das Recht auf Information als Teil der Meinungsäußerungsfreiheit sowie um das Recht auf Internetzugang. Weiterhin arbeitet er die Relevanz bestehender Menschenrechte in der Informationsgesellschaft heraus und verweist darauf, dass diese Menschenrechte auch im Internet zu gewährleisten sind.

Teil 2: Metrik – Wie wird Informationsgerechtigkeit gemessen?

Der zweite Teil des Bandes beschreibt insbesondere aus der Perspektive der empirischen Sozialwissenschaften, welche unterschiedlichen Zugangs- und Nutzungsarten verfügbarer Information in verschiedenen Bevölkerungsgruppen zu beobachten sind. Das heißt, es wird empirisch gemessen, in welchem Ausmaß verschiedene Bevölkerungsgruppen Zugang zu spezifischen Informationen haben und in welcher Art und Weise sie diese nutzen. Anke Grotlüschen, Wibke Riekmann und Klaus Buddeberg beschäftigen sich in *Literalität als Element der Ungleichheitsreproduktion?* auf empirischer Basis mit den Schreib- und Lesefähigkeiten der Deutschen und zeigen unter anderem, dass 14 % aller erwerbsfähigen Deutschen als funktionale Analphabeten bezeichnet werden können. Der Soziologe Jan van Dijk widmet sich in seinem Beitrag *Digitale Spaltung und digitale Kompetenzen* den Unterschieden der Internetnutzung und insbesondere den statusspezifischen Fähigkeiten im Umgang mit dem neuen Medium, wobei er auf umfassendes empirisches Material verweist und aktuelle Ergebnisse einer eigenen Untersuchung vorstellt. Jan-Hinrik Schmidt schließlich beschreibt in seinem Beitrag *Social Media – Verbreitung, Praktiken und Folgen* aus kommunikationssoziologischer Sicht unterschiedliche Informationspraktiken im Social Web und zeigt auf, dass auch im interaktiven Netz Ungleichheiten und Machtunterschiede fortbestehen, weshalb die informationelle Selbstbestimmung eine unverzichtbare Kulturtechnik sei.

Teil 3: Ziele – Wie kann Informationsgerechtigkeit realisiert werden?

Im dritten Teil analysieren schließlich Informationspraktiker und Vertreter praxisorientierter Wissenschaften, welche Lösungsansätze es gibt, um manifeste Informationsungleichheiten bzw. Benachteiligungen in der Informationsversorgung auszugleichen. Es wird herausgearbeitet, wie und von welchen Institutionen verschiedene Arten der informationellen Ungerechtigkeit bzw. Unzugänglichkeit von Information angegangen werden. Jan-Pieter Barbian arbeitet in seinem Beitrag *Öffentliche Bibliotheken als gesellschaftliche Orte der Information und des Wissens* die Relevanz der Verfügbarkeit öffentlicher Bibliotheken für den Erwerb kultureller Schlüsselqualifikationen, die Teilhabe an Kultur und Bildung, die Integration von Migranten, die geistige Beschäftigung, den offenen Meinungsaustausch und die Vermittlung von Information und Wissen heraus, wobei er jeweils in einem ersten Schritt die theoretischen Grundlagen darlegt und diese dann anhand konkreter Beispiele aus der bibliothekarischen Arbeitspraxis veranschaulicht. Anhand dreier Maßnahmen zur Bekämpfung der digitalen Spaltung arbeitet Karsten Weber in seinem Beitrag *Informationsgerechtigkeit umsetzen* die Herausforderungen nachhaltiger Strategien zur gerechteren Verteilung von Informationszugang und -nutzung heraus. Dorothea Kleine schließlich beschäftigt sich mit dem Diskurs zu und der Praxis von *Informations- und Kommunikationstechnologien in der internationalen Entwicklungszusammenarbeit (ICT4D)* und zeigt auf, wie beides aus Perspektive der Informationsgerechtigkeit bewertet werden kann.

Dabei ist vielen praktischen Maßnahmen zur Herstellung von Informationsgerechtigkeit und empirischen Untersuchungen aus diesem Bereich gemein, dass sie zwar implizit den Informationszugang als gesellschaftlich relevantes Gut ansehen und eine gerechte Verteilung dieses Gutes normativ voraussetzen, diese Voraussetzung jedoch nur in Ansätzen „theoretisch-ethisch-faktisch" (Kuhlen 2001, 1) begründen. Die normativen Begründungen von Informationsgerechtigkeit verweisen hingegen kaum auf Ansätze aus der Praxis oder vorliegende Daten zur Informationsverteilung. Der vorliegende Band möchte die genannten Perspektiven vereinen und liefert – wie hier skizziert – Beiträge zur normativen Begründung der Informationsgerechtigkeit (Teil 1), zur empirischen Faktizität ungleicher Informationsverteilung (Teil 2) und zur praktischen Umsetzung einer umfassenderen Informationsgerechtigkeit (Teil 3). Der Versuch, all diese ihrerseits bereits interdisziplinären Forschungsbereiche zusammenzubringen, wurde bislang noch nicht unternommen. Der Band soll somit einen ersten Schritt zur Neufassung der interdisziplinären Auseinandersetzung mit den normativen, deskriptiven und praktischen Aspekten der ungleichen Informationsverteilung zu einem Gesamtgebiet Informationsgerechtigkeit darstellen.

Literatur

Bennett, S.E. (1988): „,Know-Nothings' Revisited: The Meaning of Political Ignorance Today". Social Science Quarterly 69:2, 476–90.
Berelson, B. (1949): The Library's Public. New York, NY: Columbia Press.
Berger, P.A. (1999): „Kommunikation ohne Anwesenheit. Ambivalenzen der postindustriellen Wissensgesellschaft". In: C. Rademacher; M. Schroer; P. Wiechens (Hrsg.): Spiel ohne Grenzen? Ambivalenzen der Globalisierung. Opladen: Westdeutscher Verlag, 145–167.
CIBER (2008): Information Behaviour of the Researcher of the Future. London: UCL/CIBER. (http://www.ucl.ac.uk/infostudies/research/ciber/downloads/ggexecutive.pdf).
Czaja, S.J.; Lee, C.C. (2007): „The Impact of Aging on Access to Technology". Universal Access in the Information Society 5:4, 341–349.
Dahl, R. (1989): Democracy and its Critics. New Haven, CT: Yale University Press.
Dickens, C. (1878): Unser gemeinsamer Freund I. Boz's (Dickens) sämmtliche Werke. Bd. 24. Leipzig: Weber.

Engelsing, R. (1973): Analphabetentum und Lektüre. Zur Sozialgeschichte des Lesens in Deutschland zwischen feudaler und industrieller Gesellschaft. Stuttgart: Metzler.
Eveland, W.P.; Scheufele, D.A. (2000): „Connecting News Media Use with Gaps in Knowledge and Participation". Political Communication 17:3, 215–237.
Fend, H. (2006): Geschichte des Bildungswesens. Der Sonderweg im europäischen Kulturraum. Wiesbaden: VS Verlag für Sozialwissenschaften.
Gorman, M. (2000): Our Enduring Values: Librarianship in the 21st Century. Chicago; London: American Library Association.
Harley, D. et al. (2012): „Intergenerational Context as an Emphasis for Design". Universal Access in the Information Society 11:1, 1–5.
Harper, S.; Yesilada, Y. (2008): Web Accessibility: A Foundation for Research. London: Springer.
Höflich, J.R. (2005): „Medien und interpersonale Kommunikation". In: M. Jäckel (Hrsg.): Mediensoziologie. Grundfragen und Forschungsfelder. Wiesbaden: VS Verlag für Sozialwissenschaften, 69–90.
Horstmann, R. (1991): „Knowledge Gaps Revisited". European Journal of Communication 6, 77–93.
Hyman, H.H.; Sheatsley, P.B. (1947): „Some Reasons Why Information Campaigns Fail". Public Opinion Quarterly 11, 412–423.
Kleine, D. (2011): „The Capability Approach and the ‚Medium of Choice': Steps towards Conceptualising Information and Communication Technologies for Development". Ethics and Information Technology 13:2, 119–130.
Kreckel, R. (2004): Politische Soziologie der sozialen Ungleichheit. 3., erweiterte Auflage. Frankfurt/M.: Campus.
Kuhlen, R. (2004): „Wissensökologie". In: R. Kuhlen et al. (Hrsg.): Grundlagen der praktischen Information und Dokumentation. 5. Ausg. 2 Bde. München: Saur, 105–113.
Kuhlen, R. (2001): „Universal Access – Wem gehört das Wissen?" Vortrag. (http://www.kuhlen. name/MATERIALIEN/Vortraege01-Web/publikationstext.pdf).
Landesmusikrat NRW (2012): Urheberrecht und Digitalisierung. Positionspapier des Landesmusikrats NRW. (http://www.miz.org/artikel/2012_Positionspapier_LMR_NRW_Urheberrecht_und_Digitalisierung.pdf).
Lievrouw, L.A.; Farb, S.E. (2003): „Information and Equity". Annual Review of Information Science and Technology 37, 499–540.
Pompe, H. (2004): „Die Neuheit der Neuheit: Der Zeitungsdiskurs im späten 17. Jahrhundert". In: A. Kümmel; L. Scholz; E. Schumacher (Hrsg.): Einführung in die Geschichte der Medien. Paderborn: UTB, 35–64.
Preusker, K. (1839): Ueber Stadt-Bibliotheken für den Bürgerstand, deren Nützlichkeit, Gründungs- und Aufstellungsart, damit zu verbindende Sammlungen und Orts-Jahrbücher. Leipzig: Hinrichs.
Rifkin, J. (2001): The Age of Access. New York: Tarcher/Putnam.
Scholz, L. (2004): „Die Industria des Buchdrucks". In: A. Kümmel; L. Scholz; E. Schumacher (Hrsg.): Einführung in die Geschichte der Medien. Paderborn: UTB, 11–34.
Schütz, A. (1946/2011): „Der gut informierte Bürger. Ein Essay zur sozialen Verteilung von Wissen". In: A. Göttlich; G. Sebald; J. Weyand (Hrsg.): Alfred Schütz-Werkausgabe, Bd. VI.2: Relevanz und Handeln 2. Gesellschaftliches Wissen und politisches Handeln. Konstanz: UVK, 115–132.
Schwantner, U.; Schreiner, C. (Hrsg.) (2011): PISA 2009. Lesen im elektronischen Zeitalter: Die Ergebnisse im Überblick. Salzburg: Bundesinstitut für Bildungsforschung, Innovation & Entwicklung des österreichischen Schulwesens. (https://www.bifie.at/node/284).

Subasi, Ö. et al. (2011): „Designing Accessible Experiences for Older Users: User Requirement Analysis for a Railway Ticketing Portal". Universal Access in the Information Society 10:4, 391–402.

Tichenor, P.; Donohue, G.A.; Olien, C. (1970): „Mass Media Flow and Differential Growth in Knowledge". Public Opinion Quarterly 34:2, 159–170.

United Nations (2010): Energy for a Sustainable Future. The Secretary-General's Advisory Group on Energy and Climate Change (AGECC). Summary Report and Recommendations. New York, NY: United Nations. (http://www.un.org/wcm/webdav/site/climatechange/shared/Documents/AGECC%20summary%20report%5B1%5D.pdf).

Unwin, T. (ed.) (2009): ICT4D: Information and Communication Technology for Development. Cambridge: Cambridge University Press.

van den Hoven, J.; Rooksby, E. (2008): „Distributive Justice and the Value of Information: A (Broadly) Rawlsian Approach". In: van den Hoven/Weckert 2008, 376–396.

van den Hoven, J.; Weckert, J. (eds) (2008): Information Technology and Moral Philosophy. Cambridge: Cambridge University Press.

Weber, K. (2005): Das Recht auf Informationszugang: Begründungsmuster der politischen Philosophie für informationelle Grundversorgung und Eingriffsfreiheit. Berlin: Frank & Timme.

Zillien, N. (2009): Digitale Ungleichheit: Neue Technologien und alte Ungleichheiten in der Informations- und Wissensgesellschaft. 2. Aufl. Wiesbaden: VS Verlag für Sozialwissenschaften.

Zimmer, D.E. (2001): Die Bibliothek der Zukunft. Text und Schrift in Zeiten des Internets. München: Ullstein.

Prinzipien einer gerechten Informationsverteilung

André Schüller-Zwierlein
Grundfragen der Informationsgerechtigkeit: ein interdisziplinärer Überblick

Informationsgerechtigkeit – erwähnt man diesen Begriff in der Öffentlichkeit, ergeben sich in den ersten Reaktionen meist schnell eine Reihe von Fragen: Warum sollten alle Menschen die gleiche Information haben? Besteht hier nicht die Gefahr der Nivellierung? Können alle Menschen mit der gleichen Information etwas anfangen? Benötigt jeder die gleiche Information? Will sie jeder? Wie stellt man sicher, dass jemand eine Information ‚hat'? Diese berechtigten Fragen umreißen Teile eines Forschungsgebietes, das in den letzten Jahrzehnten von verschiedenen wissenschaftlichen Disziplinen und Praxiszweigen mit jeweils eigenen Schwerpunkten und Methoden analysiert worden ist, oft ohne ausreichende gegenseitige Rezeption. Hier sind u.a. Rechtswissenschaft, Informationswissenschaft, Soziologie, Kommunikations- und Medienwissenschaft, Designforschung, Bibliothekswesen, Philosophie, Informatik und Politikwissenschaft zu nennen. Der vorliegende Beitrag versucht, die Untersuchung der Informationsgerechtigkeit als ein zusammenhängendes Forschungsgebiet zu skizzieren, und arbeitet, aufbauend auf den bisher in den verschiedenen Bereichen erzielten Erkenntnissen, aus interdisziplinärer Perspektive die Grundfragen der Informationsgerechtigkeit heraus.

Die Einzelstudien und grundsätzlichen Überlegungen aus den einzelnen Fachdiskursen, so zeigt eine systematische Analyse, basieren im Wesentlichen auf drei Grundfragen: Als *erste Grundfrage* wird die nach der *Begründung* gestellt: „Warum ist Informationsgerechtigkeit relevant?" Als *zweite Grundfrage* ergibt sich die der *Metrik*: „Wie wird Informationsgerechtigkeit gemessen?" Als *dritte Grundfrage* stellt sich die nach den *Zielen*: „Wie kann Informationsgerechtigkeit realisiert werden?" Im Folgenden werden diese als zentral erachteten Grundfragen im Einzelnen ausgeführt, die entsprechenden Diskurse erörtert und mögliche Antworten skizziert.

Begründung: Warum ist Informationsgerechtigkeit relevant?

Was ist Information?

Grundlegend für die Untersuchung des Gegenstands Informationsgerechtigkeit ist die Frage, was man eigentlich mit dem Begriff ‚Information' meint. Der Medienrechtler Thomas Hoeren betont zu Recht, dass sich die Frage „Warum Informationsgerechtigkeit?" nur beantworten lässt, „wenn man klärt, von welchem Gut eigentlich die Rede ist, das nach gerechten Maßstäben zu verteilen ist." (Hoeren 2004, 93) Um was für ein Gut handelt es sich also bei Information, welche spezifischen Eigenschaften hat es? Dass die in der Einleitung genannten Dokumente keine bestimmte Definition des Begriffs Information zugrunde legen, ist nicht ungewöhnlich, gibt es doch eine kaum mehr zu zählende Vielfalt von Definitionen: „[T]here is as yet no single, widely accepted definition for the concept of information." (Case 2007, 61) Diese Vielfalt beruht unter anderem darauf, dass der Begriff in einer Vielzahl von Kontexten und Disziplinen verwendet wird (vgl. Case 2007, 39–67; Kuhlen et al. 2004, 3–20; Janich 2007; Ott 2004; Capurro/Hjorland 2003). Es zeigt sich – nicht nur in diesem Punkt –, dass das Konzept der Informationsgesellschaft nicht ausreichend fundiert ist: „Die Bezeichnung *Informationsgesellschaft* gehört seit Jahrzehnten zu den beliebtesten Schlagworten, um den Wandel der Gesellschaft [...] zu beschreiben, ohne dass das Verständnis des Phänomens Information [...] wirklich letztlich geklärt wäre." (Ott 2004, 17)

Angesichts der Vielzahl an Definitionen kommt Sascha Ott zu dem Schluss, dass sich der Informationsbegriff „heute nur noch in Bezug auf einen bestimmten theoretischen Hintergrund verstehen" lasse (Ott 2004, 15). Es sollte jedoch nicht übersehen werden, dass zahlreiche Definitionen gemeinsame Merkmale aufweisen: Der Informationswissenschaftler Donald Case stellt heraus, dass bei der Definition des Begriffs Information „a core idea may be that it is a message expressed in some medium, and/or that it has the potential of altering a person's consciousness." (Case 2007, 41) Information ließe sich demnach als etwas charakterisieren, das (putativ, potenziell) übermittelt wird und das (putativ, potenziell) für ein Subjekt relevant ist.[1]

Auch wenn diese Merkmale bei weitem nicht alle diskutierten Dimensionen des Informationsbegriffs abdecken, ist insbesondere das zweite Merkmal für das Verständnis der Informationsgesellschaft fundamental: *Information ist im Kern bestimmt durch ihre Personenrelevanz*, d.h., Information ist immer Information *für* jemanden – Information, so wird in vielen Diskursen impliziert, die dieser Jemand haben *sollte*, für seine eigenen Zwecke (der Informationswissenschaftler Rainer Kuhlen bezeichnet Information auch als „adressatenbezogen"; Kuhlen 2004b, 11). Die Beschäftigung mit Informationsgerechtigkeit gründet in diesem

---

1 Gegenargumente im Stile der analytischen Philosophie, die Beispiele erfinden, wo Information de facto nicht übermittelt wird oder nicht relevant ist, verkennen, dass ein übertragener, notgedrungener, situativer oder metaphorischer Gebrauch eines Begriffs nicht seine grundsätzliche Definition ändert.

impliziten *Sollen*. Die Fokussierung auf den Aspekt der Personenrelevanz erlaubt es, die Bedingungen für die Behandlung von Information als gerechtigkeitsrelevantes Gut auszuloten, um sich einem *„gerechtigkeitstheoretischen Informationsbegriff"* (Hoeren 2004, 93) zu nähern: „Soweit [...] Information als Gegenstand der Verteilungsgerechtigkeit eine Rolle spielt, *interessiert* allein ihre Funktion im menschlichen Leben, ihre gesellschaftliche und individuelle Bedeutung." (Hoeren 2004, 93) In den folgenden Abschnitten werden drei Grundbedingungen der Behandlung von Information als gerechtigkeitsrelevantes Gut untersucht: Zunächst ist zu klären, in welcher Hinsicht Information *ein Gut von grundlegender individueller und gesellschaftlicher Relevanz* ist. Dann ist zu zeigen, dass es sich bei Information um ein *knappes Gut* handelt, denn nur diese Art von Gütern ist gerechtigkeitsrelevant. Und schließlich ist zu zeigen, dass ungleiche Informationsversorgung soziale Konsequenzen hat, dass es sich bei Information also um ein *stratifizierendes Gut* handelt.

Information als individuell und gesellschaftlich relevantes Gut

Sowohl in Wissenschaft und Informationspraxis als auch in der breiten Bevölkerung wird der Zugang zu Information mehr und mehr als ein Grundrecht betrachtet. So sehen nach einer neueren Studie 79 Prozent aller Erwachsenen den Zugang zum Internet als ihr fundamentales Recht an (BBC 2010).[2] Doch in welchen Hinsichten wird Information als Gut von grundlegender individueller und gesellschaftlicher Relevanz betrachtet? Eine entschiedene Aussage findet sich in einem Papier des Weltbibliotheksverbandes IFLA und der UNESCO aus dem Jahre 1994:

> Freiheit, Wohlstand und die Entwicklung der Gesellschaft und des einzelnen sind menschliche Grundwerte. Sie werden nur erreicht durch die Fähigkeit gutinformierter Bürger, ihre demokratischen Rechte auszuüben und aktiv in der Gesellschaft mitzuwirken. Konstruktive Teilnahme und die Entwicklung der Demokratie hängen von einer zufriedenstellenden Bildung genauso ab wie von freiem und ungehindertem Zugriff auf Wissen, Gedanken, Kultur und Informationen. (IFLA/UNESCO 1994)

Dieser Gedanke wurde in der Folge von vielen politischen Organisationen weitergeführt. Hier sind zum einen der von den Vereinten Nationen (UN) einberufene World Summit on the Information Society (WSIS; 2003 und 2005) sowie verwandte UN-Gruppierungen – z.B. die UN Group on the Information Society (UNGIS) –

---

2 Vgl. a. http://www.sueddeutsche.de/kultur/netz-debatte-warum-internet-zugang-kein-menschenrecht-ist-1.1258664.

herauszuheben. Zum anderen sind die vor allem im Information for All Programme (IFAP; 2000ff.) gebündelten Aktivitäten der UNESCO sowie die Bemühungen der EU in Richtung Informationsgesellschaft von Bedeutung.[3]

Die Aussagen der politischen Programme zur individuellen und gesellschaftlichen Bedeutung von Information stimmen weitgehend überein, bleiben jedoch häufig sehr abstrakt: „Access to information is fundamental to all aspects of our lives" (UNESCO 2009, 7); „Information and knowledge are crucial factors in human development" (APC/Hivos 2009, 11); „Access to information is a basic right" (Klironomos et al. 2006, 106). Gleichzeitig erwartet man sich viel: So sprach der World Summit on the Information Society (WSIS) z.B. von

> the potential of information and communication technology to promote the development goals of the Millennium Declaration, namely the eradication of extreme poverty and hunger; achievement of universal primary education; promotion of gender equality and empowerment of women; reduction of child mortality; improvement of maternal health; to combat HIV/AIDS, malaria and other diseases; ensuring environmental sustainability; and development of global partnerships for development for the attainment of a more peaceful, just and prosperous world. (WSIS 2003, 1)

Verschiedene Wissenschaftsdisziplinen haben versucht, die einzelnen Aspekte der individuellen und gesellschaftlichen Relevanz des Gutes Information genauer herauszuarbeiten. Hier lassen sich als zentrale Diskurse jene um (1) die Handlungs-, Planungs- und Entscheidungsrelevanz von Information, (2) Information als Grundelement der Entwicklungspolitik und (3) Information als Grundlage für politische Partizipation und Demokratie herausstellen.

(1) Information als handlungs-, planungs- und entscheidungsrelevant: Vertreter der politischen Philosophie, Rechtsphilosophie und Soziologie haben vor allem die Handlungs-, Planungs- und Entscheidungsrelevanz von Information betont und ihr bereits aus dieser Motivation heraus den Charakter eines Grundguts zugesprochen. Information sei als „Bestandteil von Handlungsabfolgen" (Weber 2005, 43), als „Vorstellungs-, Reflexions- und Entscheidungsbasis menschlicher Handlungen [...] notwendige Bedingung der menschlichen Freiheit" (Hoeren 2004, 94). Sie ermögliche die eigenständige Erreichung von Zielen (vgl. van Dijk 2005, 88; Lievrouw/Farb 2003, 504), erweitere Wahlmöglichkeiten und sei notwendig für eine rationale Lebensplanung (vgl. van den Hoven/Rooksby 2008, 382).

(2) Information als Grundelement der Entwicklungspolitik: Die Zugänglichkeit von Information wird zunehmend als Grundelement des Fortschritts in Entwicklungsländern angesetzt. Die Bedeutung der Zugänglichkeit von Information wird

---

3 Einen Überblick über die relevanten Organisationen und Programme bietet z.B. Unwin 2009, 127.

nicht nur im wirtschaftlichen Bereich gesehen, sondern auch in Bereichen wie der Gesundheit. Die Bedeutung der Informationsversorgung für die Entwicklungspolitik stellt neben Initiativen wie ‚Beyond Access: Libraries Powering Development' (http://www.beyondaccess.net/) vor allem die letztlich ethisch motivierte Forschungsrichtung ICT4D (Information and Communication Technologies for Development; vgl. Unwin 2009) heraus. Diese relativ junge, seit Ende des 20. Jahrhunderts bestehende Forschungsrichtung geht über die empirische Digital-Divide-Forschung (vgl. u. S. 23) in Richtung praktischer Lösungen hinaus und untersucht, „how information and communication technologies (ICTs) can be used to help poor and marginalized people and communities make a difference to their lives" (Unwin 2009, 1). ICT4D hat auch die Bedeutung des Gutes Information herausgearbeitet, die angesichts von z.B. Hungersnöten häufig in Frage gestellt wird: Die Schnelligkeit der Veränderungen in den letzten Jahren führe dazu, „that it is no longer a question of *whether* to provide books or ICTs, but rather how we can ensure that ICTs do not become yet another means whereby large segments of the world's population are further systematically disadvantaged." (Unwin 2009, 29–30)

(3) Information als Grundlage für politische Partizipation und Demokratie: Verschiedene Disziplinen haben in den letzten Jahren die Bedeutung von Information als Grundlage für politische Partizipation und Demokratie herausgearbeitet, darunter die politische Philosophie (vgl. Weber 2005, 25), die Soziologie (vgl. Zillien 2009, 88), die Kommunikationswissenschaft (vgl. Gerhards/Neidhardt 1990, 6, 13, 15) und die Informationswissenschaft: „Democratic political systems", so Leah A. Lievrouw und Sharon E. Farb, „make claims to legitimacy partly on the basis of their citizens' ability to seek and obtain reliable, credible information" (Lievrouw/Farb 2003, 504). Bezogen auf entwickelte wie auf Entwicklungsländer entstehen hier zunehmend interdisziplinäre Ansätze, die sich spezifisch mit diesem Aspekt befassen, etwa das Program on Liberation Technology der Universität Stanford (vgl. Diamond 2010). Information wird zudem mehr und mehr als Element der Realisierung von Grundrechten angesehen (vgl. z.B. Weber 2005, 20, 280–281). Beiträge aus politischer Philosophie (Weber 2005), Digital-Divide-Forschung (van Dijk 2005), Rechtswissenschaft (Hoeren 2004) und Informationsethik (van den Hoven/Rooksby 2008; Duff 2006, 2011) versuchen, diese Aussagen in einem theoretischen Rahmen weiter zu formalisieren: Information sei als Primärgut („primary good") im Sinne der Gerechtigkeitstheorie von John Rawls zu sehen, als Gut also, „that every rational man is presumed to want." (Rawls 1971, 62) Information wird so in ihrer Bedeutung nicht nur Wohlstand und Einkommen, sondern auch Grundrechten und -freiheiten (vgl. Rawls 1971, 62, 92) gleichgestellt. Zudem wird ihre Rolle als Grundlage für die Erlangung anderer Primärgüter betont (vgl. Lievrouw/Farb 2003, 504).

Zusammenfassend lässt sich festhalten, dass Information hier als eines der Mittel angesehen wird, das notwendig ist, um die eigenständige Verwirklichung des eigenen Lebensplanes zu ermöglichen und damit Freiheit und Gleichheit im Sinne eines modernen Staates zu verwirklichen. Nach Karsten Weber muss Informationsgerechtigkeit zum Ziel haben, „die Autonomie der einzelnen Personen zu stärken, damit sie kompetent am sozialen Leben der Gesellschaft teilhaben können" (Weber 2005, 303). So ist Information in der Tat als „notwendige Bedingung der menschlichen Freiheit" (Hoeren 2004, 94) verstehbar.

Information als knappes Gut

Zur Begründung der Frage nach der Informationsgerechtigkeit ist jedoch auch nachzuweisen, dass Information ein knappes Gut ist, also ein Gut, bei dem es „ein Missverhältnis zwischen den Bedürfnissen der Menschen und der Menge vorhandener Güter" (Brunner/Kehrle 2009, 29) gibt, bzw. das in verschiedensten möglichen Hinsichten (z. B. Zeitpunkt, Ort, Qualität, Aufbereitung für die Weiterverarbeitung, Ausrichtung auf ein bestimmtes Publikum) nicht ausreichend für jeden verfügbar ist und bei dem daher in gewissem Maße Gerechtigkeitsmechanismen erforderlich sind. Der Soziologe Jan van Dijk hat detailliert gezeigt, dass es sich bei Information nicht nur um ein Primärgut, sondern auch um ein positionales Gut („positional good") und damit um ein knappes Gut handelt:

> [I]nformation appears to be a positional good [...]. These are goods that, by definition, are scarce. [...] One is only able to acquire these goods when one occupies a particular position. [...] (van Dijk 2005, 138) This means that despite the phenomenon of rising information overload, information can be scarce in particular circumstances. Some positions in society create better opportunities than others for the gathering, processing, and use of valuable information. (van Dijk 2005, 143)

Auch der Philosoph Edward Craig hat aus epistemologischer Perspektive auf die Positionalität von Information hingewiesen und diese als grundlegendes Element menschlicher Gesellschaftsbildung herausgearbeitet (vgl. Craig 1990, 11).

Es gibt jedoch im jüngeren wissenschaftlichen und politischen Schrifttum eine Argumentationslinie, die dies bestreitet und (je nach Schwerpunktsetzung) argumentiert, Information sei ein *nicht (notwendig) knappes* oder ein *unverbrauchbares* bzw. *nicht-rivalisierendes* Gut und solle *deshalb* als öffentliches Gut kostenlos zur Verfügung stehen (zur Gesamtdiskussion s. z.B. den Beitrag von Rainer Kuhlen im vorliegenden Band sowie Brintzinger 2010). Diese Argumentation ist jedoch in ihrer Pauschalität, nicht nur bezüglich des Informationsbegriffs, problematisiert worden: Information ist nicht nur, wie gesehen, als ein knappes, weil positionales, Gut verstehbar, sondern muss auch *nicht grundsätzlich* ein unverbrauchbares Gut sein – bei manchen Informationen geht es ausschließlich um den Neuigkeitswert. Zudem zeigt etwa der Markt für elektronische Informationsmedien, dass die Positionalität auch etwas mit der finanziellen ‚Position' zu tun hat: Unternehmen investieren eigene Mittel, um informationelle Leistungen zu erbringen, die ansonsten nicht erbracht werden könnten, und verkaufen diese Leistungen dann (und genießen dafür einen gewissen urheberrechtlichen Investitionsschutz). Wie der Philosoph Karsten Weber sagt,

> muss festgehalten werden, dass unter Bedingungen einer Marktwirtschaft 1) die Produktion von Information grundsätzlich einen Preis hat, der von den Erzeugern in irgendeiner Weise erwirtschaftet werden muss und 2) dadurch sehr schnell Mechanismen greifen, die aus einem beliebig vermehrbaren Gut ein knappes Gut machen (Weber 2005, 281).

Es schließt sich jedoch die Diskussion an, ob insbesondere *gewisse Klassen* von Informationen knapp sind bzw. als öffentliche Güter anzusehen und somit Teil der „informationellen Grundversorgung" (Weber 2005, 280, 283, 297; s. a. u. S. 36–37) sind.

Information als stratifizierendes Gut

Schließlich ist zur Begründung der Frage nach der Informationsgerechtigkeit nachzuweisen, dass informationelle Ungleichheit benachteiligende Effekte hat und dass sie mit anderen sozialen Ungleichheiten korreliert. Dies zeigt sich anschaulich beispielsweise im Bereich statusdifferenter Arten der Internetnutzung:

> Ebenso wie im Fall der Wissenskluftforschung erfordert die Untersuchung der digitalen Spaltung als Ungleichheitsphänomen [...] den Nachweis, dass die Differenzen im Zugang und in der Nutzung neuer Technologien zu einem Privilegierungs- beziehungsweise Benachteiligungszusammenhang führen. [...] Wird die digitale Spaltung als Ungleichverteilung eines stratifikatorisch irrelevanten Gutes definiert, so ist sowohl die sozialwissenschaftliche Relevanz als auch die Notwendigkeit staatlicher Gegenmaßnahmen in Frage gestellt. (Zillien 2009, 86–87)

Aktuelle Theorien der Informations- und Wissensgesellschaft (Castells, Stehr etc.) stellen Information und Wissen in der Tat als stratifizierendes Gut dar (vgl. Zillien 2009, 57), soziologische Ungleichheitstheorien verweisen auf die (wachsende) Relevanz des Wissens als Determinante sozialer Ungleichheit. Jüngere Studien aus der Soziologie (vgl. van Dijk 2005, 181; vgl. a. Zillien 2009), der politischen Philosophie (vgl. Weber 2005, 15), der Informationswissenschaft (vgl. Lievrouw/

Farb 2003, 504) und der Medienwissenschaft (vgl. Helsper 2008, 8, 15) haben belegt, dass informationelle Ungleichheit eng mit anderen sozialen Ungleichheiten verbunden ist und diese sogar befördern kann. Zudem haben diese Studien dazu beigetragen, die Auswirkungen der Informationsversorgung nicht als rein technisch zu lösendes Problem, sondern als komplexes soziales Phänomen zu betrachten:

> Divides *are* byproducts of old inequalities, digital technology *is* intensifying inequalities, and new inequalities *are* appearing. Both old and new inequalities are shown to be working, and it becomes clear that digital technology has its own enabling and defining role to play. (van Dijk 2005, 6)

Information ist demnach nicht nur eine Dimension sozialer Ungleichheit, sondern wirkt gleichsam als Ungleichheitsdeterminante, d.h., Information ist ein Gut, das bei ungleicher Verteilung auch Auswirkungen auf die Verteilung anderer Güter haben kann. Hier stellt sich jedoch die Frage, wie die ungleiche Verfügbarkeit von Information überhaupt gemessen werden kann.

Metrik: Wie wird Informationsgerechtigkeit gemessen?

Objekt der Informationsgerechtigkeit

Eine zentrale Frage im Hinblick auf die Messbarkeit von Informationsgerechtigkeit ist die Frage, ob Information selbst das *Objekt* der Verteilungsgerechtigkeit sein kann oder ob es nicht eher um die Ermöglichung gleichen Zugangs zu Information, also um die gleiche faktische *Möglichkeit* der Nutzung, gehen muss. In der jüngeren Debatte – hier sind Autoren wie der Philosoph Jeroen van den Hoven, der Soziologe Jan van Dijk (vgl. van Dijk 2005, 165) und der Rechtswissenschaftler Thomas Hoeren (vgl. Hoeren 2004, 92) zu nennen – zeichnet sich ab, dass die zweite Sicht angemessener ist: „[W]e take access to information to be the most appropriate candidate for primary good status" (van den Hoven/Rooksby 2008, 381).

Eine weitere Frage stellt sich sofort: Geht es denn um Zugang zu allen Klassen von Information? Sind wirklich alle Klassen von Information individuell und gesellschaftlich von Relevanz und damit gerechtigkeitsrelevant? Gibt es bei Informationen verschiedene Relevanzebenen (z.B. Alltagsrelevanz, Berufsrelevanz, Gesundheitsrelevanz, Wohlstandsrelevanz)? Wäre die Gerechtigkeit nur für bestimmte Relevanzebenen gültig? Für den Bereich der Entwicklungspolitik hat die ICT4D-Forschung zentrale Informationsklassen definiert, darunter Informationen zu Gesundheitsfragen und zur Landwirtschaft (vgl. Unwin 2009, 249–282, 321–359). Der Informationswissenschaftler Alistair Duff (vgl. Duff 2011) geht die grundsätzliche Diskussion um die betroffenen Informationsklassen erstmals skizzenhaft an und eröffnet damit eine Diskussion, die weiter zu vertiefen ist.

Dimensionen der Zugänglichkeit

Wird die Zugänglichkeit von Informationen als Objekt der Informationsgerechtigkeit angesehen, stellt sich gleich eine Anschlussfrage: Wann ist eigentlich eine Information für jemanden zugänglich? Was heißt Zugänglichkeit? Bei genauerem Hinsehen sind hier wiederum die Grundlagen der Informationsgesellschaft, trotz des akklamierten ‚age of access', erstaunlich wenig ausgearbeitet: „[B]asic concepts such as access remain ill defined." (van Dijk 2005, 9) Jüngere Forschungen haben darauf hingewiesen, dass es sich bei ‚access' um ein komplexes, multidimensionales Phänomen handle, und haben eine „Differenzierung von Access" (Kuhlen 2001, 9) bzw. „a refinement of the concept of *access*" (van Dijk 2005, 16) gefordert.

Verschiedene Forschungsansätze haben entsprechend in den letzten Jahren versucht, die Dimensionen des Phänomens Zugänglichkeit herauszuarbeiten. Hier ist vor allem die Digital-Divide-Forschung zu nennen (vgl. z.B. Zillien 2009; van Dijk 2005). Diese interdisziplinäre, sozialwissenschaftlich geprägte Forschungsrichtung hat sich hauptsächlich seit den 1990er Jahren entwickelt, baut jedoch auf früheren Arbeiten u.a. aus der Wissenskluftforschung auf (vgl. Zillien 2009, 69). Beginnend mit binären Ansätzen (‚information haves and have-nots'), hat die Digital-Divide-Forschung in den letzten Jahren immer komplexere Modelle der ungleichen Informationsversorgung und der Zugänglichkeit von Information entwickelt (vgl. Zillien 2009, 90–125). So ist auch zunehmend von „digitaler Ungleichheit" (vgl. Zillien 2009) die Rede, da das binäre Konzept einer digitalen Spaltung sich als unterkomplex erweist, „because the reality that it tries to capture is irreducibly multifaceted as well as continuously reconfiguring." (Duff 2011, 604) Eines der grundlegendsten Modelle digitaler Ungleichheit, das trotz der Konzentration auf digitale Medien viele wichtige Dimensionen der Zugänglichkeit von Information herausarbeitet, hat der Soziologe Jan van Dijk 2005 publiziert. Hier spielen neben dem technischen bzw. physischen Zugang – den van Dijk seinerseits als komplexes Phänomen herausarbeitet – auch Motivation, Fähigkeiten und Nutzungsgewohnheiten eine wichtige Rolle bei der Zugänglichkeit von Information (vgl. van Dijks Beitrag im vorliegenden Band).

Auch andere Forschungsrichtungen, z.B. ICT4D (vgl. Unwin 2009), Human-Computer-Interaction (vgl. Macías et al. 2009; Cairns/Cox 2008), Information Behavior Research (vgl. Case 2007; Fisher et al. 2005) oder Neuroergonomie (vgl. Parasuraman/Rizzo 2008), haben auf die Komplexität des Zugänglichkeitsbegriffs hingewiesen. Insgesamt zeigt sich, dass hier nur ein interdisziplinärer Ansatz fruchtbar sein kann, da die physischen, wirtschaftlichen, intellektuellen, psychologischen, sprachlichen, politischen, demografischen und technischen Rahmenbedingungen der Zugänglichkeit von Information zu untersuchen sind. Herauszuheben ist weiterhin, dass die Zugänglichkeit von Information auch diachrone Dimensionen hat. Gleichzeitig entstehen in Bereichen wie Informationserschließung und Informationsdesign täglich neue Techniken und Praktiken, die weitere Dimensionen der Zugänglichkeit aufzeigen. Und schließlich werden auch deutliche Grenzen der Forderung nach Zugänglichkeit sichtbar, etwa bei Urheberrecht und Datenschutz. Noch komplexer wird die Erfassung des Phänomens Zugänglichkeit dadurch, dass mehrere Dimensionen sich überlappen, gegenseitig bedingen oder miteinander konkurrieren können. Da eine Gerechtigkeitstheorie jedoch generell „die Mehrdimensionalität der Ungleichheit" (Weber 2005, 258) erkennen sollte, besteht die erste Aufgabe einer Theorie zur Informationsgerechtigkeit darin, alle Dimensionen der Unzugänglichkeit von Information auszuloten.

‚Resources' oder ‚Capabilities'? Die Metrik der Zugänglichkeit

Wie kann nun diese Vielfalt an Dimensionen in ein Konzept der Informationsgerechtigkeit gefasst werden? Will man vergleichen, wer in welchem Umfang Zugang zu Informationen hat, braucht man eine entsprechende Metrik: „Any substantive theory of ethics and political philosophy, particularly any theory of justice, has to choose an informational focus, that is, it has to decide which features of the world we should concentrate on in judging a society and in assessing justice and injustice." (Sen 2009, 230) Für jede Dimension der Unzugänglichkeit von Information ist demnach eine spezifische Metrik zu entwickeln. Hier stellt die Gerechtigkeitsdebatte in der politischen Philosophie einen guten Ausgangspunkt dar.

In den letzten Jahrzehnten – angestoßen durch John Rawls' zentrales Werk *A Theory of Justice* (1971) – ist die Debatte um die Metrik der Gerechtigkeit intensiviert und explizit worden: „Over the last decades, political theorists and philosophers have at length debated the question what the proper metric of justice is. [...] Should we evaluate the distribution of happiness? Or wealth? Or life chances? Or some combination of these and other factors?" (Brighouse/Robeyns 2010, 1)

Auch wenn vereinzelt weitere Gerechtigkeitstheorien in Diskussionen zur Informationsgerechtigkeit einbezogen worden sind, z.B. die von Ronald Dworkin (vgl. Dworkin 2000) und Michael Walzer (vgl. Walzer 1983), steht im Folgenden die Debatte, die aus der Reaktion des Wirtschaftsnobelpreisträgers Amartya Sen auf Rawls' Werk entstanden ist (Rawls-Sen-Debatte) (vgl. stellvertretend Rawls 1971; Sen 2009; Brighouse/Robeyns 2010) im Vordergrund, da diese sich im Kern um die Frage der Metrik dreht. Sen hat dies in seinem berühmten Aufsatz „Equality of What?" (1979) auf den Punkt gebracht: Gerechtigkeitstheorien, so Sen, basieren immer auf Vorstellungen von Gleichheit, sie sind sich nur uneinig darin, was gleich zu verteilen ist. Die bekanntesten Antworten auf diese Frage in der Philosophie wie in der Entwicklungspolitik der letzten Jahrzehnte sind: *resources* bzw. *goods* (Rawls) und *capabilities* (Sen) (vgl. Brighouse/Robeyns 2010, 1).

Rawls formuliert in seiner Theorie zwei Grundsätze der Gerechtigkeit als Fairness (vgl. Rawls 1971, 302–303). Erstens sollte jede Person das gleiche Recht auf das umfangreichste Gesamtsystem gleicher Grundfreiheiten haben, das mit einem ähnlichen System von Freiheiten für alle kompatibel ist. Und zweitens müssen soziale Ungleichheiten a) mit gesellschaftlichen Positionen verbunden sein, die unter Bedingungen fairer Chancengleichheit allen offenstehen, und b) den am wenigsten begünstigten Gesellschaftsmitgliedern den größten Vorteil bringen. Dabei ist es der Grundsatz des Rawlsschen Ansatzes, dass die Primärgüter gleich verteilt werden sollen, es sei denn, eine Ungleichverteilung würde die Situation der am schlechtesten gestellten Gesellschaftsmitglieder verbessern. Primärgüter sind, wie oben gesehen, für Rawls „things that every rational man is presumed to want. These goods normally have a use whatever a person's rational plan of life" (Rawls 1971, 62).[4] Primärgüter sind die Rawlssche Maßeinheit der Gerechtigkeit.

Ein Hauptkritikpunkt an diesem Ansatz, der auch als „resourcism" oder „social primary goods metric" (Brighouse/Robeyns 2010, 26, 3) bezeichnet worden ist, ist seit den späten 1970ern gewesen, dass er sich nur auf die Güterverteilung fokussiere, ohne zu berücksichtigen, was der einzelne Mensch (mit den ihm eigenen Bedürfnissen und Fähigkeiten) mit diesen Gütern anfangen könne (vgl. Brighouse/Robeyns 2010, 1). Diese Linie der Kritik ist vor allem von dem Wirtschaftswissenschaftler Amartya Sen, später auch von der Philosophin Martha Nussbaum ausgearbeitet worden. Sen fokussiert, in direkter Replik auf Rawls, die Messung der Gerechtigkeit auf das, was ein Mensch in der Lage sein soll zu tun:

> Instead of looking at people's holdings of, or prospects for holding, external goods, we look at what kinds of functionings they are able to achieve. As Sen puts it, in a good theory of

---

4 Hierunter fallen jedoch – dies haben Kritiker oft unterschlagen – neben Wohlstand und Einkommen auch „rights and liberties, opportunities and powers" (Rawls 1971, 92).

> well-being, ‚account would have to be taken not only of the primary goods the persons respectively hold, but also of the relevant personal characteristics that govern the *conversion* of primary goods into the person's ability to promote her ends. [...]' (Brighouse/Robeyns 2010, 2)

Sen baut also auf Rawls auf, setzt jedoch den Akzent auf die sogenannten *capabilities* (Möglichkeiten der Nutzung der Güter für die eigenen Zwecke): Die gleiche Verfügbarkeit von Gütern sei nicht ausreichend; es müsse sichergestellt werden, dass alle die gleichen *capabilities* haben, um die gleichen *functionings* („what he or she manages to do or be", Sen 1999b, 7) zu erzielen. Der *capability approach*, so Sen, „proposes a serious departure from concentrating on the *means* of living to the *actual opportunities* of living" (Sen 2009, 233). Dabei betont Sen die Unterschiede in den individuellen Konversionsmöglichkeiten:

> In the exalted place that Rawls gives to the metric of primary goods, there is some general downplaying of the fact that different people, for reasons of personal characteristics, or the influences of physical and social environments, or through relative deprivation [...], can have widely varying opportunities to convert general resources [...] into capabilities – what they can or cannot actually do. The variations on conversion opportunities are not just matters of what can be seen as ‚special needs', but reflect pervasive variations [...]. (Sen 2009, 261)

Ziel seines Ansatzes ist die „basic capability equality" (Sen 1979, 217), nicht die Gleichverteilung von Gütern. Armut sieht Sen insbesondere als „capability deprivation" (Sen 2009, 254), als Verlust der Möglichkeit, etwas zu tun.

Auch diesem Ansatz sind jedoch Grenzen gesetzt: Sen selbst betont, dass es bei der Beurteilung des *well-being*, beim interpersonellen Vergleich der Besser- oder Schlechter-Stellung, eher um „partial orderings" (Sen 1999b, 11; vgl. a. Sen 2009, 102–105, 396–400), Teilordnungen, gehen könne als um eine abschließende Ordnung. Es sei unwahrscheinlich, dass man eine einzige Metrik finden könne, „a magic measure" (Sen 1999b, 4), die in allen Kontexten applikabel wäre. Wissenschaftler verschiedener Disziplinen haben weitere Begrenzungen des Senschen Ansatzes herausgearbeitet, beispielsweise im Hinblick auf die praktische Umsetzbarkeit (Kleine 2011, 119). Darüber hinaus ist die (von Sen selbst etablierte) Kontrastierung der beiden Ansätze nicht in allen Details haltbar (vgl. z.B. Brighouse/Robeyns 2010).[5]

Insgesamt machen die Theorien in der gegenseitigen Kritik jedoch auf wichtige Aspekte einer Theorie der Gerechtigkeit aufmerksam. Neben der Frage der

---

5 Beispielsweise wollen sich beide Ansätze mit einer objektiven Metrik von historisch einflussreichen subjektiven Metriken abheben (vgl. Brighouse/Robeyns 2010, 81, 85).

Metrik arbeiten sie so z.B. eine zentrale Frage zum Freiheitsbegriff heraus: „In contrast with the utility-based or resource-based lines of thinking, individual advantage is judged in the capability approach by a person's capability to do things he or she has reason to value. [...] The focus here is on the freedom that a person actually has to do this or be that" (Sen 2009, 231; vgl. a. Sen 2009, 291–317; Sen 1999a). Sen hat hier einen deutlich weiteren Freiheitsbegriff als Rawls – hieran hängt letztlich die ganze Debatte. Bei Rawls ist die Freiheit, etwas zu tun, unabhängig davon, ob man es de facto tun kann:

> The inability to take advantage of one's rights and opportunities as a result of poverty and ignorance, and a lack of means generally, is sometimes counted among the constraints definitive of liberty. I shall not, however, say this, but rather I shall think of these things as affecting the worth of liberty, the value to individuals of the rights that the first principle defines. (Rawls 1971, 204)

Bei Sen hingegen gehört das De-Facto-In-der-Lage-Sein, etwas zu tun, zur Freiheit dazu (entsprechend gibt es zahlreiche Dimensionen der Nicht-Freiheit). Später hat Rawls seine Ansicht korrigiert: Dem ersten Gerechtigkeitsprinzip, das das System gleicher *basic liberties* sichert, müsse ein weiterer Grundsatz vorgeordnet werden, der die Bürger der Gesellschaft in den Stand setze, ihre Rechte und Freiheiten nutzbringend auszuüben (vgl. Rawls 2003, 71–72). Damit kommen sich die beiden Ansätze wiederum sehr nahe.

Zentrale Fragen der Rawls-Sen-Debatte sind für den Diskurs zur Informationsgerechtigkeit von hohem Interesse und werden implizit oder explizit aufgegriffen – Sen selbst weist in jüngeren Publikationen am Rande auf die „informational exclusion" hin (z.B. Sen 2009, 327). Insbesondere ist die Debatte für die folgende Frage relevant: Ist Informationsgerechtigkeit gleichzusetzen mit der Gleichverteilung technischen Zugangs, oder geht es darum, die Menschen in den Stand zu setzen, die Information für die eigenen Zwecke zu nutzen? Die Grundfrage, ob die Verbreitung von Informationsmedien auch zu einer gleicheren Informationsversorgung führt, wurde bereits durch die in den 1970er Jahren entwickelte Wissenskluftforschung gestellt (vgl. Tichenor et al. 1970). Die Digital-Divide-Forschung hat diesen Gedanken wieder aufgenommen: „[R]elevant ist nicht unbedingt, ob ein Gesellschaftsmitglied über Internettechnologien verfügt, sondern inwiefern eine Person in der Lage ist, aus der Verfügbarkeit von (sich ständig erneuernden) Internettechnologien Nutzen zu ziehen" (Zillien 2009, 137). Nicole Zillien verweist in diesem Zusammenhang auf die beiden Aspekte, die der griechischen *téchne* zugrundeliegen, nämlich das Objekt und die Fähigkeit, das Ding und das Know-How (vgl. Zillien 2009, 14). Digitale Ungleichheit, so Zillien, enthalte beide Dimensionen (vgl. Zillien 2009, 28). Auch Jan van Dijk hat betont, dass es sich beim Digital Divide auch um ein soziales und politisches Problem handelt (vgl. van Dijk 2005, 22) – dass es hier also, in Senschem Vokabular, Konversionsprobleme gibt, Probleme in der Umsetzung von Ressourcen in Nutzung.

Andere Forschungsbereiche haben diese Diagnose bestätigt: So weisen jüngere informationswissenschaftliche Schriften darauf hin, dass die bloße Verteilung technischen Zugangs nicht zwangsläufig zu einer verbesserten Informationsversorgung führe: „[A] growing sense has arisen that ICTs have helped to exacerbate existing differences in information access and use, and may even have fostered new types of barriers." (Lievrouw/Farb 2003, 499) Der Philosoph und Technikwissenschaftler Karsten Weber betont ebenfalls, „dass es nicht ausreicht, die technische Infrastruktur zur Verfügung zu stellen, um die digitale Spaltung zu überwinden" (Weber 2005, 257) und verweist auf ihre Verwobenheit mit anderen Spaltungen. Die ICT4D-Forscherin Ellen J. Helsper beschreibt dies ähnlich: „[S]imply providing access to these platforms is not enough – digital disengagement is a complex compound problem involving cultural, social and attitudinal factors" (Helsper 2008, 15). Einzelne förderpolitische Publikationen haben diesen Schritt nachvollzogen: „the issue is not just of information provision to the user but of information utilisation by the user" (Klironomos et al. 2006, 106). Und auch soziologische Theorien der Informations- und Wissensgesellschaft haben auf diesen Punkt hingewiesen (vgl. Zillien 2009, 50ff.).

Dass die *resources vs. capabilities*-Debatte den Kern der Debatte um die Informationsgerechtigkeit trifft, haben in den letzten Jahren eine ganze Reihe vornehmlich internationaler Informationsethiker realisiert und sich explizit auf Rawls und Sen bezogen. Sie haben damit die Diskussion um die Informationsgerechtigkeit gegenüber frühen Darstellungen – z.B. Capurro 1998 – deutlicher fokussiert und die grundlegende Frage der Metrik der Zugänglichkeit herausgearbeitet.

Der Rawlssche Ansatz hat vor allem bei jenen Informationsethikern Anklang gefunden, denen es darum ging, Information überhaupt als grundlegendes und damit gerechtigkeitsrelevantes Gut zu etablieren (vgl. z.B. Schement/Curtis 1995; van Dijk/Hacker 2003; Fallis 2004; Raber 2004; van Dijk 2005; Weber 2005; Britz 2004; Hoeren 2004; Hendrix 2005 und Duff 2011). Diese Beiträge erweitern meist die Liste der Rawlsschen *primary goods* schlicht um das Gut Information, ohne den Begriff ‚Information' zu definieren oder zu klären, ob *alle* Informationsklassen relevant sind. Die Arbeiten von van den Hoven/Rooksby 2008 und Hoeren 2004 stellen hingegen systematische Versuche „eine[r] vertragstheoretische[n] Konzeption der Informationsgerechtigkeit" (Hoeren 2004, 91) dar. Beide präzisieren Rawls' Gerechtigkeitsprinzipien im Hinblick auf die Informationsgerechtigkeit und widmen sich hierbei – im Gegensatz zu den anderen genannten Beiträgen – auch der grundlegenden Frage, ob Information zu den *goods* oder zu den *liberties* zu zählen ist. Jeroen van den Hoven und Emma Rooksby kommen zu dem Schluss, „that access to information is best treated as a basic liberty, namely a liberty to access any information that might be of use in rational life planning" (van den Hoven/Rooksby 2008, 384). Thomas Hoeren differenziert diese Einschätzung, indem er sowohl Information als ökonomisches Gut betrachtet als auch den Zugang zu Information als *basic liberty* sieht. Er verweist zudem auf die Frage, „*welche* Informationen rechtlich zugänglich gemacht [...] werden und auf *welche* Weise dies geschieht" (Hoeren 2004, 100), sowie auf die Bedeutung der Abstimmung zwischen Zugänglichkeit und Abschirmung von Information (vgl. Hoeren 2004, 100–101). Der zentrale Beitrag dieser Untersuchungen liegt jedoch darin zu betonen, „dass Informationsgerechtigkeit ihre Bedeutung in der Freiheitsverwirklichung des Menschen findet. Das Problem einer Informationsarmut oder -ungerechtigkeit liegt [...] in der damit verbundenen ungleichen Einräumung von Handlungsoptionen." (Hoeren 2004, 94)[6]

Ausgehend vor allem von empirischen Erkenntnissen zur Unzugänglichkeit von Information *trotz ausreichenden technischen Zugangs* haben sich jüngere Studien der Anwendung des Senschen *capability approach* in der Informationsethik zugewandt. Hier sind z.B. Birdsall 2011, Kleine 2011, Johnstone 2007, Vaughan 2011, Grunfeld et al. 2011, Gigler 2011, Alampay 2006, Zheng 2007, Wresch 2007 und 2009, Coeckelbergh 2011, Oosterlaken 2009, Oosterlaken et al. 2009, Toboso 2011 und Oosterlaken/van den Hoven 2011 zu nennen. Diese Studien arbeiten aus verschiedenen Perspektiven einen erweiterten Zugänglichkeitsbegriff heraus, der letztlich auf Sens Freiheitsbegriff basiert: Zugänglichkeit wäre demnach zu verstehen als die *reale* Freiheit, Information für seine eigenen Zwecke zu nutzen – im Sinne des Imstande-Seins, nicht nur des Erlaubt-Seins oder des technischen Möglichseins.

Einen der ausgewogensten Beiträge zum Thema haben Leah A. Lievrouw und Sharon E. Farb (2003) vorgelegt: Auf der Basis der Ansätze von Rawls und Sen beschreiben sie die Debatte um die Verteilung von Information und ihre tatsächliche Nutzbarkeit als „two general schools of thought regarding studies of information equity" (Lievrouw/Farb 2003, 527). Beide Ansätze, so Lievrouw und Farb, müssten berücksichtigt werden. Die Gleichheit bzw. Fairness von Zugänglichkeit und Nutzung(smöglichkeiten) sei insgesamt ein besserer Maßstab der Informationsgerechtigkeit als die gleiche Verteilung von Informationsgütern (vgl. Lievrouw/Farb 2003, 501):

> The ability to derive a benefit from a resource depends to a great extent on people's skills, experience, and other contextual factors. [...] [E]quity is achieved only when people are able

---

6 Im Gegensatz zu van den Hoven und Rooksby, die ihren Rawlsschen Ansatz im Hinblick auf Sens Rawls-Kritik ausdifferenzieren, bleibt die Frage nach der realen Umsetzbarkeit von Freiheiten bei Hoeren jedoch undiskutiert.

to participate effectively in whatever aspects of society, and to whatever extent, they desire. [...] The goal of policy is to ensure that individuals are able to accomplish their particular ends and purposes, and participate effectively in society [...]. (Lievrouw/Farb 2003, 514–515)

Die Umsetzung solcher politischen Programme, so Lievrouw und Farb, erfordere, u.a. zur Etablierung eines erweiterten Zugangsbegriffs, umfangreiche multidisziplinäre Studien (vgl. Lievrouw/Farb 2003, 529).

Es lässt sich festhalten, dass die Rawls-Sen-Debatte als Paradigma wesentlich zur Systematisierung der Frage nach der Metrik der Informationsgerechtigkeit beiträgt. Es zeigt sich, dass es angesichts der Multidimensionalität der Zugänglichkeit nicht *die eine* Maßeinheit, „a magic measure", für die Zugänglichkeit von Information geben kann. Wichtig ist es daher, die Potenziale und Grenzen der einzelnen Metriken herauszuarbeiten, um im Hinblick auf politische und praktische Maßnahmen zu einem besseren Gesamturteil – z.B. auf der Basis eines Access Index, einer Zusammenstellung der wichtigsten Messparameter – zu kommen.

Konkrete Anwendungen

Die Bedeutung detaillierter Metriken, die die einzelnen Dimensionen der Unzugänglichkeit von Information dokumentierbar und vergleichbar machen, ist oben bereits betont worden. Verschiedene Bereiche in Wissenschaft, Politik und Praxis haben sich – weitgehend unabhängig voneinander – mit der Frage der Metrik der Zugänglichkeit beschäftigt. So impliziert beispielsweise die Digital-Divide-Forschung die Frage nach der Messbarkeit der Spaltung – in den Worten von Ellen J. Helsper, „the complexity of unraveling what digital and social inclusion actually mean, and how they can be measured" (Helsper 2008, 6); verschiedene Publikationen beschäftigen sich explizit mit den entsprechenden Methodikfragen (vgl. z.B. Bruno 2011; Barzilai-Nahon 2006).

Die Frage der Metrik stellt sich jedoch auch (und vielleicht besonders) bezüglich der politischen Maßnahmen und Programme. Dementsprechend „considerable effort [is] being invested by many international organizations in ‚measuring the information society'" (Catts/Lau 2008, 5). Dies belegt z.B. der Bericht der International Telecommunications Union, *Measuring the Information Society* (ITU 2010), der versucht, mithilfe des „ICT Development Index (IDI)" – „a composite index made up of 11 indicators covering ICT access, use and skills" (ITU 2010, ix) – jeweils den länderspezifischen Fortschritt auf dem Weg zur Umsetzung einer Informationsgesellschaft zu messen. Die Frage der Metrik liegt auch anderen politiknahen Berichten mit ähnlicher Zielrichtung zugrunde, wie dem Global Information Society Watch (APC/Hivos 2009) und dem Little Data Book on Information and Communication Technology der World Bank (World Bank 2011).

Darüber hinaus sind konkrete Metriken der Zugänglichkeit von Information entwickelt worden, die sich jeweils auf ganz unterschiedliche Aspekte konzentrieren: Während sich (1) die Vermittlung von Informationskompetenz mit der Optimierung individueller Recherchefähigkeiten beschäftigt, nimmt (2) das Inclusive Design die Optimierung der Recherchemöglichkeiten in den Blick; (3) das Information Behavior Research schließlich analysiert insbesondere die subjektiven Faktoren der Zugänglichkeit von Information. Anhand der drei Ansätze zeigt sich, welch unterschiedliche Dimensionen eine umfassende Metrik der Informationsgerechtigkeit berücksichtigen müsste.

Informationskompetenz

Die Vermittlung von Informationskompetenz hat sich in den letzten Jahrzehnten, aufbauend auf verschiedenen Konzepten der *literacy* (vgl. van Dijk 2005, 71–72), im öffentlichen Bewusstsein mehr und mehr zu einer Schlüsselkompetenz entwickelt, die als notwendige Bedingung der Zugänglichkeit von Information gesehen wird (s. z.B. van Dijk 2005, 95). Informationskompetenz umfasst in vielen Definitionen eine Reihe von Fähigkeiten – um die international bekannteste Kurzdefinition zu zitieren: „Information literacy is a set of abilities requiring individuals to ‚recognize when information is needed and have the ability to locate, evaluate, and use effectively the needed information.'" (ACRL 2000, 2) Dies ist eine sehr weitgehende Sicht, die auf einem erweiterten Zugänglichkeitsbegriff beruht: Maß der Informationskompetenz sind hier nicht etwa bestimmte Kenntnisse, sondern das De-Facto-In-Der-Lage-Sein, Information für die eigenen Zwecke effektiv zu nutzen – analog einer Senschen *capability*.

Entsprechend haben öffentliche und wissenschaftliche Bibliotheken, aufbauend auf klassischen Nutzerschulungen, in den letzten Jahren die Vermittlung von Informationskompetenz als eine ihrer Kerntätigkeiten definiert – vielfach sind sie mittlerweile in Studiengänge, schulische und andere Bildungsveranstaltungen eingebunden. (Zur internationalen Diskussion s. z.B. ACRL 2000; Lau 2008; Andretta 2007; IFLA 2005. Zu Deutschland s. stellvertretend Lux/Sühl-Strohmenger 2004; Gapski/Tekster 2009; Franke/Klein/Schüller-Zwierlein 2010. Zum aktuellen Stand s. das Fachportal http://www.informationskompetenz.de).

Die Bedeutung der Informationskompetenz ist auch in informationsethischen Publikationen herausgehoben worden, u.a. als Grundlage für ein autonomes Leben (vgl. Kuhlen 1999, 382; Catts/Lau 2008, 7), lebenslanges Lernen (vgl. IFLA 2005), die Bewältigung einer „crisis of authenticity" im Zeitalter der Informationsflut (Obama 2009) und das Erreichen der Millennium Development Goals der UN (vgl. IFLA 2005) sowie – das Konzept vom Recht auf Information erweiternd – als Menschenrecht (vgl. Sturges/Gastinger 2010; UNESCO 2009).

Gleichzeitig zeigen zahlreiche Untersuchungen des letzten Jahrzehnts, beginnend in Deutschland mit der sogenannten SteFI-Studie (BMBF 2001), dass es im Bereich der Informationskompetenz umfangreiche gesellschaftliche Ungleichheiten gibt. Gerade durch die rasante Entwicklung der elektronischen Medien hat sich auch hier eine Kluft entwickelt, die sich trotz der Gewöhnung an das Internet als Alltagsinstrument nicht wesentlich geschlossen hat: „Information literacies [...] represent a significant and growing deficit area" (JISC 2009, 6). Eine jüngere Studie zur Internetnutzung in Deutschland trifft hier eine deutliche Aussage: „Insgesamt 28 Prozent der deutschen Bevölkerung sind digitale Außenseiter" (Initiative D21 2010, 13). Neben mangelndem technischen Zugang seien bei dieser Gruppe die digitalen Kompetenzen alarmierend. Auch bei jungen Menschen, die mit der Technologie aufgewachsen sind, zeigt sich, dass die reine Verfügbarkeit von Medien nicht ausreicht: „the information literacy of young people has not improved with the widening access to technology: in fact, their apparent facility with computers disguises some worrying problems" (CIBER 2008, 12). Wie van Dijk diagnostiziert: „When the problems of mental and material access have been solved, wholly or partly, the problems of unequally divided skills and usage opportunities come to the fore" (van Dijk 2005, 21).

Doch wie misst man entsprechende Fähigkeiten bzw. ihr Fehlen, wie misst man den Erfolg von Maßnahmen? Im Bereich der Informationskompetenz wurden zunächst Standards entwickelt (vgl. z.B. ACRL 2000), die die reine Begriffsdefinition erweitern. Diese erwiesen sich jedoch in der Lehrpraxis als zu abstrakt, in der Entwicklungspolitik als zu wenig mit vorhandenen Statistiken kombinierbar. In Reaktion hierauf wurden unter der Überschrift „Information Literacy Assessment" für den konkreten Informationskompetenz-Unterricht in Schulen und Universitäten (vgl. z.B. Neely 2006) ebenso wie für den entwicklungspolitischen Bereich (vgl. z.B. Catts/Lau 2008) konkrete Metriken entwickelt.

Die UNESCO-initiierte Publikation von Catts und Lau belegt die Bedeutung des Themas Informationskompetenz in der Entwicklungspolitik. Analog den Indikatoren in anderen entwicklungspolitischen Feldern erarbeiten die Autoren „a conceptual framework for the identification of indicators of information literacy" (Catts/Lau 2008, 7). Sie definieren zunächst verschiedene Dimensionen der Unzugänglichkeit von Information, z.B. die sprachliche Dimension, „[c]ultural constraints", „[p]olitical constraints" und „[e]conomic constraints" (Catts/Lau 2008, 23–24). Danach analysieren sie praktische Vorgehensweisen zur Messung und entscheiden, dass die sinnvollste Option für eine schnelle Umsetzung der Anschluss an das UNESCO-eigene Literacy Assessment and Monitoring Programme

(LAMP) sei, das bereits großenteils brauchbare Indikatoren beinhalte (vgl. Catts/ Lau 2008, 25–26). Sie betonen aber, dass es eher um komparative Aussagen gehen müsse: „The question of what constitutes a sufficient level of Information Literacy is not amenable to a single answer." (Catts/Lau 2008, 29) Eine „magic measure" (Sen) wird also auch hier ausgeschlossen.

Inclusive Design

Ein anderer maßgeblicher Faktor der Zugänglichkeit von Information ist das Informationsdesign. Auch in diesem Bereich sind mannigfaltige und implizit oder explizit ethisch motivierte Forderungen nach Zugänglichkeit für alle Menschen (mit den verschiedensten Eigenschaften und Fähigkeiten) geäußert worden, sei es im Sinne des ‚inclusive design' (vgl. z.B. Reed/Monk 2010), des ‚design for development' (vgl. Oosterlaken 2009), des ‚value-sensitive design' (vgl. Cummings 2006), des ‚user-sensitive design' (vgl. Adams et al. 2011), des ‚diversity-sensitive design' (vgl. Mourouzis et al. 2011), des ‚universal design' (vgl. Preiser/Ostroff 2001), des ‚participatory design' (vgl. Schuler/Namioka 1993), des ‚design for all' (vgl. Toboso 2011), der ‚e-Accessibility' (vgl. Klironomos et al. 2006), des ‚universal access' (vgl. Stephanidis 2003) bzw. der verbreiteten Konzepte ‚accessibility' (vgl. Harper/Yesilada 2008) und ‚usability' (vgl. Sarodnick/Brau 2011). Alle genannten Bereiche – sie betonen jeweils verschiedene Aspekte – sind für die Informationsgerechtigkeit relevant. Ihnen ist gemein, dass sie die verschiedenen Dimensionen der Zugänglichkeit hervorheben und – analog der Rawls-Sen-Debatte – verdeutlichen, dass die bloße Zurverfügungstellung von Informationsressourcen nicht für eine funktionierende, gerechte Informationsversorgung ausreicht. Design, so die meisten dieser Untersuchungen, kann sozial inklusiv oder exklusiv wirken (vgl. z.B. Reed/Monk 2010, 295).

In entwicklungspolitischen Initiativen (vgl. z.B. Klironomos et al. 2006, 107) findet entsprechend die Forderung nach multidisziplinärer Forschung zu einem *inclusive design* bzw. verwandten Konzepten ebenso Berücksichtigung wie in der ICT4D (s. z.B. Heeks 2009, 9) und bei der Erforschung der Nutzung von Informationsmedien durch Menschen mit Behinderungen (vgl. Toboso 2011, 107). Gleichzeitig zeigt gerade dieser Bereich, dass die Benachteiligung durch Unzugänglichkeit nicht nur eine Sache von Randgruppen ist, sondern ein ubiquitäres Problem.

Während viele Untersuchungen in diesen Bereichen sehr anwendungsnah sind (s. z.B. Subasi et al. 2011), ist dennoch auch versucht worden, die eigene Forschung aus Prinzipien der Informationsgerechtigkeit zu begründen. Auch hier stellt sich die Frage nach der Metrik – wie kann beurteilt werden, was gutes/ universelles, also *für alle* tatsächlich benutzbares Design ist? Oosterlaken (2009) zeigt in ihrer Herleitung des *design for development* aus dem *capability approach*, dass hier die Fragen der Rawls-Sen-Debatte ebenfalls grundlegend sind; ihr „capability sensitive design" nimmt anstelle von Zufriedenheit oder ähnlichen Kriterien die Senschen *functionings* als Design-Ziel. Sie teilt damit die Forderung nach universeller Benutzbarkeit, legt jedoch, analog Sen, die Betonung auf das, was Menschen mit der Technologie umsetzen können sollen (vgl. Oosterlaken 2009, 92, 96).

Entsprechend sind auch in diesem Bereich konkrete Metriken der Zugänglichkeit entwickelt worden, insbesondere in der der Informatik entstammenden, vor allem auf das Internet bezogenen Usability-Forschung (vgl. z.B. Tullis/Albert 2008). Die Frage nach Methoden der Metrik wird jedoch auch in der *universal-access*-Forschung gestellt. So präsentieren Mourouzis et al. 2011 „an evaluation method [...] for assessing interactive systems and specifying their quality in terms of universal access" (Mourouzis et al. 2011, 337). Insbesondere will man hier vom im Design häufig vorausgesetzten „average user" und entsprechenden Vorannahmen ‚normaler' Zugänglichkeit wegkommen (Mourouzis et al. 2011, 337). Insgesamt zeigen sich auch hier starke Parallelen zur Rawls-Sen-Debatte. Die Metrik-Diskussion ist, so zeigt sich, in vielen Einzeldiskursen begonnen und teilweise fein ausgearbeitet worden, ohne die Fäden in einer übergreifenden Konzeption zusammenzuführen.

Information Behavior Research

Die Erforschung von Informationsverhalten als grundlegendem Teil menschlichen Verhaltens hat sich im anglo-amerikanischen Raum unter dem Begriff ‚Information Behavior Research' über Jahrzehnte hinweg als Forschungsrichtung etabliert (vgl. Markey 2007a, 2007b; Wilson 2010), ist jedoch im deutschsprachigen Bereich kaum ausgeprägt. Während die verwandten Forschungsfelder Human-Computer-Interaction (HCI; vgl. z.B. Macías et al. 2009; Cairns/Cox 2008; Heinecke 2004), das der Informatik entstammt, und Neuroergonomie (s. z.B. Parasuraman/Rizzo 2008), das der Hirnforschung verbunden ist, eher mit technisch-medizinisch-psychologischen Methoden arbeiten, nutzt das Information Behavior Research umfassend das sozialwissenschaftliche Methodenrepertoire, ergänzt durch technische Methoden wie das Eye-Tracking (vgl. Fisher et al. 2005; Case 2007). Das praktische Ziel des Information Behavior Research ist es, die Methoden der Vermittlung von Informationskompetenz einerseits und der Gestaltung von Informationsmedien andererseits zu verbessern – anders formuliert: „[H]ow people will best shape themselves for their information environments and how information environments can best be shaped for people." (Pirolli 2007, 3)

Die besondere Stärke des Information Behavior Research liegt darin, dass es sich neben objektivistisch-rationalistischen Modellen (vgl. z.B. das *optimal-foraging*-Modell in Pirolli 2007) auch mit subjektiven (psychologischen, emotionalen, diskursiven und kontextuellen) Faktoren des Informationsverhaltens beschäftigt (vgl. z.B. Nahl/Bilal 2007). Dies ist von grundlegender Bedeutung für eine weitere, oben bereits angesprochene Frage der Metrik: Ist in der Gerechtigkeitstheorie und -praxis eine subjektive oder eine objektive Metrik zu bevorzugen? Geht es um subjektive Zufriedenheit oder um objektiv gerechte Verteilung? Entsprechend wäre zu klären, ob eine Metrik der Informationsgerechtigkeit sich der Erfüllung des (subjektiven) Informationsbedürfnisses oder der Erfüllung des (objektiven) Informationsbedarfs widmet (vgl. Stock 2007, 52). Dies ist insofern von besonderer Bedeutung, als Menschen durchaus mit ihrer Situation zufrieden sein bzw. sie als normal empfinden können, obwohl sie de facto benachteiligt sind (vgl. Sen 2009, 166–167).

Bei der Entwicklung praktischer Maßnahmen zur Verbesserung der Informationsversorgung ist die Einbeziehung der subjektiven Nutzerperspektive unabdingbar. Wie Tim Unwin bezüglich ICT4D betont, sind die Perspektiven von Entwickler und Entwickelten jeweils unzureichend und sollten sich gegenseitig ergänzen (Unwin 2009, 43, 363–364); dasselbe Argument taucht in der Designtheorie auf: „The success of accessible products depends upon the participation of users with disability in the design phase itself" (Toboso 2011, 115). Hier führt die Erforschung der Informationsgerechtigkeit über die existente Gerechtigkeitstheorie hinaus bzw. bereichert sie: Jenseits der Frage von *resources* und *capabilities* und der abstrakten Frage nach subjektiven oder objektiven Kriterien der Gerechtigkeit muss es in der Praxis auch um den kommunikativen Austausch von Wissen zwischen Versorger und Versorgtem über die konkreten lokalen Dimensionen der Zugänglichkeit gehen, um eine gerechte Verteilung zu ermöglichen.

Ziele: Wie kann Informationsgerechtigkeit realisiert werden?

Eine Konzeption der Informationsgerechtigkeit muss sich schließlich auch über ihre Ziele klar werden. Dies sind nicht nur praktische Ziele wie die Weiterentwicklung der politischen Initiativen, die Schaffung von Institutionen zur Sicherung der Zugänglichkeit von Information oder die Klärung der komplexen Methodenfragen der einzelnen Fächer. Es bedarf zunächst einer grundlegenden Zielklärung einer solchen Konzeption. Zu den Bereichen, in denen diese Ziele geklärt werden müssen, zählt die Frage der zugrundeliegenden Gleichheitskonzeption. Gleichheit im Sinne der Korrektur von Benachteiligungen ist etwas weithin Erwünschtes; Gleichheit im Sinne der Nivellierung oder Deindividualisierung ist weithin unerwünscht. Hieraus ist vor allem zu folgern, dass das Konzept der Gleichheit komplex ist und differenziert behandelt werden muss (vgl. z.B. Dworkin 2000, 2, 11). In den verschiedenen Disziplinen – z.B. Philosophie und Soziologie (vgl. Burzan 2011; Kreckel 2004) – finden sich viele Konzepte der Gleichheit. Insbesondere ist hier z.B. die Frage nach der Art der Gleichheit, vor allem im Hinblick auf formale vs. materiale Gleichheit (Höffe 1997, 108–109), zu klären, ebenso wie die Frage nach den Verteilungsmaßstäben. Gerade letzterer Bereich ist in Bezug auf die Informationsgerechtigkeit interessant: Im Gegensatz zu anderen Gütern erscheint hier die Vorstellung einer gleichen Verteilung aller Informationen nicht als sinnvolles bzw. realistisches Ziel. Eine Gleichverteilung bestimmter Informationsklassen nach gewissen Bedürfniskriterien schiene eher realistisch. Und schließlich könnte es hier auch lediglich, analog Sen, um den Ausgleich manifester Ungleichheiten nach Fairnesskriterien gehen: „[W]hen it comes to discussions of information access and use, the concept of equity does have one important edge over equality: equity, or fairness, of access to information across individuals or groups is attainable, whereas strict equality of access is not." (Lievrouw/Farb 2003, 503) Die Erforschung der Informationsgerechtigkeit hängt hier eng mit der Ungleichheitsforschung zusammen.

Ein weiterer Bereich, in dem die Ziele einer Konzeption der Informationsgerechtigkeit geklärt werden müssen, ist die Frage, ob es eine ideale Theorie der Gerechtigkeit geben kann oder ob nur teilweise Priorisierungen von guten gegenüber schlechten Lösungen bzw. die Diagnose von Ungerechtigkeiten oder relativen Ungleichheiten möglich sind. Diese Frage ist ebenfalls in der Rawls-Sen-Debatte thematisiert worden: Sen versucht sich gegenüber Rawls' idealer (Sen nennt sie transzendental) Theorie mit einer komparativen, realitätsbasierten Theorie der Gerechtigkeit abzuheben: „The distance between the two approaches, *transcendental institutionalism*, on the one hand, and *realization-focused comparison*, on the other, is quite momentous." (Sen 2009, 7) Hier muss sich eine Konzeption der Informationsgerechtigkeit ebenso positionieren wie in der Frage, ob ein universaler Standard der Informationsversorgung angestrebt wird (oder werden kann) oder ob lokale Unterschiede zu berücksichtigen sind. Der Versuch der Identifizierung von Klassen von Informationen, die bei allen oder den meisten Menschen für die individuelle Lebensführung erforderlich sind, ist für all diese Ansätze sinnvoll.

Hieraus ergibt sich auch die Frage nach der Möglichkeit einer „informationellen Grundversorgung" (Weber 2005, 280 et passim; Umlauf 2012, 13–21), eines gesellschaftlich garantierten „minimum level" (van Dijk 2005, 137). Während in Wohlfahrtsethik und Entwicklungspolitik differenziert definiert worden ist, was eine Grundversorgung leisten soll, ist dies für die Information nur in begrenztem Maße geschehen (vgl. z.B. Umlauf 2012, 13–14). Welche Klassen von Informationen, Fähigkeiten und Medien sind hier zu nennen? Auf welche Dimensionen von Zugänglichkeit bezieht sich Art. 5 Grundgesetz: „Jeder hat das Recht, [...] sich aus allgemein zugänglichen Quellen ungehindert zu unterrichten"? Laut Wandtke impliziert Art. 5 z.B. nicht die kostenlose Zugänglichkeit (vgl. Wandtke 2009, 39). Daher kann in der Praxis von der Zugänglichkeit von Information im erweiterten (Senschen) Sinne nicht die Rede sein. Und vielleicht muss man noch einen Schritt weitergehen: Reicht die Zugänglichmachung von Information aus oder muss man den Begriff der Informations*versorgung* nicht noch ernster nehmen, hat der Staat hier eine Versorgungsfunktion? Was ist ein wohlinformierter Bürger einer Demokratie? Hier wäre die Rolle des Staates ebenso wie die Rolle der Wirtschaft (vgl. z.B. Unwin 2009) und die Rolle einzelner Medien und Institutionen zu diskutieren.

Zu definieren ist darüber hinaus, wie der Anspruch auf Zugänglichkeit mit dem Anspruch auf Schutz von Information zu vereinen ist, wie sich *„informationelle Grundversorgung* und *informationelle Eingriffsfreiheit"* (Weber 2005, 297) zueinander verhalten. Hierbei ist die Debatte um ein zeitgemäßes Urheberrecht (vgl. zum Zusammenhang zwischen Urheberrecht und Gerechtigkeit Gosseries et al. 2008) ebenso relevant wie die Diskussion um den Schutz persönlicher Daten in der Informationsgesellschaft (vgl. z.B. Schaar 2009) und die Wikileaks-Debatte (s. z.B. Geiselberger 2011).

Ein weiterer Bereich, in dem die Ziele einer Vorstellung von Informationsgerechtigkeit zu klären sind, ist die Frage, ob jenseits gesellschaftlicher Mechanismen zur *Verteilung* von Information auch der *Austausch* von Informationen zwischen den Bürgern einer Gesellschaft als wichtiges Element der Informationsgerechtigkeit gesehen werden muss: „Every day of every year, each of us relies on information that is provided by others." (Sunstein 2008, xiii) Bislang ist die Frage nach der gesellschaftlichen Rolle des Informationsaustauschs eher soziologisch-empirisch angegangen worden (s. z.B. Lievrouw/Farb 2003, 520), und auch hier ist etwa bezüglich der Konzeptbildung (z.B. Informationsverhältnisse, informationelle Arbeitsteilung) noch viel zu tun. Eine normative Sicht des gegenseitigen Austauschs – etwa im Sinne einer Pflicht, den anderen zu informieren – ist bislang nicht versucht worden. Dies ist umso erstaunlicher, als der Austausch von Information in anderen Bereichen, etwa der Philosophie, als wichtige Motivation menschlicher Vergesellschaftung angesehen wird (s. Craig 1990; Williams 2002). Die wenigsten Theorien des Informationsverhaltens beschäftigen sich jedoch mit kooperativem Informationsverhalten. Erst soziale Webangebote wie Foren und Twitter haben deutlich gemacht, dass Menschen *sich gegenseitig* informieren. Information, so zeigt die Popularität dieser Medien, ist ein Kooperationsgut, gar ein

Grundstoff der Kooperation – die oben entwickelte Definition des gerechtigkeitstheoretischen Informationsbegriffs spiegelt dies wider. Dieser Aspekt wäre auch in den relevanten Forschungsrichtungen zu analysieren. Teilweise geschieht dies bereits: Kommunikationswissenschaftliche Theorien der Öffentlichkeit haben den Austausch von Informationen als wesentliches Element einer demokratischen Gesellschaft herausgehoben (vgl. z.B. Gerhards/Neidhardt 1990). Ebenso wie die jüngeren Formen von ICT4D (vgl. z.B. Heeks 2009, 29) betont die Liberation Technology neben der Zugänglichkeit vor allem die Rolle des Austauschs von Informationen und wendet sich gegen intentionale Einschränkungen (z.B. Abschaltung des Internetzugangs).[7] Auch der politische Philosoph Karsten Weber betont, dass die von mangelndem Zugang zu Informationstechnologien Betroffenen „nicht nur *taub*, sondern vor allem auch *stumm*" werden (Weber 2005, 14–15), also auch in der Publikation und im Austausch von Information eingeschränkt sind (vgl. hierzu die Zahlen des Oxford Internet Institute zur geographischen Verteilung der publizierten Internetinhalte in Flick 2011).

Ein weiterer Bereich, in dem die Ziele einer Konzeption der Informationsgerechtigkeit zu definieren sind, ist die Frage nach der diachronen Dimension der Zugänglichkeit von Information. Nur einige wenige Beiträge haben bislang die Bewahrung der Zugänglichkeit von Information für zukünftige Generationen als ethisches Problem formuliert (vgl. z.B. Kuhlen 2002, 2004a; Lievrouw/Farb 2003, 523; UNESCO 2009, 9). Eine systematische Ausarbeitung dieses Themas wurde bislang nicht geleistet. Hierbei wären insbesondere zwei Aspekte relevant: Zum einen die Frage der intergenerationellen Informationsgerechtigkeit – die Hauptfrage ist hier sicherlich die der Prinzipien und Mechanismen der kulturellen Überlieferung;[8] zum anderen die Frage der *sustainability* von Maßnahmen zur Informationsgerechtigkeit bzw. der Aufrechterhaltung eines gerechten Zustandes.

Die Grundlagen für eine Ausarbeitung des ersten Aspekts hat der französische Jurist François Ost in einem wichtigen, aber wenig bekannten Aufsatz (Ost 1998) skizziert. Die durch John Rawls in *A Theory of Justice* (1971) entwickelte Theorie der Gerechtigkeit, so Osts These, ist auch auf die kulturelle Überlieferung, die „transmission de patrimoine" (Ost 1998, 453) anwendbar. In diesem Modell würde die Idee der Überlieferung an die nächste Generation die vorherrschende synchrone Vorstellung des Austauschs ergänzen (Ost 1998, 461). Osts Ziel ist es, „de restaurer [...] le sens d'une communauté intergénérationelle" (Ost 1998, 469), wo-

---

7 Vgl. a. http://www.nytimes.com/2011/06/12/world/12internet.html?_r=1.
8 Daneben ist jedoch eine Vielfalt weiterer diachroner Dimensionen der Zugänglichkeit zu berücksichtigen, z.B. die unterschiedlichen Informationsbedarfe und Ausgangsbedingungen in verschiedenen Lebensaltern.

bei er sich maßgeblich auf Rawls bezieht, der die Frage der gerechten Verteilung von Primärgütern auch auf das Verhältnis zwischen den Generationen ausdehnt und so erstmals die „intergenerational justice" in eine Theorie der Gerechtigkeit einbringt (Rawls 1971, 284–293; vgl. hierzu z.B. Barry 1977; Tremmel 2006). Osts fruchtbarer Entwurf bedarf einer Ausarbeitung. Im Rahmen einer Konzeption der Informationsgerechtigkeit wäre so z.B. zu spezifizieren, auf welche Klassen von Information spätere Generationen ein Recht hätten. Zudem wären – wie bei der synchronen Zugänglichkeit – umfassend die Dimensionen der diachronen Zugänglichkeit herauszuarbeiten. Schließlich wäre zu klären, welche Medien und Mechanismen zukünftige Generationen – analog der Rawls-Sen-Debatte – de facto in den Stand setzen könnten, diese Informationen zu nutzen. So wie die intergenerationelle Gerechtigkeit ein Sonderfall der Gerechtigkeit ist, ließe sich die Überlieferung aus dieser Perspektive als ein Sonderfall der Zugänglichmachung sehen.

Die Frage der *sustainability* von Maßnahmen zur Informationsgerechtigkeit bzw. der Aufrechterhaltung eines gerechten Zustandes ist die andere große Frage der diachronen Informationsgerechtigkeit: „Many initiatives [...] have often insufficiently delivered on the real information and communication needs of poor people, and have therefore been unsustainable once initial external funding and support has been consumed." (Unwin 2009, 39; vgl. a. Vaughan 2011; Liyanage 2011) Laufende Evaluation ist also ein wesentlicher Teil der praktischen Umsetzung der Informationsgerechtigkeit.

Eine Betrachtung von Informationsungleichheiten über die Zeit hinweg legt zudem nahe, dass Unzugänglichkeit kein einmalig lösbares Problem darstellt: „[D]iese Ungleichheitsformen [sind] ständig in Bewegung: Während einerseits Ungleichheiten des technologischen Zugangs verschwinden, können sich gleichzeitig Ungleichheiten der Nutzungskompetenz verstärken" (Zillien 2009, 93). Bei jeder technologischen Innovation sind wiederum Barrieren und Ungleichheiten zu durchlaufen (Zillien 2009, 137). Das heißt, dass es sich beispielsweise beim Digital Divide um „a long-term problem that will mark all future information societies" (van Dijk 2005, 3) handelt. Die Unzugänglichkeit von Information ist ein permanentes, wiederkehrendes Phänomen: „Questions of informational equity must be reassessed periodically in light of changing social, political, cultural, and economic conditions." (Lievrouw/Farb 2003, 500) Die Arbeit der Informationsgerechtigkeit ist immer neu zu tun: Umso wichtiger ist es, ihre Grundfragen festzuhalten.

Literatur

ACRL (2000): Information Literacy Competency Standards for Higher Education. Chicago, IL: Association of College and Research Libraries. (http://www.ala.org/ala/mgrps/divs/acrl/standards/standards.pdf).
Adams, R. et al. (2011): „Innovations in User Sensitive Design, Research and Development". Universal Access in the Information Society 10:3, 231–233.
Alampay, E. (2006): „Beyond Access to ICTs: Measuring Capabilities in the Information Society". International Journal of Education and Development Using Information and Communication Technology 2:3, 4–22.
Andretta, S. (2007): Change and Challenge: Information Literacy for the 21st Century. Adelaide: Auslib Press.
APC/Hivos (2009): Global Information Society Watch 2009 – Access to Online Information and Knowledge – Advancing Human Rights and Democracy. Association for Progressive Communications (APC) and Humanist Institute for Cooperation with Developing Countries (Hivos). (http://www.giswatch.org/sites/default/files/GISW2009.pdf).
Barry, B. (1977): „Justice between Generations". In: P.M.S. Hacker; J. Raz (eds): Law, Morality and Society. Essays in Honour of H.L.A. Hart. Oxford: Clarendon Press, 268–284.
Barzilai-Nahon, K. (2006): „Gaps and Bits: Conceptualizing Measurements for Digital Divide(s)". The Information Society 22:5, 269–278.
BBC (2010): Ergebnisse eines von BBC World Service durchgeführten Global Poll zum Thema Internet. (http://news.bbc.co.uk/2/shared/bsp/hi/pdfs/08_03_10_BBC_internet_poll.pdf).
Birdsall, W.F. (2011): „Human Capabilities and Information and Communication Technology: The Communicative Connection". Ethics and Information Technology 13:2, 93–106.
BMBF (2001): Nutzung elektronischer wissenschaftlicher Information in der Hochschulausbildung. Studie im Auftrag des Bundesministeriums für Bildung und Forschung (BMBF). (http://www.stefi.de).
Brighouse, H.; Robeyns, I. (eds) (2010): Measuring Justice: Primary Goods and Capabilities. Cambridge: Cambridge University Press.
Brintzinger, K.-R. (2010): „Piraterie oder Allmende der Wissenschaften? Zum Streit um Open Access und der Rolle von Wissenschaft, Bibliotheken und Markt bei der Verbreitung von Forschungsergebnissen". Leviathan 38:3, 331–346.
Britz, J. (2004): „To Know or Not to Know: A Moral Reflection on Information Poverty". Journal of Information Science 30:3, 192–204.
Brunner, S.; Kehrle, K. (2009): Volkswirtschaftslehre. München: Vahlen.
Bruno, G. et al. (2011): „A Critical Analysis of Current Indexes for Digital Divide Measurement". The Information Society: An International Journal 27:1, 16–28.
Burzan, N. (2011): Soziale Ungerechtigkeit: Eine Einführung in die zentralen Theorien. 4. Aufl. Wiesbaden: VS Verlag für Sozialwissenschaften.
Cairns, P.; Cox, A.L. (eds) (2008): Research Methods for Human-Computer-Interaction. Cambridge: Cambridge University Press.
Capurro, R. (1998): „Informationsgerechtigkeit. Zwischen Selbstkontrolle und Weltinformationsordnung". Medien praktisch 22:4, 42–44.
Capurro, R.; Hjorland, B. (2003): „The Concept of Information". Annual Review of Information Science and Technology 37, 343–411.

Case, Donald O. (2007): Looking for Information. A Survey of Research on Information Seeking, Needs, and Behavior. 2nd ed. Amsterdam u.a.: Elsevier.
Catts, R.; Lau, J. (2008): Towards Information Literacy Indicators. Paris: UNESCO. (http://www.uis.unesco.org/Library/Documents/wp08_InfoLit_en.pdf).
CIBER (2008): „Information Behaviour of the Researcher of the Future". London: UCL/CIBER. (http://www.ucl.ac.uk/infostudies/research/ciber/downloads/ggexecutive.pdf).
Coeckelbergh, M. (2011): „Human Development or Human Enhancement? A Methodological Reflection on Capabilities and the Evaluation of Information Technologies". Ethics and Information Technology 13:2, 81–92.
Craig, E. (1990): Knowledge and the State of Nature. An Essay in Conceptual Synthesis. Oxford: Clarendon Press.
Cummings, M.L. (2006): „Integrating Ethics in Design through the Value-Sensitive Design Approach". Science and Engineering Ethics 12:4, 701–715.
Diamond, L. (2010): „Liberation Technology". Journal of Democracy 21:3, 69–83.
Duff, A.S. (2011): „The Rawls-Tawney Theorem and the Digital Divide in Postindustrial Society". Journal of the American Society for Information Science and Technology 62:3, 604–612.
Duff, A.S. (2006): „Neo-Rawlsian Co-ordinates: Notes on A Theory of Justice for the Information Age". International Review of Information Ethics 6:12, 17–22.
Dworkin, R. (2000): Sovereign Virtue: The Theory and Practice of Equality. Cambridge, MA: Harvard University Press.
Fallis, D. (2004): „Social Epistemology and the Digital Divide". In: J. Weckert; Y. Al-Saggaf (eds): Computing and Philosophy Conference, Canberra, Australian Computing Society. (http://www.acs.org.au/documents/public/crpit/CRPITV37Fallis.pdf).
Fisher, Karen E. et al. (2005): Theories of Information Behavior. Medford, NJ: Information Today Inc./asis&t.
Flick, C. (ed.) (2011): Geographies of the World's Knowledge. Oxford: Convoco Foundation/ Oxford Internet Institute. (http://www.oii.ox.ac.uk/publications/convoco_geographies_en.pdf).
Franke, F.; Klein, A.; Schüller-Zwierlein, A. (2010): Schlüsselkompetenzen: Literatur recherchieren in Bibliotheken und Internet. Stuttgart: Metzler.
Gapski, H.; Tekster, T. (2009): Informationskompetenz in Deutschland. Düsseldorf: Landesanstalt für Medien Nordrhein-Westfalen.
Geiselberger, H. (Red.) (2011): WikiLeaks und die Folgen: Netz – Medien – Politik. Berlin: Suhrkamp.
Gerhards, J.; Neidhardt, F. (1990): Strukturen und Funktionen moderner Öffentlichkeit. Fragestellungen und Ansätze. Berlin: Wissenschaftszentrum Berlin für Sozialforschung.
Gigler, B.-S. (2011): „‚Informational Capabilities' – The Missing Link for the Impact of ICT on development". E-Transform Knowledge Platform Working Paper. The World Bank. (http://siteresources.worldbank.org/INFORMATIONANDCOMMUNICATIONANDTECHNOLOGIES/Resources/InformationalCapabilitiesWorkingPaper_Gigler.pdf).
Gosseries, A. et al. (eds) (2008): Intellectual Property and Theories of Justice. London: Palgrave.
Grunfeld, H. et al. (2011): „Understanding Benefits Realisation of iREACH from a Capability Approach Perspective". Ethics and Information Technology 13:2, 151–172.
Harper, S.; Yesilada, Y. (2008): Web Accessibility: A Foundation for Research. London: Springer.
Heeks, R. (2009): The ICT4D 2.0 Manifesto: Where Next for ICTs and International Development? Development Informatics Working Paper No. 42. Manchester: IDPM. (http://www.sed.manchester.ac.uk/idpm/research/publications/wp/di/documents/di_wp42.pdf).

Heinecke, A.M. (2004): Mensch-Computer-Interaktion. München: Hanser.
Helsper, E.J. (2008): Digital Inclusion: An Analysis of Social Disadvantage and the Information Society. London: Department for Communities and Local Government. (http://www.communities.gov.uk/documents/communities/pdf/digitalinclusionanalysis).
Hendrix, E. (2005): „Permanent Injustice: Rawls's Theory of Justice and the Digital Divide". Educational Technology & Society 8:1, 63–68.
Höffe, O. (Hrsg.) (1997): Lexikon der Ethik. München: Beck.
Hoeren, T. (2004): „Informationsgerechtigkeit als Leitperspektive des Informationsrechts". In: J. Taeger; A. Wiebe (Hrsg.): Informatik, Wirtschaft, Recht: Regulierung in der Wissensgesellschaft. Festschrift für Wolfgang Kilian zum 65. Geburtstag. Baden-Baden: Nomos, 91–102.
IFLA (2005): Beacons of the Information Society: The Alexandria Proclamation on Information Literacy and Lifelong Learning. (http://www.ifla.org/en/publications/beacons-of-the-information-society-the-alexandria-proclamation-on-information-literacy-).
IFLA/UNESCO (1994): Public Library Manifesto. (http://archive.ifla.org/VII/s8/unesco/germ.htm).
Initiative D21 (2010): Digitale Gesellschaft: Die digitale Gesellschaft in Deutschland – Sechs Nutzertypen im Vergleich. Eine Sonderstudie im Rahmen des *(N)ONLINER Atlas*. (http://www.initiatived21.de/wp-content/uploads/2010/03/Digitale-Gesellschaft_Endfassung.pdf).
ITU (2010): Measuring the Information Society. Geneva: International Telecommunications Union. (http://www.itu.int/ITU-D/ict/publications/idi/2010/Material/MIS_2010_without%20annex%204-e.pdf).
Janich, P. (2007): Was ist Information? Frankfurt/M.: Suhrkamp.
JISC (2009): Higher Education in a Web 2.0 World. Report of an independent Committee of Inquiry into the impact on higher education of students' widespread use of Web 2.0 technologies. (http://www.jisc.ac.uk/media/documents/publications/heweb20rptv1.pdf).
Johnstone, J. (2007): „Technology as Empowerment: A Capability Approach to Computer Ethics". Ethics and Information Technology 9:1, 73–87.
Kleine, D. (2011): „The Capability Approach and the ‚Medium of Choice': Steps towards Conceptualising Information and Communication Technologies for Development". Ethics and Information Technology 13:2, 119–130.
Klironomos, I. et al. (2006): „White Paper: promoting Design for All and e-Accessibility in Europe". Universal Access in the Information Society 5:1, 105–119.
Kreckel, R. (2004): Politische Soziologie der sozialen Ungleichheit. 3. Aufl. Frankfurt/M.: Campus.
Kuhlen, R. (2008): Erfolgreiches Scheitern – eine Götterdämmerung des Urheberrechts? Boizenburg: Hülsbusch.
Kuhlen, R. (2005): „Information ein öffentliches oder privates Gut? – eine globale Perspektive, auch für Bibliotheken". (http://www.kuhlen.name/MATERIALIEN/Vortraege_05Web/RK-vortrag_sao-paulo+rio0505.pdf).
Kuhlen, R. (2004a): „Wissensökologie". In: Kuhlen et al. (2004), 105–113.
Kuhlen, R. (2004b): „Information". In: Kuhlen et al. (2004), 3–20.
Kuhlen, R. (2002): Bausteine zur Entwicklung einer Wissensökologie – Plädoyer für eine nachhaltige Sicht auf den UN-Weltgipfel zur Informationsgesellschaft (WSIS). (http://www.inf-wiss.uni-konstanz.de/People/RK/Texte/bausteine-oekologie-wissen-endtext_rk-0203-v3.pdf).

Kuhlen, R. (2001): „Universal Access – Wem gehört das Wissen?". Vortrag. (http://www.kuhlen. name/MATERIALIEN/Vortraege01-Web/publikationstext.pdf).
Kuhlen, R. (1999): Die Konsequenzen von Informationsassistenten. Frankfurt/M.: Suhrkamp.
Kuhlen, R. et al. (Hrsg.) (2004): Grundlagen der praktischen Information und Dokumentation. 5. Ausg. 2 Bde. München: Saur.
Lau, J. (2008): Information Literacy: International Perspectives. München: Saur.
Lievrouw, L.A.; Farb, S.E. (2003): „Information and Equity". Annual Review of Information Science and Technology 37, 499–540.
Liyanage, H. (2011): Sustainability First: In Search of Telecentre Sustainability. Sarvodaya Fusion/telecentre.org. (http://www.bookrix.com/get_original_pdf. php?bookID=sarvodaya.fusion_1301991964.2677659988).
Lux, C.; Sühl-Strohmenger, W. (2004): Teaching Library in Deutschland. Vermittlung von Informations- und Medienkompetenz als Kernaufgabe für Öffentliche und Wissenschaftliche Bibliotheken. Wiesbaden: Dinges und Frick.
Macías, J.A. et al. (2009): New Trends on Human-Computer Interaction: Research, Development, New Tools and Methods. London: Springer.
Markey, K. (2007a): „Twenty-Five Years of End-User Searching, Part 1: Research Findings". Journal of the American Society for Information Science and Technology 58:8, 1071–1081.
Markey, K. (2007b): „Twenty-Five Years of End-User Searching, Part 2: Future Research Directions". Journal of the American Society for Information Science and Technology 58:8, 1123–1130.
Mourouzis, A. et al. (2011): „A Diversity-sensitive Evaluation Method". Universal Access in the Information Society 10:3, 337–356.
Nahl, D.; Bilal, D. (eds) (2007): Information and Emotion: The Emergent Affective Paradigm in Information Behavior Research and Theory. Medford, NJ: Information Today Inc./asis&t.
Neely, T.Y. (2006): Information Literacy Assessment. Standards-Based Tools and Assignments. Chicago, IL: ALA.
Obama, B. (2009): National Information Literacy Awareness Month, 2009. (http://www. whitehouse.gov/assets/documents/2009literacy_prc_rel.pdf).
Oosterlaken, I. (2009): „Design for Development: A Capability Approach". Design Issues 25:4, 91–102.
Oosterlaken, I. et al. (2009): Description of the Research Project ‚Technology and Human Development – A Capability Approach'. Delft: Delft University of Technology / Bangalore: Indian Institute of Science. (http://www.ethicsandtechnology.eu/images/uploads/ Research_proposal_TechnologyHumanDevelopment_CapabilityApproach.pdf).
Oosterlaken, I.; van den Hoven, J. (2011): „Editorial: ICT and the Capability Approach". Ethics and Information Technology 13:2, 65–67.
Ost, F. (1998): „Du Contrat à la transmission: le simultané et le successif". Revue philosophique de Louvain 96:3, 453–475.
Ott, S. (2004): Information. Zur Genese und Anwendung eines Begriffs. Konstanz: UVK.
Parasuraman, R.; Rizzo, M. (Hrsg.) (2008): Neuroergonomics. The Brain at Work. New York, NY: OUP.
Pirolli, P.L.T. (2007): Information Foraging Theory: Adaptive Interaction with Information. Oxford: OUP.
Preiser, W.; Ostroff, E. (eds) (2001): Universal Design Handbook. Columbus, OH: McGraw-Hill.
Raber, D. (2004): „Is Universal Service a Universal Right? A Rawlsian Approach to Universal Service". In: T. Mendina; J. Britz (eds): Information Ethics in the Electronic Age: Current Issues in Africa and the World. Jefferson, NC: Mc Farland, 114–122.

Rawls, J. (2003): Politischer Liberalismus. Frankfurt/Main: Suhrkamp.
Rawls, J. (1971): A Theory of Justice. Reprint of the Original Edition. Cambridge, MA: Belknap Press.
Reed, D.; Monk, A. (2010): „Inclusive Design: Beyond Capabilities towards Context of Use". Universal Access in the Information Society 10:3, 295–305.
Rooksby, E.; Weckert, J. (eds) (2007): Information Technology and Social Justice. Hershey, PA: Information Science Publishing.
Sarodnick, F.; Brau, H. (2011): Methoden der Usability Evaluation: Wissenschaftliche Grundlagen und praktische Anwendung. 2. Aufl. Bern: Huber.
Schaar, P. (2009): Das Ende der Privatsphäre: Der Weg in die Überwachungsgesellschaft. München: Goldmann.
Schement, J.R.; Curtis, T. (1995): Tendencies and Tensions of the Information Age: The Production and Distribution of Information in the United States. New Brunswick, NJ: Transaction.
Schuler, D.; Namioka, A. (1993): Participatory Design: Principles and Practices. Mahwah, NJ: Erlbaum.
Sen, A. (2009): The Idea of Justice. London: Penguin.
Sen, A. (1999a): Development as Freedom. Oxford: Oxford University Press.
Sen, A. (1999b): Commodities and Capabilities. New Delhi: Oxford University Press.
Sen, A. (1979): „Equality of What?". The Tanner Lecture on Human Values. Delivered at Stanford University May 22, 1979. In: Sterling McMurrin (ed.): The Tanner Lectures on Human Values. Vol. 1. Salt Lake City: University of Utah Press, 1980, 197–220.
Stephanidis, C. (ed.) (2003): Universal Access in HCI: Inclusive Design in the Information Society. Mahwah, NJ: Erlbaum. (Proceedings of HCI International 2003, 10th International Conference on Human-Computer Interaction : [held jointly with] Symposium on Human Interface (Japan) 2003, 5th International Conference on Engineering Psychology and Cognitive Ergonomics, 2nd International Conference on Universal Access in Human-Computer Interaction; 22–27 June 2003, Crete, Greece ; Vol. 4).
Stock, W.G. (2007): Information Retrieval. Suchen und Finden von Informationen. München: Oldenbourg.
Sturges, P.; Gastinger, A. (2010): „Information Literacy as a Human Right". Libri 60:3, 195–202.
Subasi, Ö. et al. (2011): „Designing Accessible Experiences for Older Users: User Requirement Analysis for a Railway Ticketing Portal". Universal Access in the Information Society 10:4, 391–402.
Sunstein, C.R. (2008): Infotopia: How Many Minds Produce Knowledge. Oxford: Oxford University Press.
Tichenor, P. et al. (1970): „Mass Media Flow and Differential Growth in Knowledge". Public Opinion Quarterly 34:2, 159–170.
Toboso, M. (2011): „Rethinking Disability in Amartya Sen's Approach: ICT and Equality of Opportunity". Ethics and Information Technology 13:2, 107–118.
Tremmel, J.C. (ed.) (2006): Handbook of Intergenerational Justice. Cheltenham: Edward Elgar.
Tullis, T.; Albert, W. (2008): Measuring the User Experience: Collecting, Analyzing, and Presenting Usability Metrics. Amsterdam: Elsevier.
Umlauf, K. (2012): „Bibliotheken, das Grundrecht der Meinungsfreiheit und die informationelle Grundversorgung". Bibliothek: Forschung und Praxis (preprint). (http://www.b2i.de/fileadmin/dokumente/BFP_Preprints_2012/Preprint-Artikel-2012-AR-2769-Umlauf.pdf).

UNESCO (2009): UNESCO Information for All Programme: National Information Society Policy: A Template. Paris. (http://www.unesco.de/fileadmin/medien/Dokumente/Kommunikation/IFAP_template.pdf).
Unwin, T. (ed.) (2009): ICT4D: Information and Communication Technology for Development. Cambridge: Cambridge University Press.
van den Hoven, J.; Rooksby, E. (2008): „Distributive Justice and the Value of Information: A (Broadly) Rawlsian Approach". In: J. van den Hoven; J. Weckert (eds): Information Technology and Moral Philosophy. Cambridge: Cambridge University Press, 376–396.
van Dijk, J.A.G.M. (2005): The Deepening Divide: Inequality in the Information Society. London: Sage.
van Dijk, J.A.G.M.; Hacker, K. (2003): „The Digital Divide as a Complex and Dynamic Phenomenon". The Information Society 19:4, 315–326.
Vaughan, D. (2011): „The Importance of Capabilities in the Sustainability of Information and Communications Technology Programs: The Case of Remote Indigenous Australian Communities". Ethics and Information Technology 13:2, 131–150.
Walzer, M. (1983): Spheres of Justice: A Defense of Pluralism and Equality. New York: Basic Books.
Wandtke, A.-A. (Hrsg.) (2009): Urheberrecht. Berlin: de Gruyter.
Weber, K. (2005): Das Recht auf Informationszugang: Begründungsmuster der politischen Philosophie für informationelle Grundversorgung und Eingriffsfreiheit. Berlin: Frank & Timme.
Williams, B. (2002): Truth and Truthfulness. An Essay in Genealogy. Princeton: Princeton University Press.
Wilson, T.D. (2010): „Fifty Years of Information Behavior Research". Bulletin of the American Society for Information Science and Technology 36:3, 27–34.
World Bank (2011): The Little Data Book on Information and Communication Technology 2011. Washington, DC: World Bank. (http://www.e-agriculture.org/sites/default/files/uploads/media/ICT11_Version7_0.pdf).
Wresch, W. (2009): „Progress on the Global Digital Divide: An Ethical Perspective Based on Amartya Sen's Capabilities Model". Ethics and Information Technology 11:4, 255–263.
Wresch, W. (2007): „500 Million Missing Web Sites: Amartya Sen's Capability Approach and Measures of Technological Deprivation in Development Countries". In: Rooksby/Weckert 2007, 206–225.
WSIS (2003): Declaration of Principles. (http://www.itu.int/dms_pub/itu-s/md/03/wsis/doc/S03-WSIS-DOC-0004!!PDF-E.pdf).
Zheng, Y. (2007): „Exploring the Value of the Capability Approach for E-Development". In: Proceedings, 9th International Conference on Social Implications of Computers in Developing Countries. Sao Paulo, Brazil (28–30 May). (http://www.ifipwg94.org.br/fullpapers/R0078-1.pdf).
Zillien, N. (2009): Digitale Ungleichheit: Neue Technologien und alte Ungleichheiten in der Informations- und Wissensgesellschaft. 2. Aufl. Wiesbaden: VS Verlag für Sozialwissenschaften.

Rainer Kuhlen
In Richtung eines gerechten, inklusiven, nachhaltigen Umgangs mit dem Gemeingut (Commons) Wissen

Wissensökologie – Nachhaltiger Umgang mit Wissen und Information

Die ethische Begründung für einen offenen Zugang zu Ressourcen wie Luft und Wasser und deren freier Nutzung ist, dass die schiere Existenz und die Entwicklung jedes menschlichen Wesens von ihnen abhängen – ebenso wie das, was die Ethik seit Aristoteles das gute Leben nennt. Aber die Realität korrespondiert nicht immer (oder sogar eher selten) mit fundamentalen ethischen Prinzipien und Menschenrechten. Obwohl es ethisch kaum vertretbar ist, sind diese Ressourcen in der Vergangenheit und auch in der Gegenwart oft zum Privateigentum erklärt worden – in dem Verständnis von Eigentum als das Recht, andere von Zugang und Nutzung der Ressource auszuschließen.

Sogar die Luft ist in der modernen CO_2-produzierenden Industriegesellschaft, wenn auch nicht gänzlich, als Objekt vereinnahmt worden, auf das private (kommerzielle) Nutzer schier unbegrenzte Rechte zu haben meinen, mit der Konsequenz, dass ursprünglich saubere Luft bei uneingeschränkten, unkontrollierten Emissionen nicht mehr verfügbar ist – und ein gutes Leben so unmöglich wird. Die Existenz und die Entwicklung menschlicher Wesen sollten nicht von privater Allokation und privaten Rechten abhängig sein. Luft und Wasser, um nur diese zu nennen, sind – so eine sich immer mehr durchsetzende Sicht – Gemeingüter.

Gemeingüter sind keine *res nullius*, keine Objekte, die jeder in Beschlag nehmen und nutzen und in privaten Besitz umwandeln kann. Gemeingüter (Commons) sind vielmehr *res communes*. Sie sind Objekte, die uns allen gehören. Dies ist leichter gesagt als getan. Es gibt jedoch einige vielversprechende Zeichen, dass die Geschichte nicht nur, wie es Hegel angenommen hatte, eine Entwicklung von der Freiheit der Wenigen hin zur Freiheit für Alle ist, sondern auch eine Entwicklung vom Recht einiger Weniger auf diese grundlegenden Ressourcen hin zum Recht Aller auf den Zugang zu und die Nutzung dieser Güter.

Eine der größeren Leistungen der Menschheit in den letzten vierzig Jahren ist es, einen wachsenden Konsens darüber erzielt zu haben, dass nur ein nachhaltiger Umgang mit den natürlichen Ressourcen beides erlaubt, nämlich einerseits Sicherung und Weiterentwicklung, andererseits auch eine nicht verbrauchende kontrolliert-kommerzielle und öffentlich-private Nutzung dieser Ressourcen.

Die Kompatibilität von Ökonomie und Ökologie schien lange ein Paradoxon zu sein. Aber die Praxis hat ihren Wert und ihre Realisierbarkeit bewiesen. Das Prinzip der Nachhaltigkeit und die Ziele der Ökologie sind schon lange nicht mehr auf den Bereich der Ethik beschränkt, sondern sind weithin in sozialen, politischen und ökonomischen Diskursen akzeptiert, auch wenn sie natürlich nicht immer und überall gänzlich in die Realität umgesetzt worden sind. Dies trifft jedoch für die meisten ethischen Prinzipien zu – es handelt sich bei ihnen eher um das, was Kant regulative (handlungsleitende) Ideen genannt hat, als um erzwingbare Forderungen oder gar direkte Anweisungen.

Im Folgenden wird vorgeschlagen, einige der Grundkonzepte der Ökologie, insbesondere das Konzept der Nachhaltigkeit, auf eine Ökologie des Wissens zu übertragen.[1] Am Ende des vorliegenden Beitrags werde ich zudem die – vielleicht für viele noch paradoxer klingende – These aufstellen, dass Wissensökonomie und Wissensökologie kompatibel sind. Die Ökologie befasst sich allgemein mit der Nachhaltigkeit bezüglich der natürlichen Ressourcen (z.B. Wasser, Luft/Klima, Fauna, Wälder) – damit also, wie man diese Ressourcen vor einer Übernutzung bewahrt und sie zu geschützten und knappen Ressourcen erklärt, um ihre zukünftige Verfügbarkeit für Alle zu garantieren. Die Wissensökologie befasst sich ebenfalls mit der Nachhaltigkeit, allerdings der Nachhaltigkeit immaterieller Güter. Dies kann nicht dadurch geleistet werden, dass man Wissen zu einer knappen Ressource macht, sondern nur dadurch, dass man Wissen zu einem offenen Raum macht und den offenen Zugang zu und die freie Nutzung von Wissen ermöglicht.

Die Neudefinition der Nachhaltigkeit wird durch den unterschiedlichen Gutscharakter von Wasser und Wissen begründet. Im Gegensatz zu materiellen Gütern ist Wissen im Grundsatz nicht-rivalisierend und nicht-ausschließbar und wird daher in der traditionellen ökonomischen Theorie oft als öffentliches Gut (*public good*) eingeschätzt. Wissen, so die zweifellos zutreffende Annahme, wird nicht

---

[1] Da im nächsten Abschnitt argumentiert wird, dass Information der geeignetere Begriff ist, wenn es um den Zugang zu und die Nutzung von Wissen geht, wäre es vielleicht passender, von Informationsökologie zu sprechen als von Wissensökologie. Konsequent verwendet die offizielle politische Stellungnahme der europäischen Grünen anlässlich ihrer Gründung (am 23.02.2004 in Rom) das Konzept der Informationsökologie: „Whereas the European Greens work towards an ‚information ecology' as we do for the environment and promote a sustainable information society with access for all to information and communication technologies and with the creation of a public domain as the Commons of the Information Society." (European Green Party Congress 2004).

verbraucht oder erschöpft, wenn es genutzt wird. Im Gegenteil: Je mehr es genutzt wird, desto mehr nützt es vielen Menschen, und desto höher ist die Wahrscheinlichkeit, dass aus existierendem Wissen neues Wissen generiert wird. Dies macht Wissen nachhaltig nicht nur für die Gegenwart, sondern auch für zukünftige Generationen. Wie wir später sehen werden, kann jedoch das pragmatische Gegenstück zu Wissen, Information, durchaus Bedingungen der Ausschließbarkeit unterliegen.

Wissensökologie kann bestimmt werden als der Bereich von Wissenschaft und Praxis, in dem aus gleichermaßen ethischer, ökonomischer und politisch-rechtlicher Perspektive die Bedingungen und Konsequenzen eines nachhaltigen Umgangs mit Wissen und Information untersucht und entsprechende Organisationsmodelle dafür entwickelt werden. Wissensökologie ist aber immer noch ein neues und kontrovers diskutiertes Konzept[2]. Was bei natürlichen materiellen Ressourcen weithin akzeptiert ist, wird bei immateriellen Ressourcen – was wir immaterielle Gemeingüter (Commons) nennen wollen – nicht immer in gleichem Maße als evident angesehen.

Es ist jedoch evident. Immaterielle Gemeingüter haben dieselbe ethische Basis: Wasser – nehmen wir es als ein Synonym für alle anderen grundlegenden natürlichen materiellen Ressourcen – ist essentiell für die Existenz aller Menschen und für das Leben generell. Das Leben der Menschen hängt jedoch nicht nur von einer permanenten Versorgung mit materiellen Gütern ab, sondern auch von einer Versorgung mit immateriellen Gütern. Wissen, betrachtet als Synonym für alle

---

2 Es gibt keinen Konsens über die Definition von Wissensökologie (vgl. Kuhlen 2004c). Im Rahmen dieses Beitrags kann die verbreitete Vorstellung, dass Organisationen „knowledge ecologies" (http://bit.ly/crl8yu; http://bit.ly/ozObjn; s.a. Malhotra 2002) seien, vernachlässigt werden. Sehr informativ sind die Artikel aus der Zeitschrift *Knowledge Ecology Studies* (http://kestudies.org/). Die breiteste Definition kommt aus *Knowledge Ecology International*: „‚Knowledge ecology' is a term that captured the notion that our work focuses broadly on the social aspects of the creation, management and control of and access to knowledge resources. KEI is known for its work on norm-setting and appropriate implementation of intellectual property rules, but also on other topics, such as the business and social models for remunerating creative and inventive communities, the development and management of standards in technology markets, the improvement of mechanisms to enhance access to knowledge, incentives and systems for the transfer of technology to developed countries, as well as the polar opposites – efforts to protect privacy or discourage nuclear proliferation. KEI is also engaged in issues as diverse as freedom of speech, authors' rights, access to public sector information, new models for publishing, organizing and sharing information, strategies and policies to curb media concentration, public interest regulation of telecommunication markets, consumer protection, resolution of disputes involving the cross-border movement of knowledge goods and services, and other topics." (http://keionline.org/node/15).

anderen kulturellen immateriellen Ressourcen, ist das Äquivalent von Wasser. Um es in einem Aphorismus zu formulieren: Wissen ist das Wasser des Geistes.

Wissen ist ebenso unentbehrlich für die Entwicklung der Menschen (und natürlich für die Entwicklung von Gesellschaften insgesamt) wie es Wasser für ihre Existenz ist.[3] Was für Wasser gilt, gilt auch für Wissen: Es darf nicht exklusiven privaten Besitzrechten unterliegen. Dies ist ein fundamentales ethisches Postulat. Mehr noch jedoch als materielle Ressourcen wie Wasser ist Wissen, oder besser der Zugang zu Wissen, in der Realität immer wieder von privater Aneignung mit dem Anspruch auf privates geistiges Eigentum bzw. des Rechts auf Ausschluss Anderer betroffen gewesen. Dies hat oft genug, wie beim Wasser aus globaler Perspektive überdeutlich, aber in der Gegenwart auch für den Umgang mit Wissen und Information immer mehr erkennbar, eher zu dramatisch negativen Folgen geführt als die Nutzung dieser gemeinschaftlichen Ressourcen befördert. Privatisierung ist nicht (oder nur unter sehr günstigen Umständen) eine Lösung für Bewahrung und Fortentwicklung von Gemeingütern.

Dieses Faktum der privaten Aneignung scheint dem oben beschriebenen Wesen von Wissen als nicht-rivalisierendem und nicht-ausschließbarem öffentlichen Gut (*public good*) zu widersprechen. Aber die Realität der kommerziellen Informationsmärkte zeigt, dass Menschen in der Tat vom unbeschränkten Zugang zu Wissen ausgeschlossen werden können. Um das zu erklären, wird Wissen – vergleichbar mit vielen natürlichen Ressourcen wie Öl, Fauna, Fischen im Meer und Wasser – in der ökonomischen Theorie meistens nicht als öffentliches Gut angesehen, sondern als gemeinschaftliches Gut (*common good*) oder, vielleicht angemessener, als Allmendegut (*common-pool resource*) bezeichnet.

So hilfreich die ökonomischen Gutsunterscheidungen, die in der Regel über die verschiedenen Konstellationen der Attribute ‚ausschließlich' und ‚rivalisierend' (bzw. deren Negationen) definiert werden, auch sind, so unzureichend sind sie für eine umfassende Theorie der Gemeingüter bzw. für eine Grundlegung der Wissensökologie. Wir greifen hierfür auf die nicht zuletzt in der Institutionenökonomik entwickelte Unterscheidung von Common-pool resources (im Folgenden CPR) und Commons zurück. CPR könnten im Deutschen als gemeinschaftliche Ressourcen oder als Allmende-Ressourcen übersetzt werden. Für Commons hat sich (wenn auch immer noch zögerlich) die Bezeichnung „Gemeingüter" durchgesetzt (vgl. Helfrich et al. 2010). Beide Übertragungen sind aber nicht unbedingt sprachlich so überzeugend wie die englischen Bezeichnungen. Wir werden daher

---

3 „[A]ccess to knowledge [is a] key to the participation of citizens to [sic!] the democratic functioning of our societies; [it] also [is] a great source of economic development" (Greens 2011).

in diesem Beitrag überwiegend bei ‚Common-pool resources' bzw. CPR und ‚Commons' bleiben.

Die Unterscheidung zwischen Common-pool resources (CPR) und Commons ist zentral für die Theorie der Gemeingüter insgesamt, auch oder vielleicht gerade, weil sie mit der Sicht der traditionellen ökonomischen Gütertheorie nicht übereinstimmt. Im nächsten Abschnitt wird diese Unterscheidung auf Wissen angewendet. Um dies tun zu können, erscheint es notwendig, eine andere Sicht auf die Konzepte von Wissen und Information einzuführen als sie allgemein und in der professionellen Ökonomik speziell vorherrschend ist. Dies hat einige Konsequenzen. Die Herausforderung an eine ethisch, ökonomisch und politisch-rechtlich begründete Wissensökologie ist, wie bereits erwähnt, nicht wirklich der Gegenstand Wissen, oder, um es anders auszudrücken, die Frage ist nicht: „Wem gehört oder wer kontrolliert Wissen?" – weil niemand Wissen besitzen oder kontrollieren kann –, sondern „Wer kontrolliert den Zugang zu Wissen?" Dies, wie wir sehen werden, ist nicht eine Frage von Wissen, sondern eine von Information.

Wissen im Spannungsfeld von Common-pool resources und Commons

Seit dem bahnbrechenden Sammelband von Charlotte Hess und Elinor Ostrom (2007) – insbesondere den Artikeln von Charlotte Hess und Elinor Ostrom, James Boyle und Peter Suber – wird Wissen mehr und mehr als Teil der Commons gesehen, auch wenn die Mehrheit der entsprechenden Publikationen sich immer noch stärker auf materielle, nicht auf immaterielle Commons bezieht.

Um dieses Verständnis von Wissen feiner zu differenzieren, nehmen wir die institutionenökonomische Unterscheidung von Elinor Ostrom zwischen Common-pool resources und den Commons auf. Zunächst einige Ausführungen zum CPR-Charakter von Wissen: Wissen – das Ergebnis menschlicher Entwicklung und die Gesamtheit intellektueller Aktivitäten, die in gleich welcher medialen Form öffentlich verfügbar gemacht worden sind – ist Teil des gemeinsamen Erbes der Menschheit und gehört daher zu den CPR. Wissen ist sogar eine in seiner Bedeutung herausragende gemeinsame Ressource.

Wissen, so ein Großteil der Literatur, „refers to all intelligible ideas, information, and data in whatever form in which it is expressed or obtained" (Hess/Ostrom 2007, 7). In unserem Verständnis – das sich nur leicht, aber mit beträchtlichen Konsequenzen von Ostrom/Hess (2007) unterscheidet – ist Wissen primär ein kognitives (sozial und kulturell abhängiges) Konzept, ein generischer Ausdruck für „facts, ideas, systems, or methods of operation" (um die Beschreibung des U.S. Copyright Office zu verwenden) (http://www.copyright.gov/help/faq/faq-general.html).

Einmal in der Welt, einmal öffentlich verfügbar gemacht, ist Wissen im Grundsatz offen und frei für Jedermanns Nutzung. Oder, um es noch einmal in der Sprache der in der Ökonomie allgemein akzeptierten Güterklassifikation zu sagen: Wissen ist in der Tat im Grundsatz ein öffentliches Gut (*public good*). Sobald es das Hirn seines Schöpfers verlassen hat und für die Öffentlichkeit verfügbar gemacht worden ist, kann Wissen nicht mehr als privater Besitz beansprucht werden. Thomas Jefferson hat dies in seinem berühmten Brief an Isaac McPherson (1813) sehr deutlich gemacht:

> If nature has made any one thing less susceptible than all others of exclusive property, it is the action of the thinking power called an idea, which an individual may exclusively possess as long as he keeps it to himself; but the moment it is divulged, it forces itself into the possession of every one, and the receiver cannot dispossess himself of it. Its peculiar character, too, is that no one possesses the less, because every other possesses the whole of it. He who receives an idea from me, receives instruction himself without lessening mine; as he who lights his taper at mine, receives light without darkening me. That ideas should freely spread from one to another over the globe, for the moral and mutual instruction of man, and improvement of his condition, seems to have been peculiarly and benevolently designed by nature. (Thomas Jefferson an Isaac McPherson, 13. August 1813, Writings 13, 333–335; http://press-pubs.uchicago.edu/founders/documents/a1_8_8s12.html).

Natürlich sind kognitive Konzepte und Theorien, ursprünglich mentale Strukturen in den Hirnen ihrer Schöpfer, nur zugänglich, kommunizierbar und nutzbar, wenn sie in medialer Form repräsentiert werden. Die Repräsentation selbst ist jedoch nicht Wissen. Ein Buch ist (streng genommen) kein Wissensobjekt, es enthält Wissen; ein Musikstück ist kein Wissensobjekt, es enthält eine Vorstellung der Idee des Komponisten. Aus informationswissenschaftlicher Sicht sollten wir den Begriff ‚Wissensobjekte' vermeiden und eher von ‚Informationsobjekten' sprechen, wenn wir uns auf Objekte beziehen, die Wissen in medialer Form repräsentieren und die öffentlich verfügbar und damit kommunizierbar und nutzbar gemacht werden. Bücher, Musikstücke, Filme, Statuen sind Informationsobjekte, die als Objekte auf kommerziellen Informationsmärkten gehandelt oder in offenen Umgebungen frei ausgetauscht werden können. Mit Wissen selber kann nicht gehandelt werden. Zweifelhaft also, ob man von Wissensmärkten sprechen kann.

Diese Unterscheidung hat einige Konsequenzen, auch im Hinblick auf Ausschließbarkeit und das Recht auf Eigentum. Es gibt einen generellen Konsens, dass Wissen selbst (im oben erwähnten Verständnis des Copyright Office) nicht durch das anglo-amerikanische Copyright oder das europäische Urheberrecht geschützt ist – auch wenn es unter bestimmten Umständen und Bedingungen durch das Patentrecht geschützt sein kann.

Erneut, einmal in der Welt, einmal öffentlich verfügbar gemacht, ist Wissen im Grundsatz offen und frei für Jedermanns Nutzung. Dies ist ein wichtiges und fundamentales Recht. Es ist jedoch nutzlos bzw. folgenlos, wenn der Zugang zu Wissen nicht ermöglicht wird. In der Realität hängt der Zugang zu Wissen (von der freien Nutzung ganz zu schweigen) von den Formen ab, in denen Wissen sichtbar gemacht wird, d.h. in Informationsobjekte gleich welcher medialen Form transformiert wird. Vor allem aber hängt der Zugang davon ab, mit welchen Interessen diese Informationsobjekte verbreitet und unter welchen Bedingungen sie nutzbar gemacht werden.

Es ist jedoch für den Zweck dieses Beitrags nicht erforderlich, auf dieser systematischen Unterscheidung zwischen Wissen und Information, bzw. Wissensobjekten und Informationsobjekten, zu bestehen.[4] Wir werden daher im Folgenden meist die Abkürzung W&I (Wissen und Information) verwenden, und gelegentlich Wissen als generischen Oberbegriff für beides, Wissen und Information, benutzen – behalten dabei jedoch im Kopf, dass der Begriff ‚Wissen' primär auf eine CPR verweist, während Wissen als Gemeingut (Commons) (resultierend aus einer Anwendung institutionalisierender Prozeduren auf die gemeinsame Ressource) in der Realität zugängliche und nutzbare Information ist.

---

4 Aus informationswissenschaftlicher Sicht gibt es natürlich einen Unterschied (vgl. Kuhlen 2004b). Im Kern: Information ist Wissen in Aktion und im Kontext. Diese Definition betont den pragmatischen Aspekt von Information, inklusive ihrer Kontext-Abhängigkeit – ‚Kontext' wird hier im weitestmöglichen Sinne verstanden. Information ist also der Teil des Wissens, der im jeweiligen Kontext benötigt wird, um Probleme zu lösen oder Fragen zu beantworten, und der bislang der Person, die in dieser Situation ist, nicht verfügbar war. Information muss daher neu und relevant sein. Diese pragmatische Definition unterscheidet sich von der formalen, naturalistischen, quantitativen Definition von Information, z.B. in der Informationstheorie von Shannon/Weaver, und sie ist nicht gänzlich kompatibel mit dem Verständnis von Information in der traditionellen DIKW-Hierarchie (data, information, knowledge, wisdom). Gegenüber einem hierarchischen Ansatz ziehen wir es vor, zwischen formalen/syntaktischen, semantischen und pragmatischen Aspekten oder Funktionen von Information zu unterscheiden. Wenn eine Hierarchie angewandt werden muss, so sollte sie umgekehrt werden (vgl. Janich 2006), d.h. der pragmatische Level sollte der Ausgangspunkt für ‚Information' sein. Die verschiedenen Open Access-Erklärungen, beispielsweise die Berliner Erklärung (vgl. http://bit.ly/dgKPB7), beziehen sich ebenfalls primär auf die pragmatischen Aspekte von Information, insbesondere auf die kontextabhängigen Umstände und Regulationsprinzipien, unter denen Information im Open Access-Paradigma genutzt werden kann.

Wie man Rechte auf immaterielle Commons (Gemeingüter) realisiert

Wie bereits erwähnt, macht die moderne Institutionenökonomie, zu der die Commons-Forscherin und Nobelpreisgewinnerin von 2009, Elinor Ostrom, umfassend beigetragen hat, die wichtige Unterscheidung zwischen Common-pool resources und Commons. Materielle, natürliche Ressourcen stehen allen Menschen in der Natur zur Verfügung. Immaterielle Ressourcen sind das Ergebnis der menschlichen Entwicklung und/oder das gemeinsame Erbe der Menschheit.

Jede Gesellschaft hat zu jedem Zeitpunkt der Geschichte Mittel und Wege entwickelt, diese Ressourcen, den Bestand der CPR, zugänglich und nutzbar zu machen, ebenso wie Mittel, um sie gegen eine Übernutzung zu schützen und ihre Verfügbarkeit und Nutzbarkeit für zukünftige Generationen zu sichern. In der Terminologie der Institutionenökonomie ausgedrückt, heißt das, dass CPR nur dann zu Commons werden, wenn sie institutionalisiert werden, wenn ihr Potenzial real nutzbar gemacht wird. Dies geschieht dadurch, dass Regeln spezifiziert werden, nach denen diese Ressourcen genutzt werden können. Das sogenannte Prinzip für Flussanlieger (*riparian principle*) kann als Beispiel für die Institutionalisierung einer natürlichen Ressource (Wasser) dienen, die dazu dient, ein Commons ‚Wasser' zu schaffen. Nach diesem Prinzip wird jedem das Recht zugesprochen, die Menge Wasser zu nehmen, die der Flussanlieger für sein Leben braucht, unter der Bedingung, dass genug Wasser für die Anderen übrigbleibt und dass das verbleibende Wasser dieselbe Qualität hat.

Abbildung 1 illustriert, zugegebenermaßen in vereinfachter Form, den Prozess der Institutionalisierung von CPR mit dem Resultat ihrer Zugänglich- und Nutzbarmachung zu Bedingungen, die von der Implementierung der regulierenden Prinzipien und Prozeduren abhängen. Abbildung 2 wird dies später im Hinblick auf die Prinzipien und Prozeduren konkretisieren.

Die Formen der Institutionalisierung sind in hohem Maße kultur- und interessenabhängig und werden zudem von den verfügbaren medialen und technologischen Umgebungen bedingt. Ohne die Bedeutung kulturabhängiger Faktoren (inklusive Machtstrukturen) unterschätzen zu wollen, konzentrieren wir uns im Folgenden auf die Rolle der technologischen Umgebungen.

Menschen entwickeln ihr moralisches Verhalten, ihre Überzeugungen, Regeln und Werte bezüglich der Frage, wie W&I organisiert werden sollen, in den Umgebungen, in denen sie gerade leben. Natürlich ist die Beziehung zwischen Technologie, Informations- und Kommunikationstechnologien (ICT) und dem System von Überzeugungen, Regeln und Werten nicht deterministisch, und ebenso wenig ist die Beziehung zwischen ICT und Machtstrukturen bzw. Unternehmen

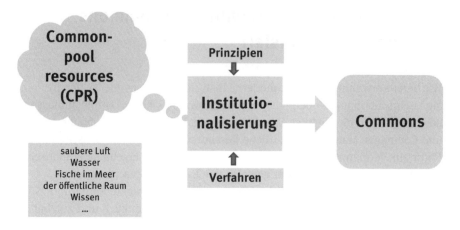

Abb. 1: Institutionalisierung von Common-pool resources in Commons.

respektive Organisationen allgemein deterministisch. Diese Beziehungen sind in jedem Fall bidirektional: Technologie beeinflusst moralisches Verhalten, aber existierendes moralisches Verhalten, in Kombination mit politischer Macht und ökonomischen Interessen, beeinflusst auch, welche Art von Technologie entwickelt und genutzt wird bzw. genutzt werden sollte, beispielsweise ob Technologie (in diesem Falle Software) in Form des Digital Rights Management (DRM) genutzt wird, um die Nutzung von W&I einzuschränken und zu kontrollieren, oder ob Technologie genutzt wird, um z.B. offene, Peer-to-Peer-Netzwerke aufzubauen, die den freien Austausch von W&I begünstigen.

Keinesfalls sind technologische Umgebungen stabil, sondern sind permanentem Wandel unterworfen. Produktion und Nutzung von W&I zu einer Zeit, als Wissen als sichtbare und kommunizierbare Information dargestellt wurde, indem man auf Pergament schrieb, unterschieden sich von der Art, wie Wissen in der Gutenberg-Galaxis (Druck mit beweglichen Lettern) sichtbar und kommunizierbar gemacht wurde. Und natürlich unterscheiden sich die Verhältnisse in der Gutenberg-Galaxis, der analogen Welt, von der Art, wie Wissen in Zeiten des Internets in elektronischen Umgebungen sichtbar, zugänglich, kommunizier- und nutzbar gemacht wird.

Änderungen in der medialen und technologischen Umgebung beeinflussen auch moralisches Verhalten, beispielsweise hinsichtlich der Fragen, inwieweit exklusive Urheberschaft und Besitz von W&I beansprucht wird, welche Bereitschaft besteht, W&I zu teilen und zur freien Nutzung zur Verfügung zu stellen, oder wer W&I verknappen, absperren und für Andere unzugänglich machen will. Diese Veränderungen beeinflussen auch die Weise, in der politische Macht und ökonomische Interessen sich rechtfertigen und durch die Kontrolle von W&I befördert werden – seit gut 150 Jahren hauptsächlich durch Regeln und Gesetze zur Regulierung intellektueller Eigentumsansprüche. Dass diese Regulierungsformen zugunsten privater exklusiver Eigentumsrechte in elektronischen Umgebungen zunehmend in Frage gestellt werden, zeigt, welch enormen Druck neues moralisches Verhalten gegenüber W&I auf etablierte Strukturen ausüben kann.

So wenig wie die Zusammenhänge zwischen Technologien und den handlungssteuernden (moralischen) Prinzipien und Verhaltensformen deterministisch sind, so wenig sind sie auch beliebig. Ethik als Reflexion über das jeweilige, historisch sich ausprägende moralische Verhalten kann, in der Absicht, dieses begründet zu legitimieren oder auch nur zu generalisieren, argumentative Hilfestellung bei der Herausforderung leisten, die CPR ‚Wissen' in ein im Prinzip von allen nutzbares Commons ‚Wissen' zu transformieren. Wir haben hier nicht den Raum für eine ausführlich begründete Übertragung der vielfältigen philosophischen, deontologisch oder utilitaristisch oder über Prinzipien wie Gerechtigkeit, Verantwortung und Nachhaltigkeit begründeten Ethiktheorien auf eine informationsethische Reflexion für den Umgang mit Wissen und Information (vgl. Weber 2001; Kuhlen 2004a). Aber das Ergebnis dieser Übertragung kann wie folgt zusammengefasst werden:

Aus informationsethischer Sicht sind die Formen, wie die Ressource ‚Wissen' (CPR) zum Gemeingut ‚Wissen' (Commons) institutionalisiert wird, dann angemessen, wenn sie zu gerechten, inklusiven und nachhaltigen Lebensformen für alle Menschen beitragen, konkreter: wenn sie zu einem gerechten, inklusiven und nachhaltigen Umgang mit Wissen und Information führen. Diese informationsethische Forderung muss nicht im Widerspruch zu ökonomischen Interessen an der Verwertung von Wissen über die Informationsprodukte und -dienstleistungen stehen. Sie muss nicht Institutionalisierungsprozeduren widersprechen, die überwiegend mit ökonomischen Interessen begründet werden. Dies haben wir schon zu Anfang als (potenzielle und unter speziellen Bedingungen mögliche) Verträglichkeit von Wissens-/Informationsökonomie und Wissensökologie angesprochen. Am Ende dieses Beitrags werden Modelle dafür vorgeschlagen (insbesondere über Abbildung 5).

In der Gegenwart sind wir jedoch weit von einer solchen Kompatibilität entfernt. Es gibt offensichtlich eine klare Dichotomie zwischen einem in elektronischen Umgebungen sich immer stärker entwickelnden normativen Bewusstsein zugunsten einer freien offenen Produktion und Nutzung von W&I und den vorherrschenden organisatorischen, rechtlichen und ökonomischen Prinzipien und Regulierungsformen, die bei der Produktion von Informationsgütern auf den kommerziellen internationalen Informationsmärkten und auf die Bedingungen für ihre Nutzung zur Anwendung kommen.

Unter der bislang vorherrschenden Dominanz kommerzieller Ziele werden W&I notwendigerweise als zu verknappende Ressourcen betrachtet, zu welchen der Zugang hauptsächlich durch den Preis sowie durch technische und/oder rechtliche Beschränkungen kontrolliert und begrenzt wird. Aus ökonomischer Sicht erscheint solche Kontrolle und Beschränkung notwendig, um den *return on investment* zu erzielen, ohne den die klassischen Verlage, aber auch viele neue Content Provider nicht bereit wären, die Informationsmärkte mit neuen Informationsprodukten und -services zu versorgen. Es ist natürlich nicht nur das Ziel des *return on investment*, das die Marktwirtschaft antreibt, sondern auch die Erwartung eines angemessenen (und im Moment, auf den globalen Informationsmärkten, mehr als angemessenen) Profits.

Schon jetzt sei allerdings darauf hingewiesen, dass die Annahme, der Zugriff auf Wissen müsse notwendigerweise verknappt und der Schutz der Urheber und Verwerter eher noch über Recht und Technik verstärkt werden, auch aus ökonomischer Sicht keineswegs zwingend ist. Der Erfolg vieler, auch mit ökonomischem Interesse in elektronischen Umgebungen arbeitender Organisationen beruht darauf, dass Zugang und Nutzung von Information selber frei ist („frei" im Sinne von ‚gebührenfrei') und dass mit Anderem verdient wird, z.B. durch Werbung oder durch aus dem informationellen Ausgangsprodukt erzeugte Mehrwertleistungen. Dass die Nutzung von Information in einer ‚freien' Wirtschaft (*freeconomics*) natürlich nicht wirklich kostenlos ist, dass also mit anderer Währung ‚bezahlt' werden muss – und zwar üblicherweise mit den persönlichen Daten bei der Nutzung der ‚freien' Information – ist zweifellos ebenso eine informationsethische Herausforderung, die hier aber nicht weiter verfolgt werden kann.

Aus der Sicht des traditionellen kommerziellen, marktgetriebenen Ansatzes können W&I, vergleichbar anderen natürlichen Gütern und Objekten, direkt kommerziell verwertet und z.B. über Preispolitik und Zugangseinschränkungen kontrolliert werden. Aus dieser Sicht ist dies auch sozial und politisch erlaubt bzw. sogar erwünscht. Das Recht, W&I zu kommerzialisieren, wird üblicherweise gerechtfertigt durch die Annahme, dass W&I Objekt privaten Eigentums sein kann, in unserem Fall des privaten intellektuellen Eigentums.

Diese die kommerzielle Verwertung begründende und begünstigende Annahme wird oft genug in einer simplen Übertragung des Locke'schen arbeitstheoretischen Arguments sogar ethisch damit begründet, dass Arbeit, die aufgewendet worden ist, um die materiellen oder immateriellen Ressourcen für die Öffentlichkeit verfügbar zu machen, die Inanspruchnahme persönlicher (intellektueller) Eigentumsrechte rechtfertigt. Dieses Eigentum (mit exklusivem Ausschließlichkeitsanspruch) müsse deshalb nicht nur durch das Grundgesetz (Art. 14, vor allem Absatz 1: „Das Eigentum und das Erbrecht werden gewährleistet."), sondern durchsetzungsfähig durch positive Gesetze geschützt werden – mit Blick

Abb. 2: Institutionalisierung von Wissen als Commons.

auf Wissen und Information hauptsächlich durch das Patentrecht und das Urheberrecht (oder Copyright, wie es unter dem Einfluss der anglo-amerikanischen Rechtslage genannt wird).

Welche Einwände man auch dagegen haben mag, es muss zunächst anerkannt werden, dass das Urheberrecht/Copyright, entstanden in einer bestimmten historischen Phase der auch technologisch begründeten Formen für Produktion, Verteilung und Nutzung von W&I, eine (durchaus sinnvolle und vermutlich auch angemessene) spezielle Form der Institutionalisierung von Wissen gewesen ist. Diese Institutionalisierung hat zur Entwicklung von Informationsmärkten als Regime privater immaterieller Güter geführt. Aus einer abstrakten Sicht der Institutionenökonomik ist also die Umsetzung von CPR in private Güter nicht ausgeschlossen. Es gibt ja auch genügend Beispiele, wie die Sicherung, Weiterentwicklung und Nutzung von CPR auch durch privatwirtschaftliche oder auch durch staatlich kontrollierte Organisationsformen geleistet werden können. Ersteres trifft z.B. in vielen Fällen für die Forstwirtschaft zu, Letzteres, in globaler Perspektive, für Klima bzw. Luft.

Abbildung 2 weitet das allgemeine Bild aus Abbildung 1 auf Arten der Institutionalisierung von Wissen aus. Das Schema lässt offen, wie Zugang zu und Nutzung von Information organisiert werden, obwohl es zu einfach ist anzunehmen, dass moderne Gesellschaften die freie Wahl hätten zwischen einem freien offenen und einem ökonomisch motivierten verknappenden Umgang mit W&I.

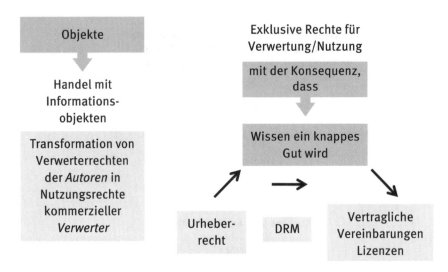

Abb. 3: Kommerzielles Informationsmarktmodel für die Institutionalisierung von Wissen.

Lange wurden die kommerzielle Verwertung von W&I und ihr Schutz durch Urheber- und Patentrecht hauptsächlich durch den Stand der technologischen Entwicklung gerechtfertigt, der die Produktion und Distribution von Informationsprodukten nur denjenigen ermöglichte, die das methodische Know-how und die finanziellen Mittel hatten, um diese Aufgabe zu erfüllen. Abbildung 3 illustriert das gegenwärtige Modell des kommerziellen Informationsmarkts im Hinblick auf die Institutionalisierung von Wissen.

Dieses Modell hat das Aufkommen einer mächtigen und hochprofitablen W&I-Industrie sowie hochleistungsfähiger Informationsmärkte ermöglicht. Und es ist lange Zeit ein zufriedenstellendes und adäquates Modell gewesen: Von kulturellen Akteuren, Künstlern und Wissenschaftlern produziertes Wissen wurde für die Öffentlichkeit über ein breites Spektrum von Informationsprodukten verfügbar gemacht und wurde für diejenigen, die sich den Kauf dieser Produkte nicht leisten konnten, durch eine gut funktionierende Infrastruktur von Museen, Archiven und vor allem Bibliotheken zugänglich und nutzbar gemacht.

Die technologischen Grundbedingungen dieses Modells sind jedoch nicht mehr valide. Angesichts des heutigen Potentials der ICTs

> citizens, artists and consumers are no longer powerless and isolated in the face of the content production and distribution industries: now individuals across many different spheres collaborate, participate and decide in a direct and democratic way! ‚Free culture' (‚free' as in ‚Freedom', not as ‚for Free') opens up the possibility of new models for citizen engagement in the provision of public goods and services. These are based on a ‚commons' approach. ‚Governing of the commons' refers to negotiated rules and boundaries for managing the

collective production and stewardship of and access to, shared resources. Governing of the commons honors participation, inclusion, transparency, equal access, and long-term sustainability. We recognize the commons as a distinctive and desirable form of governing. It is not necessarily linked to the state or other conventional political institutions and demonstrates that civil society today is a potent force. (Barcelona Charter 2010)

Hier ist weder Zeit noch Raum, um die Hypothese auszuarbeiten, dass die Institutionalisierung durch urheberrechtliche Regeln, die einen starken Schutz individuellen geistigen Eigentums gewährleisten, kein geeignetes Mittel mehr ist, um innovative Kräfte in der Wirtschaft zu stärken oder Geschäftsmodelle für W&I-Industrien zu stimulieren, die den Potenzialen der elektronischen Umgebungen angemessen sind. Aber die Frage stellt sich immer mehr, ob das Urheberrecht in der jetzigen Dogmatik ökonomische Innovationen in allen Bereichen der Wirtschaft, nicht nur der Informationswirtschaft selber, eher behindert als befördert. ‚Open Innovation' ist unter einem starken (im Sinne von starken Schutz gebendem) Urheberrechtsregime schwer vorstellbar.

Es ist offensichtlich, dass das Urheberrecht als Recht der Urheber in den letzten zwanzig Jahren in ein kommerzielles, geschäftliches Recht zur Wahrung von Partikularinteressen der Informationswirtschaft, also in ein Handelsrecht umgewandelt worden ist. Zweifellos handelt es sich nicht länger um eine Gesetzgebung, die primär Autoren unterstützt, geschweige denn Nutzer, die in elektronischen Umgebungen immer weniger passive Rezipienten und immer mehr selbst aktive Produzenten neuer Wissens- und Informationsprodukte werden können, wenn man ihnen nur den Freiraum für die freie Entfaltung der innovativen Potenziale von W&I lässt.

Offene Modelle der Institutionalisierung von W&I

Aktuelle Modelle des Informationsmarkts weisen verschiedene Aporien auf – dies macht es notwendig, neue Modelle der Produktion, Distribution und Nutzung von W&I zu entwickeln:
1. Es gibt keine Balance mehr zwischen den Interessen von Autoren, Verwertern und Nutzern. W&I wird primär als Gegenstand kommerziellen Handels betrachtet, der (urheber)rechtlich stark geschützt ist.
2. Ein Versagen des Informationsmarkts mit der Konzentration auf einige große internationale Verlags- und Marken-Konsortien wird seit gut 20 Jahren evident, insbesondere (aber nicht nur) im Hinblick auf Forschung und Bildung. Die traditionellen Vermittlungsinstanzen wie Bibliotheken, die freien Zugang zu W&I garantierten, können nicht mehr in dem erforderlichen Ausmaß kommerziel-

le Informationsprodukte kaufen oder lizenzieren. Oder ihre Services werden durch die kommerzielle Verwertung begünstigende urheberrechtliche Regeln und/oder Digital Rights Management (DRM) eingeschränkt.
3. Die Öffentlichkeit ist nicht länger fähig und willens, in vielfältiger Weise für W&I zu bezahlen (wiederum insbesondere in den Bereichen Forschung und Bildung): a) für die Produktion von Wissen, b) für die Qualitätskontrolle und c) für den Kauf oder die Lizenzierung von Informationsprodukten, ohne eine angemessene Kompensation von den Verlagen zu bekommen. Im Gegenteil, oft muss die Öffentlichkeit sogar für die Publikation von Wissen bezahlen, dessen Produktion und in der Regel auch dessen Repräsentation in medialer (zumeist textueller) Form bereits mit öffentlichen Mitteln finanziert wurde.
4. Durch die Nutzung der Potenziale gegenwärtiger ICT können und wollen Schöpfer und Nutzer die Prozesse der Produktion, Distribution und Zugänglichmachung, aber auch der Verwertung von W&I zunehmend selbst organisieren.
5. Produzenten von W&I fühlen sich zunehmend durch die Geschäftsmodelle und Mechanismen auf den kommerziellen Informationsmärkten behindert und eingeschränkt. Sie versuchen, ihre Informationsautonomie über freie Lizenzierungsformen wie Creative Commons dadurch zurückzugewinnen, dass sie selbst bestimmen, in welchem Umfang ihre Werke von Anderen genutzt werden. Zudem ermöglicht das Internet selbst bestimmte Verwertungsmodelle, durch die die Produzenten definieren können, wie und in welchem Ausmaß sie für ihre kreative Leistung entschädigt werden wollen.
6. Schließlich – und dies ist hier der wichtigste Punkt – verändern sich die normativen Einstellungen in Bezug auf W&I. W&I-Objekte werden zunehmend als ‚open x' betrachtet, nicht als proprietäre Objekte. ‚Open x' steht für verschiedene Instanzen der Produktion, Distribution und Nutzung von W&I. Open-x-Formen wie Open Source Software, Open Data, Open Government, Open Content, Open Innovation, Open Educational Resources, Open Book, Open Music, Open Knowledge, Open Streetmap, Open Access haben einige Charakteristika gemeinsam[5]:

---

5 Die „Open Definition" bietet Kriterien für Offenheit in Bezug auf Daten-, Content- und Software-Services: Die Open Knowledge Definition (OKD) arbeitet Prinzipien zur Definition von ‚openness' in Bezug auf Wissen heraus – d.h. jede Art von Inhalten oder Daten, „from sonnets to statistics, genes to geodata". Die Definition kann in der folgenden Aussage zusammengefasst werden: „A piece of content or data is open if anyone is free to use, reuse, and redistribute it – subject only, at most, to the requirement to attribute and share-alike". Die Open Software Service Definition (OSSD) definiert 'openness' in Bezug auf Online-(Software-)Services. Sie kann in der folgenden Aussage zusammengefasst werden: „A service is open if its source code is Free/Open Source Software and non-personal data is open as in the Open Knowledge Definition (OKD)" (http://www.opendefinition.org/).

a. Der Zugang zu W&I wird nicht durch technische und/oder ökonomische Einschränkungen (oder Zensur), beispielsweise Digital Rights Management (DRM) oder proprietäre Formate oder eine prohibitive Preispolitik, kontrolliert. Diese Kontrolle hat W&I de facto zu einer knappen Ressource gemacht. Das wird im Open-Paradigma nicht länger akzeptiert.
b. Produzenten von W&I betrachten W&I nicht als privates Eigentum, von dem Nutzer nach Belieben ausgeschlossen werden können, sondern glauben, dass W&I Teil der öffentlichen Sphäre sind und deshalb frei genutzt werden können, unter Anerkennung der moralischen Rechte und, wenn erforderlich, der Privatsphäre der Produzenten.
c. Nutzer von W&I stimmen üblicherweise zu, die W&I-Objekte, die sie nutzen, den ursprünglichen Produzenten zuzuschreiben. Sie akzeptieren, dass die W&I, die sie auf der Basis von ‚open' W&I produzieren, unter denselben Bedingungen verfügbar gemacht werden wie die W&I, die sie selber benutzt haben (geben also anderen Nutzern dieselben Nutzungs-/Verwertungsrechte).
d. Darüber hinaus teilen Handelnde in offenen Umgebungen überwiegend die Ressourcen, die sie brauchen, um W&I hervorzubringen, mit Anderen und erkennen dementsprechend den Mehrwert kollaborativer Arbeit an und nutzen ihn.
e. Produzenten und Nutzer von W&I fühlen sich im Sinne intergenerationeller Gerechtigkeit verantwortlich für die Nachhaltigkeit von W&I, so dass zukünftige Generationen davon Nutzen ziehen können, so wie es die Gegenwart mit dem Wissen der Vergangenheit getan hat.
f. Schließlich haben Produzenten und Nutzer von W&I in offenen Umgebungen keine Einwände gegen eine kommerzielle Verwertung von W&I, solange freier Zugang zu W&I garantiert ist – vorzugsweise ohne eine Embargozeit, d.h., dass W&I auf kommerziellem und auf offenem Wege gleichzeitig verfügbar gemacht werden.

Open Access ist eine von vielen Formen der Institutionalisierung von Wissen und seiner Verwandlung in ein Gemeingut (Commons)

Unter den vielen verschiedenen Arten von ‚open' ist Open Access-Publizieren neben Open Source-Software die am weitesten entwickelte. Open Access zielt in erster Linie auf die Sicherung der Basis von wissenschaftlichem Fortschritt, aber auch der Innovation in der Wirtschaft ab. Open Access kann für die Gegenwart und im Internetzeitalter als die adäquate Form der Institutionalisierung von Wissen, das öffentlich für freien Zugang und Nutzung verfügbar gemacht worden ist, angesehen werden. Open Access sichert das Commons ‚Wissen'.

Es gibt einen internationalen Konsens über die Hauptziele von Open Access und darüber, welche institutionalisierenden Prozeduren entwickelt werden müssen. Die Berliner Erklärung (http://oa.mpg.de/lang/de/berlin-prozess/berliner-erklarung/) hat zwei Bedingungen sehr klar gemacht[6]:

> 1. Die Urheber und die Rechteinhaber solcher Veröffentlichungen gewähren allen Nutzern unwiderruflich das freie, weltweite Zugangsrecht zu diesen Veröffentlichungen und erlauben ihnen, diese Veröffentlichungen – in jedem beliebigen digitalen Medium und für jeden verantwortbaren Zweck – zu kopieren, zu nutzen, zu verbreiten, zu übertragen und öffentlich wiederzugeben sowie Bearbeitungen davon zu erstellen und zu verbreiten, sofern die Urheberschaft korrekt angegeben wird. (Die Wissenschaftsgemeinschaft wird, wie schon bisher, auch in Zukunft Regeln hinsichtlich korrekter Urheberangaben und einer verantwortbaren Nutzung von Veröffentlichungen definieren.) Weiterhin kann von diesen Beiträgen eine geringe Anzahl von Ausdrucken zum privaten Gebrauch angefertigt werden.
>
> 2. Eine vollständige Fassung der Veröffentlichung sowie aller ergänzenden Materialien, einschließlich einer Kopie der oben erläuterten Rechte wird in einem geeigneten elektronischen Standardformat in mindestens einem Online-Archiv hinterlegt (und damit veröffentlicht), das geeignete technische Standards (wie die Open Archive-Regeln) verwendet und das von einer wissenschaftlichen Einrichtung, einer wissenschaftlichen Gesellschaft, einer öffentlichen Institution oder einer anderen etablierten Organisation in dem Bestreben betrieben und gepflegt wird, den offenen Zugang, die uneingeschränkte Verbreitung, die Interoperabilität und die langfristige Archivierung zu ermöglichen.

Es ist Zeit, zu unserer ursprünglichen These zurückzukommen, dass Wissensökonomie und Wissensökologie sich nicht gegenseitig ausschließen müssen, sondern kompatibel sein können. Abbildung 4 illustriert einige der möglichen Modelle der Open Access-Institutionalisierung von W&I in offenen und proprietären Kontexten.

Der goldene Ansatz (vgl. die linke Verzweigung in Abbildung 4) kommt einem Verständnis von Wissen als Commons am nächsten. Nach dem Directory of Open Access Journals (DOAJ) werden Open Access-Zeitschriften definiert „as journals that use a funding model that does not charge readers or their institutions for ac-

---

[6] Verbindlich ist die Englische Version der Berliner Erklärung – http://www.zim.mpg.de/openaccess-berlin/berlin_declaration.pdf. Wir zitieren aus der deutschen Fassung: http://oa.mpg.de/files/2010/04/Berliner_Erklaerung_dt_Version_07-2006.pdf.

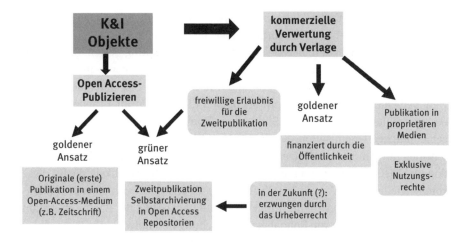

Abb. 4: Modelle für Open Access-Institutionalisierungen in offenen und proprietäre Kontexten.

cess [...] [and which] exercise peer-review or editorial quality control"[7]. Laut DOAJ gab es im März 2012 7564 verfügbare Open Access-Zeitschriften mit insgesamt 775.839 Artikeln, von denen 3689 auf Volltext-Ebene durchsuchbar sind. Sicherlich sind dies gerade mal kaum 2 % der kommerziell online verfügbaren Artikel, aber die Zuwachsraten sind drastisch.

Verlage auf den kommerziellen Informationsmärkten werden mehr und mehr darauf aufmerksam, dass die exklusiven, proprietären Verwertungsmodelle für W&I auf allen Seiten an Akzeptanz verlieren – bei Autoren, Nutzern und öffentlichen Mittelgebern –, und dass sie dabei sind, ihre ökonomische Basis zu verlieren. Deshalb erlauben immer mehr Verlage eine Sekundärpublikation ihrer bereits veröffentlichten Artikel nach dem grünen Ansatz (vgl. in der Mitte von Abbildung 4), nach einer gewissen Embargozeit (meist 6 Monate) und zumeist in der Formatierung der Autoren, nicht im Verlagslayout. Diese Erlaubnis ist kein Recht, sondern ein freiwilliges, also auch wiederrufbares Zugeständnis. Um es zu einem Recht zu machen, gibt es eine intensive internationale Urheberrechtsdiskussion um die Frage, ob das Recht des Autors auf eine Sekundärpublikation im Urheberrecht verankert werden sollte oder, noch weiter reichend, ob die Organisationen, denen die Autoren angehören, ein institutionelles Mandat haben sollten, das ihnen erlaubt, die Sekundärpublikation in ihr Open Access Institutional Repository aufzunehmen (vgl. Kuhlen 2011).

---

[7] http://www.doaj.org/doaj?func=loadTempl&templ=about&uiLanguage=en.

Zu den jüngsten Entwicklungen gehört, dass einige Verlage beginnen, ihre eigenen, bislang proprietären Zeitschriften über den goldenen Ansatz von Open Access verfügbar zu machen, beispielsweise Springer mit SpringerOpen.[8] Dies klingt revolutionär, nicht nur weil, dem Open Access-Paradigma entsprechend, alle Artikel bei SpringerOpen frei verfügbar sind und die hohen Standards des Peer review beibehalten werden, sondern auch, weil die Autoren ihr Urheberrecht zur Gänze behalten sollen. Nun ist Springer ein kommerzielles Unternehmen, keine gemeinnützige Organisation. Konsequent produziert Springer Open Access-Zeitschriften nur dann, wenn Nutzer oder ihre Institutionen die Kosten für die Produktion und Distribution übernehmen. Am Ende ist es die Öffentlichkeit, die für diese kommerziellen Open Access-Zeitschriften bezahlt und darüber hinaus dem Unternehmen zu Gewinnen verhilft. Ähnliches ist auf dem Gebiet der Buch-Publikation und der Bereitstellung von Rohdaten aus Forschung und Entwicklung (Open Data) zu erwarten. Auf der anderen Seite muss die Produktion der bislang vorhandenen nicht-kommerziellen Open Access-Objekte (Zeitschriften, Bücher etc.) auch finanziert werden, im Zweifel durch die Öffentlichkeit, so wie ja auch bislang die Öffentlichkeit die Vermittlungseinrichtungen wie Bibliotheken finanziert hat.

Es ist zu erwarten, dass in den nächsten Jahren die Diskussion um den Zugang und die Nutzung für (nicht zuletzt mit öffentlichen Mitteln produziertes) Wissen sich vor allem auf die Frage konzentrieren wird, ob die Öffentlichkeit die privaten Akteure auf den kommerziellen Informationsmärkten finanzieren, quasi (um den ‚Preis' der freien Nutzung) subventionieren will oder ob die Öffentlichkeit über die bisherigen Bibliotheken oder neue Vermittlungsinstanzen die Formen der Produktion, Verteilung und Nutzung von Informationsobjekten selber in die Hand nehmen will. Entscheidend ist, durch welche Organisations- und Finanzierungsformen sich dem anfangs formulierten Ziel angenähert werden kann, gerechte, inklusive und nachhaltige Lebensformen für alle Menschen zu entwickeln.

Das letzte Modell der Institutionalisierung von Wissen auf Gemeingüter-basierten Märkten (Abbildung 5) deutet an, in welche Richtung sich in Zukunft die Informations‚märkte' entwickeln könnten/sollten. W&I-Objekte werden hier als Eigentum der gesamten Menschheit betrachtet, mit offenem Zugang und freier Nutzung als Default-Wert im Open Access-Paradigma. Aber auch in diesem Modell kann W&I Gegenstand kommerzieller Verwertung sein. Aber dies sollte die zu rechtfertigende Ausnahme, nicht, wie es heute der Fall ist, die Regel sein. Nur unter diesen Bedingungen – nicht-exklusive Eigentumsrechte, Garantie des freien Zugangs für Jeden und angemessene Kompensation für die kommerzielle Nutzung an die Öffentlichkeit – kann Wissen als Commons auch kommerziell verwertet werden.

---

8 http://www.springeropen.com/.

Abb. 5: Modell zur Institutionalisierung von Wissen im Paradigma von „commons-basierten" Informationsmärkten.

Diese Kompensation kann, muss aber nicht, in finanzieller Form erfolgen. Sie kann auch dadurch geleistet werden, dass die ursprünglichen W&I-Objekte, wie sie von den Autoren geschaffen wurden, mit Mehrwert-Eigenschaften angereichert werden, beispielsweise durch multimediale Aufbereitung, intensive Vernetzung mit vergleichbaren Werken, automatische Übersetzung, semantische Erschließung, Hintergrundinformation zu Autoren und deren Institutionen, etc. Die kommerziellen Verwerter haben es bislang erst sehr unzureichend geschafft, solche Mehrwertleistungen bereitzustellen. Die bloße Zugänglichmachung der von den Autoren erstellten und von den wissenschaftlichen Gemeinschaften bewerteten Ausgangsprodukte kann im elektronischen Umfeld kaum mehr als spezielle Leistung der Verlage anerkannt werden.

Offene Fragen

Auch wenn Open Access unter den gegenwärtigen Bedingungen im elektronischen Umfeld als das derzeit gerechte, inklusive und nachhaltige Paradigma für den Zugang zu und die Nutzung von Wissen angesehen werden kann, gibt es noch viele offene Fragen, die beantwortet werden müssen, um eine angemessene Institutionalisierung von Wissen als Commons zu erreichen. Hier sind einige dieser Fragen – sie beziehen sich hauptsächlich darauf, wie eine urheberrechtliche Regelung im Hinblick auf das Verständnis und die Praxis von Wissen als immaterielles Commons ausgestaltet werden könnte:

1. In welche Richtung wird die Debatte um geistige Eigentumsrechte gehen? Macht es Sinn, weiter von persönlichen intellektuellen Eigentumsrechten zu sprechen? Sollte nicht vielmehr eine systematische Begründung von intellektuellen Nutzungsrechten als Commons-Rechten erfolgen? Sollte nicht zumindest die Zeitspanne des Schutzes exklusiver Verwertungsrechte drastisch reduziert werden? Was wäre eine angemessene Zeitspanne? Sollte der Schutz nach einer relativ kurzen Schutzdauer erneuert werden können, und wenn ja, unter welchen Bedingungen?
2. Sind neue eigentumsrechtliche Regeln nötig, wenn Wissen zunehmend kollaborativ produziert wird und somit das Konzept der singulären Autorschaft kaum mehr haltbar ist, und wenn auch das Konzept des abgeschlossenen, unveränderbaren Werkes unter den Bedingungen der Hypertextifizierung (dynamische Vernetzung einzelner Wissensfragmente) mehr und mehr obsolet wird?
3. Welche Eigentumsrechte sollte die Öffentlichkeit auf Gemeingüter (Commons) wie W&I haben? Sollte die Öffentlichkeit Anspruch auf Kompensationen erhalten, wenn das Commons ‚Wissen' für die kommerzielle Nutzung verwertet werden soll, und welche Art von Kompensation wäre ggf. angemessen und wie sollte diese verteilt bzw. in Anspruch genommen werden?
4. Sollte der Drei-Stufen-Test, das Maß für die Begrenzungen für Ausnahmen und Schranken im Urheberrecht, nicht umgekehrt werden in das Gegenteil, also dass die kommerzielle Nutzung öffentlich produzierten Wissens die Ausnahme ist und der offene und freie Zugang die Ausgangsposition? Welche Konsequenzen hätte eine solche Umkehrung?
5. Hat die Öffentlichkeit ein Recht auf ein institutionelles Mandat in Bezug auf Open Access – ein Mandat, das Wissenschaftler, insbesondere die, die in einer öffentlichen Umgebung arbeiten, nicht nur auffordert, sondern zwingt, ihre Publikationen in Open Access-Repositorien frei verfügbar zu machen, zumindest in einer Sekundärversion, nachdem sie in einer kommerziellen Umgebung zuerst publiziert worden sind?

6. Welche Rechte sollten bei den Autoren bleiben, die neue Inhalte geschaffen haben? Sind die moralischen Rechte (primär das Recht auf die Zuschreibung der Autorschaft) ausreichend oder sollte zusätzlich ein angemessenes Entschädigungssystem garantiert werden? Wie kann das organisiert werden? Sollte dabei zwischen den kreativen Objektbereichen unterschieden werden? Ist eine Kultur-Flatrate ein angemessenes Entschädigungssystem oder sollte dies den in den elektronischen Räumen möglichen Eigeninitiativen im Zusammenspiel der kreativen Produzenten und kreativen Nutzer überlassen bleiben?
7. Ist es noch angemessen, dass der Staat die auf das Commons ‚Wissen' bezogenen Prozesse reguliert, beispielsweise durch Patent- oder Urheberrecht? Ist es nicht Sache der ‚Commoners' selbst (Produzenten und Nutzer), Regeln aufzustellen, wie die W&I-Prozesse organisiert werden sollen, und auch die Mittel zu bekommen, diesen Regeln Geltung zu verschaffen?
8. Gibt es noch eine realistische Perspektive für Geschäftsmodelle kommerzieller Verwerter von W&I? Können profitable Positionen auf den Informationsmärkten behauptet werden (und lägen sie weiter auch im öffentlichen Interesse), wenn Open Access das allgemeine Paradigma dafür ist, W&I öffentlich verfügbar zu machen, zumindest in Wissenschafts- und Bildungsumgebungen?

In diesem Beitrag haben wir uns primär, aber nicht ausschließlich, auf Wissen in Wissenschafts- und Bildungsumgebungen konzentriert, und auch auf Formen der Institutionalisierung über formale Prozeduren wie das Urheberrecht. Dies ist offensichtlich ein zu reduktionistischer Ansatz. Wissen als immaterielles Commons hat eine viel weitere Reichweite, allein schon, wenn dem Rechnung getragen wird, dass natürlich auch auf den allgemeinen Publikumsmärkten Wissen über Informationsprodukte auf vielfältige (offene und proprietäre) Weise produziert, verbreitet und genutzt wird. Es wird viele und sehr unterschiedliche Wege geben, die Common-pool resource ‚Wissen' in ein zugängliches und nutzbares Commons ‚Wissen' zu verwandeln. Open Access in Bildung und Wissenschaft, aber auch für Kulturobjekte allgemein, ist nur ein (auch noch längst nicht selbstverständlicher) Anfang. Die Debatte um Wissen als immaterielles Commons und um Institutionalisierungs-/Regulierungsformen, die dem informationsethischen Ziel eines gerechten, inklusiven und nachhaltigen Umgangs mit Wissen und Information angemessen sind, ist erst eröffnet.

Literatur

Barcelona Culture Forum (2010): Charter for Innovation, Creativity and Access to Knowledge 2.0.1. Citizens' and Artists' Rights in the Digital Age. (http://fcforum.net/charter_extended).

European Green Party Congress (2004) Resolution: First Steps towards a Sustainable Information Society (23.02.2004 in Rom). (http://www.worldsummit2003.de/en/web/598.htm).

The Greens/European Free Alliance (2011): Creation and Copyright in the Digital Era-2011. (http://www.greens-efa.eu/creation-and-copyright-in-the-digital-era-4525.html).

Helfrich, S. et al. (2010): Gemeingüter – Wohlstand durch Teilen. Heinrich-Böll-Stiftung 22.10.2010. (http://www.boell.de/downloads/Gemeingueter_Report_Commons.pdf).

Hess, C.; Ostrom, E. (eds) (2007): Understanding Knowledge as a Commons. From Theory to Practice. Cambridge, MA: The MIT Press.

Janich, P. (1998): „Informationsbegriff und methodisch-kulturalistische Philosophie". Ethik und Sozialwissenschaften 9:2, 169–182, 253–268.

Kuhlen, R. (2011): „Der Streit um die Regelung des Zweitveröffentlichungsrechts im Urheberrecht – oder: Was macht Wissenschaftsfreiheit aus?" In: J. Griesbaum; T. Mandl; C. Womser-Hacker (Hrsg.): Information und Wissen: global, sozial und frei? ISI 2011 – 12. Internationales Symposium für Informationswissenschaft, Universität Hildesheim, 9. –11. März 2011. (http://bit.ly/skF7tg).

Kuhlen, R. (2010): "Ethical Foundations of Knowledge as a Commons". In: Proceedings of the International Conference Commemorating the 40th Anniversary of the Korean Society for Library and Information Science. Seoul Oct. 8th 2010. (http://bit.ly/fEAZyK).

Kuhlen, R. (2004a): Informationsethik – Umgang mit Wissen und Information in elektronischen Räumen. Konstanz: Universitätsverlag (UVK).

Kuhlen, R. (2004b): „Information". In: R. Kuhlen; T. Seeger; D. Strauch (Hrsg.): Grundlagen der praktischen Information und Dokumentation. Handbuch zur Einführung in die Informationswissenschaft und -praxis. 5. Auflage, 3–20. (http://bit.ly/oX1up0).

Kuhlen, R. (2004c): „Wissensökologie". In: R. Kuhlen; T. Seeger; D. Strauch (Hrsg.): Grundlagen der praktischen Information und Dokumentation. Handbuch zur Einführung in die Informationswissenschaft und -praxis. 5. Auflage, 105–113. (http://bit.ly/nus2vn).

Malhotra, Y. (2002): Information Ecology and Knowledge Management. (http://www.brint.org/KMEcology.pdf).

Weber, K. (2001): „Informationelle Gerechtigkeit". In: H.F. Spinner; M. Nagenborg; K. Weber: Bausteine zu einer neuen Informationsethik. Berlin: Philo, 129–188.

Wolfgang Benedek
Menschenrechte in der Informationsgesellschaft

Grundlagen der Menschenrechte in der Informationsgesellschaft

Wir leben in einem Informationszeitalter und einer Wissensgesellschaft (vgl. UNESCO 2005). Jede Gesellschaft benötigt jedoch ihre Regeln und so stellt sich die Frage nach den rechtlichen Grundlagen in Form von rechtlichen Verpflichtungen und Prinzipien, die Orientierung in der Wissensgesellschaft bieten sollen. Dies gilt im besonderen Maße für die Herausforderungen aufgrund des Internets, das 2011 sein 20-jähriges Bestehen feierte. Ursprünglich als ein Raum der Freiheit geschaffen, in dem Visionäre die Geltung des Rechtes gänzlich in Frage stellten (vgl. Barlow 1996), geht es heute um die Abwehr von Beschränkungen durch Regierungen, ausschließlich gewinnorientierten Nutzungen durch die Wirtschaft, aber auch den Schutz des Internets vor Missbrauch durch organisiertes Verbrechen und Terrorismus. Zugleich hat die überwältigende Mehrheit der Menschen noch keinen Zugang zum Internet.

Eine Vielzahl von aktuellen Herausforderungen bedürfen der Regelung, wie etwa staatliche Zensur, die Filterung der Inhalte durch staatliche und nichtstaatliche Akteure, der Schutz wohlerworbener Autorenrechte, der Schutz des Privatlebens, der Datenschutz, der Kinderschutz, der Kampf gegen Rassismus und Fremdenfeindlichkeit und ähnliches mehr. Die besondere Herausforderung liegt dabei darin, ein menschenrechtssensibles regulatives Gleichgewicht zwischen gegenläufigen Interessen (etwa: Kinderschutz vs. staatliche Zensur; Förderung des Informationsaustauschs vs. Urheberrechtsschutz) zu erreichen. Besondere Fragen werfen die rasch wachsenden sozialen Netzwerke, die Auslagerung von Daten in eine virtuelle Wolke (*cloud computing*), die Nutzung des Internets durch die Demokratiebewegung oder zum Zwecke der Veröffentlichung geheimer Daten (WikiLeaks) auf. Soziale Netzwerke werden nicht nur zur Vernetzung Gleichgesinnter, sondern auch zur Anprangerung missliebiger Personen, ja zur Ausforschung von vermeintlichen und tatsächlichen Rechtsbrechern benutzt. Während für die klassischen Medien die sich stellenden Fragen vielfach geregelt oder ausjudiziert sind, bestehen im Bereich des Internets noch Nachholbedarf hinsichtlich der Klärung der politischen und rechtlichen Rahmenbedingungen sowie schwerwiegende Schutzdefizite und eine mangelnde Einigung über die maßgeblichen Regelungen und Prinzipien im Umgang mit dem Internet.

Manche dieser Probleme wurden bereits in der ersten Hälfte der letzten Dekade intensiv diskutiert und bildeten den Anlass für den Weltgipfel der Informationsgesellschaft (World Summit on the Information Society), der in zwei Etappen im Jahr 2003 in Genf und im Jahr 2005 in Tunis stattfand. Schon dabei spielten die Menschenrechte eine bedeutende Rolle.

Worin liegt die Rolle der Menschenrechte in der Informationsgesellschaft?

Die Bedeutung der Menschenrechte im Allgemeinen und des Rechts auf Meinungsäußerungsfreiheit – das auch das Recht auf Informationsfreiheit beinhaltet – im Besonderen kam in den Schlussdokumenten des Weltgipfels, in der Prinzipiendeklaration und dem Aktionsplan von Genf von 2003 sowie den Verpflichtungen von Tunis und der Tunis-Agenda für die Informationsgesellschaft von 2005 zum Ausdruck. Hinsichtlich der Grundlage, aus der sich die Menschenrechte ergeben, wird insbesondere auf die Allgemeine Erklärung der Menschenrechte (AEMR) von 1948 Bezug genommen (vgl. WSIS 2003; 2005; AEMR 1948). Von Seiten der Zivilgesellschaft wie von wissenschaftlicher Seite wurde die Rolle der Menschenrechte in der Informationsgesellschaft besonders hervorgehoben (Benedek 2007).

Im Jahr 2010 gaben die vier Sonderberichterstatter für die Meinungsäußerungsfreiheit eine gemeinsame Erklärung heraus, in welcher sie zehn Hauptbedrohungen der Meinungsäußerungsfreiheit für die nächste Dekade identifizierten, darunter die Beschränkungen des Rechts auf Information im Hinblick auf den Zugang zur Information und die rechtliche Verfolgung von Journalisten, die ihnen bekannt gewordene geheime Informationen veröffentlichen, was im Jahr darauf durch WikiLeaks bestätigt wurde. Hervorgehoben wurde auch die Problematik der Meinungsäußerungsfreiheit im Internet, das zunehmend durch behördliche Schutzwälle und Filtersysteme fragmentiert und durch staatliche Interventionen, etwa hinsichtlich der Beschränkung bzw. Filterung des Zugangs zu gewissen Webseiten oder Adressen, beschränkt wird. Ein Auseinanderfallen des Netzes wurde befürchtet. Kritisiert wird auch der eingeschränkte Zugang zum Internet aufgrund mangelnder staatlicher Anstrengungen als auch privater Preisstrukturen, die weniger zahlungskräftige Personen vom Internet ausschließen (vgl. La Rue 2010). In einer weiteren gemeinsamen Deklaration von 2011 befassten sich die vier Sonderberichterstatter dann speziell mit den Herausforderungen für die Meinungsäußerungsfreiheit im Internet, wobei sie besonders auf die Probleme der Verantwortlichkeit der Dienstleistungsanbieter (*intermediary liability*), der Filterung und Blockade von Webseiten, der Wahrnehmung straf- und privatrechtlicher Verantwortlichkeiten, des Grundsatzes der Neutralität des Netzwerkes für verschiedene Nutzungen und den Zugang zum Internet eingingen (vgl. International Mechanisms 2011).

Menschenrechte als Teil der Internet Governance

Die Frage der Regelung des Internets ist Gegenstand der sogenannten ‚Internet Governance', welche die Strukturen für die Funktion des Internets beinhaltet (vgl. Benedek/Bauer/Kettemann 2008). Dazu gehören auch die Menschenrechte, die als Bestandteil der Internet Governance den beteiligten Akteuren die nötige Orientierung im Hinblick auf ethische, politische und rechtliche Fragen geben sollen. In diesem Zusammenhang spricht man auch von einem „rights-based approach" (vgl. Benedek 2008).

Ein Problem der Regulierung des Internets ist die Tatsache, dass die technologische und wirtschaftliche Entwicklung der rechtlichen Regulierung meist voraus ist und durch diese auch nicht unnötig eingeschränkt werden soll. Die im Internet tätigen Unternehmen bevorzugen daher auch Formen der Selbstregulierung oder Ko-Regulierung gegenüber einer Regulierung von außen. Dies erfordert ein Zusammenwirken der verschiedenen Akteure, insbesondere der Regierungen, der Unternehmen, internationaler Organisationen und der oft auch international aktiven Zivilgesellschaft. Man spricht in diesem Zusammenhang von einem ‚Multistakeholder-Approach'. Vor allem im Rahmen des seit 2006 jährlich veranstalteten Internet Governance Forums (IGF), in welchem alle Fragen der Informationsgesellschaft in einer Vielzahl von Foren, Arbeitsgruppen und Seminaren diskutiert werden, hat sich der Multistakeholder-Approach, der eine Gleichwertigkeit Aller in der Diskussion erlaubt, durchgesetzt (vgl. Malcolm 2008).

Freilich sind manche Regierungen und auch die Europäische Union damit nicht ganz zufrieden, sie bemängeln auch, dass sie im Rahmen der ICANN (Internet Corporation on Assigned Names and Numbers), die unter zur Zeit noch wohlwollend ausgeübter Kontrolle der US-Regierung die Root Server verwaltet und generische und Länder-Domainnamen vergibt, nur einen Beratungsstatus (und dies nur im beigeordneten Governmental Advisory Council, GAC) innehaben. So bestehen Bestrebungen von Seiten der Regierungen unter dem Vorwand der Sicherheit, eine größere Kontrolle über das Funktionieren des Internets zu erhalten, wobei die Menschenrechte und die Rolle der Zivilgesellschaft vernachlässigt werden. Dessen ungeachtet hat die Generalversammlung der Vereinten Nationen erst 2011 eine Verlängerung des Internet Governance Forums um weitere fünf Jahre beschlossen (vgl. VNGV 2011).

Schon vor Jahren gab es Ansätze im Rahmen der UNESCO zu einer Neuen Internationalen Informationsordnung (NIIO), im Rahmen welcher vor allem die

Entwicklungsländer ihre neue numerische Mehrheit zum Tragen bringen wollten. Diese Ansätze konnten sich jedoch aufgrund der Opposition der USA und anderer Industrieländer nicht durchsetzen. Heute sind es vor allem die autoritär regierten Entwicklungsländer, die Probleme mit einem freien Internet haben und sowohl auf internationaler Ebene als auch auf nationaler Ebene versuchen, den Zugang zu den Inhalten des Internets und deren Nutzung stärker zu kontrollieren. Dem tritt vor allem die international organisierte und in einer Reihe von NGOs aktive Zivilgesellschaft entgegen (vgl. Civil Society Internet Governance Caucus 2011), die dabei von einer Reihe von Staaten, dem Europarat und der Europäischen Union, denen die Meinungsäußerungsfreiheit ein zentrales Anliegen ist, unterstützt wird.

Damit ergeben sich eine Reihe von Fragen zur Bedeutung und zur Rolle der Menschenrechte in der Informationsgesellschaft, die im Folgenden in mehreren Schritten behandelt werden sollen. Zu diesem Zweck soll zunächst das Recht auf Information als Teil der Meinungsäußerungsfreiheit im Internet hinsichtlich seiner Inhalte und Einschränkungsmöglichkeiten untersucht werden, weiters soll auf die Diskussion hinsichtlich eines Rechts auf Zugang zum Internet eingegangen werden und schließlich auch die Bedeutung anderer einschlägiger Menschenrechte hervorgehoben werden, um sodann zu einigen Schlussfolgerungen zu gelangen.

Das Recht auf Information als Teil der Meinungsäußerungsfreiheit

Bedeutung und Inhalte des Rechts

Das Recht auf Meinungsäußerungsfreiheit hat zwei Seiten: einerseits die Freiheit, Meinungen auszudrücken und Ansichten oder Ideen jeder Art zu verbreiten, und andererseits das Recht auf Information, das bedeutet, Informationen jeder Art zu suchen und zu erhalten. Dazu zählen Schriften und Druckwerke, das gesprochene Wort (Redefreiheit), die Verwendung der Kunst und jedes anderen Mediums. Auch das Internet ist ein solches neues Medium. Grundlage ist die Meinungsfreiheit, für welche in den international garantierten Menschenrechten keine Einschränkungsmöglichkeit vorgesehen ist. Meinungsäußerungsfreiheit und Informationsfreiheit gelten ohne Rücksicht auf Grenzen, was auch als Freiheit der internationalen Kommunikation bezeichnet wird (Benedek 2012).

Im Zusammenhang mit der Diskussion um eine neue Informations- und Kommunikationsgesellschaft wurde auch ein neues Menschenrecht auf Kommunikation vorgeschlagen, das einen breiteren Ansatz ermöglichen sollte (vgl. Fisher 1982). Es konnte sich jedoch ebenso wenig durchsetzen wie die erneute Diskussion um eine Deklaration über ein Recht zur Kommunikation im Vorfeld des Weltgipfels der Informationsgesellschaft (vgl. Hamelink 2002). Tatsächlich erscheint ein Menschenrecht auf Kommunikation im Hinblick auf die langjährige Entwicklung der Meinungsäußerungsfreiheit nicht wirklich erforderlich und könnte auch die Gefahr mit sich bringen, dass die Errungenschaften dieser Diskussion neuerlich in Frage gestellt werden. Auch das Argument, dass aufgrund vorhandener Regelungslücken ein neues Recht geschaffen werden müsse, überzeugt nicht, da dies ebenso im Rahmen des bestehenden Rechtsbestandes erfolgen kann, der zudem durch die Spruchpraxis des Europäischen Gerichtshofes für Menschenrechte als auch des Menschenrechtsausschusses der Vereinten Nationen abgesichert ist (vgl. Schmalenbach 2007). Die Frage der Gewährleistung des Zugangs zur Kommunikationstechnologie als Pflicht der Staaten wird noch im nächsten Kapitel näher erörtert werden.

Die Rechtsgrundlagen für die Meinungsäußerungsfreiheit und die Informationsfreiheit finden sich in Art. 10 der Europäischen Menschenrechtskonvention von 1950 (EMRK), in Art. 19 der Allgemeinen Erklärung der Menschenrechte von 1948 und in Art. 19 des Internationalen Paktes über Bürgerliche und Politische Rechte der Vereinten Nationen von 1966. Ein näherer Blick auf diese Bestimmungen zeigt, dass die spätere Formulierung des Rechts auf Meinungsäußerungsfreiheit im Zivilpakt der Vereinten Nationen das Recht umfassender formuliert und weniger Einschränkungsmöglichkeiten enthält als die aus dem Jahr 1950 stammende Formulierung in der Europäischen Menschenrechtskonvention. So ist im Art. 19 des Zivilpakts ausgeführt, dass das Recht auf freie Meinungsäußerung die Freiheit einschließt, „ohne Rücksicht auf Staatsgrenzen, Informationen und Gedankengut jeder Art in Wort, Schrift oder Druck, durch Kunstwerke oder andere Mittel eigener Wahl sich zu beschaffen, zu empfangen und weiterzugeben", während Art. 10 EMRK nur vorsieht, dass „Informationen und Ideen ohne behördliche Eingriffe und ohne Rücksicht auf Staatsgrenzen zu empfangen und weiterzugeben" sind. In der Praxis ist es freilich nicht zuletzt aufgrund der Interpretation des Rechts durch den Europäischen Gerichtshof für Menschenrechte in Straßburg und seiner verbindlichen Entscheidungen so, dass der Umfang des Rechts auf freie Meinungsäußerung einschließlich der Meinungs- und Informationsfreiheit einen wesentlich stärkeren Schutz genießt als dies aufgrund der nicht rechtsverbindlichen Empfehlungen des Ausschusses der Vereinten Nationen für Menschenrechte betreffend die Umsetzung von Art. 19 des Zivilpakts möglich ist. Daher wird im Folgenden das Hauptaugenmerk auf Art. 10 EMRK gelegt werden.

Hinsichtlich der Informationsfreiheit lässt sich eine aktive Informationsfreiheit als das Recht, andere zu informieren, die sich im Wesentlichen mit der Meinungsäußerungsfreiheit deckt, von einer passiven Informationsfreiheit, welche v.a. das Bemühen um Informationen schützt, unterscheiden. Dieses Bemühen darf vom Staat nicht unverhältnismäßig beeinträchtigt werden (vgl. Grabenwarter 2009: § 23, RN 5 und 6). Daraus ergibt sich ein Recht auf ungehinderten Empfang von Informationen, vor allem, was allgemein zugängliche Informationen betrifft, was auch einen subjektiven Auskunftsanspruch beinhaltet, dass solche Informationen, etwa im Hinblick auf Umweltfragen, zugänglich gemacht werden (vgl. Macdonald 2009).

Einen Sonderbereich stellt das Recht der Bürger dar, Zugang zu relevanten Informationen über die Tätigkeit der Verwaltung sowie über die von ihnen selbst gespeicherten Daten zu erlangen. Dazu bestehen in mehr als fünfzig Ländern eigene Rechtsgrundlagen (Freedom of Information-Act (FoI)) (vgl. AP 2011). Dies kommt im Jahr 2011 auch in der Erklärung der „Pan-Afrikanischen Konferenz über Informationszugang" zum Ausdruck, wo die Teilnehmenden den Zugang zur Information als grundlegendes Menschenrecht bezeichneten und zu dessen Umsetzung unter anderem den Zugang zu Informations- und Kommunikationstechnologien als Mittel für einen maximalen Zugang zur Information forderten und dafür alle Akteure auf regionaler und nationaler Ebene in die Pflicht nahmen (vgl. PACAI 2011).

Hinsichtlich der Rechtslage und Praxis der Meinungsäußerungs- und Informationsfreiheit im Internet bietet eine aktuelle Studie für das Büro des OSZE-Beauftragten für Medienfreiheit einen differenzierten Überblick über die Situation in den 56 OSZE-Mitgliedsstaaten. Aufgrund eines Fragebogens wurden Daten zum Zugang zum Internet, zur Beschränkung von Inhalten und über Regelungen bezüglich der Wahrnehmung von Verantwortlichkeiten ermittelt (vgl. OSZE 2011).

Die Einschränkungsmöglichkeiten des Rechts

Von besonderem Interesse ist naturgemäß die Frage, unter welchen Voraussetzungen die Meinungsäußerungs- und Informationsfreiheit von staatlicher Seite eingeschränkt werden kann. Art. 10 EMRK ist die einzige Bestimmung, die darauf verweist, dass die Ausübung der entsprechenden Freiheiten mit „Pflichten" und „Verantwortung" verbunden ist. Er enthält eine ganze Reihe von Einschränkungsmöglichkeiten, insbesondere zur „Aufrechterhaltung der Ordnung, zur Verhütung von Straftaten und zum Schutz der Gesundheit oder Moral, weiters zum Schutz des guten Rufes oder der Rechte anderer, zur Verhinderung der Verbreitung vertraulicher Informationen und zur Wahrung der Autorität und der Unparteilichkeit der Rechtsprechung". Wiederum sind diese über die Einschränkungstatbestände im Zivilpakt der Vereinten Nationen hinausreichenden Beschränkungsmöglichkeiten aus der Nachkriegssituation zu Anfang der 1950er Jahre erklärbar, als sich die europäischen Staaten noch in einem Konsolidierungsprozess befanden. Wesentlich ist auch, dass die Einschränkungen zwei Grundvoraussetzungen zu erfüllen haben: Sie müssen „gesetzlich vorgeschrieben" und in einem demokratischen Staat „notwendig" sein. Ersteres bedeutet in der Regel, dass es sich um im parlamentarischen Verfahren verabschiedete Gesetze, jedenfalls keine Verordnungen der Regierung handeln muss, während letzteres der zentralen Rolle der Meinungsäußerungsfreiheit für eine offene und pluralistische Demokratie Rechnung trägt. In der Praxis hat der Europäische Gerichtshof für Menschenrechte im Einklang mit dem Völkerrecht die Einschränkungsmöglichkeiten restriktiv interpretiert und insbesondere aus der Notwendigkeit in einer demokratischen Gesellschaft abgeleitet, dass Informationen hinsichtlich der Funktion dieser Gesellschaft und des Verhaltens ihrer politischen Vertreter nicht Gegenstand des Schutzes sein können. So wurde etwa an einer Reihe von österreichischen und deutschen Fällen judiziert, dass sich die politischen Vertreter gegen Veröffentlichungen über ihren Lebenswandel oder Kritik der Medien nicht aufgrund bestehender Antidiffamierungsgesetze durch Verleumdungsklagen entziehen können (vgl. Europarat 2007).

Freilich bestehen Gefahren für die Meinungsäußerungs- und Informationsfreiheit auch von anderer Seite, etwa von Seiten wirtschaftlicher Interessen, die versuchen, aus wirtschaftlichen Gründen Einfluss zu nehmen.

Das Hauptproblem stellt jedoch die wachsende Zahl von Maßnahmen zur Regelung von Inhaltsbeschränkungen im Internet dar, die aus Gründen rassistischer, ausländerfeindlicher und sogenannter extremer Inhalte, der Hassrede, der Leugnung von Völkermord oder von Verbrechen gegen die Menschlichkeit, der Anstachelung zu Terrorismus oder Verbreitung terroristischer Propaganda, der Diffamierung oder der Ermutigung zum Extremismus sowie sonstiger schädlicher Inhalte bestehen (vgl. OSZE 2011, 12ff.). Manche dieser Tatbestände sind so weit gehalten, dass damit auch politische oder künstlerische Inhalte beschränkt werden können, was sogar im Zusammenhang mit der Bekämpfung der Kinderpornographie im Netz beobachtet wurde. Auch die Einrichtung von Hotlines zur Meldung anstößiger Inhalte hat zu problematischen Ergebnissen geführt, wenn nicht eine professionelle Auswertung und richterliche Kontrolle von Beschränkungen gewährleistet sind (vgl. OSZE 2011, 216).

Bedrohungen des Rechts

Spezifische Bedrohungen der Meinungsäußerungs- und Informationsfreiheit bestehen somit für das Internet, wobei einige Probleme wie Zensur oder Filterung von Information durch Regierungen und nichtstaatliche Akteure schon genannt wurden. Manche Staaten, wie Ägypten und Libyen im Jahr 2011, China und Iran 2009 und Burma 2007, haben auch zu nationalen oder regionalen Internetabschaltungen oder absichtlichem Verlangsamen der Verbindung als Mittel zur Unterdrückung der Meinungsäußerungsfreiheit gegriffen (vgl. Kettemann 2012a). Das Bestehen strenger Zensurregeln führt auch zur Anpassung der Medien im Sinne einer Selbstzensur, man spricht von der ‚Schere im Kopf'. Aber auch die Sammlung der Daten der Nutzer und ihre Verwertung durch Suchmaschinen und soziale Netzwerke stellen spezifische Herausforderungen des Internets dar. Der Sonderberichterstatter der Vereinten Nationen für die Meinungsäußerungsfreiheit, Frank La Rue, hatte in seinem Bericht von 2011 vor allem auf die Problematik von willkürlichen Beschränkungen von Inhalten bzw. des Einsatzes von Filtern hingewiesen, wobei er einen neuen Trend feststellte, den Zugang zu Informationen im Hinblick auf bestimmte Ereignisse wie Wahlen oder Proteste zu beschränken, was in Einzelfällen wie in Ägypten bis zur vollkommenen Abschaltung des Internetzuganges gereicht habe (vgl. La Rue 2011).

Ein weiterer Problembereich wird in der Kriminalisierung der Ausübung der Meinungsäußerungsfreiheit im Internet durch manche Staaten gesehen. So wurden nach Angaben von „Reporters without Borders" im Jahr 2010 115 Blogger inhaftiert. Ein anderes Problemfeld stellten nach diesem Bericht Versuche dar, Internet Service Provider, Suchmaschinenbetreiber und andere für die vermittelten Inhalte verantwortlich zu machen. Sie sollen zur Filterung der Inhalte nach gewissen politischen oder religiösen Vorstellungen gezwungen werden, was jedoch technisch oft nicht möglich ist. Weiters setzt sich der Bericht mit Tendenzen auseinander, Nutzer des Internets aufgrund von Verletzungen geistiger Eigentumsrechte vom Zugang zum Netz auszuschließen (vgl. La Rue 2011).

Diese vor allem von Teilen der Musikindustrie betriebenen Rechtssetzungen, die auch durch ein internationales Abkommen, das Anti-Counterfeiting Trade Agreement (ACTA) unterstützt werden sollten, werden als potentielle Bedrohungen der Meinungsäußerungsfreiheit im Netz gesehen. Der Bericht befasst sich auch mit dem unzureichenden Schutz des Rechts auf Privatleben und des Datenschutzes im Hinblick auf das Internet. Die bestehenden Rechtsgrundlagen in vielen Staaten werden als unzureichend betrachtet, um den neuen Problemlagen, die sich einerseits aus anti-terroristischen Maßnahmen von Staaten und andererseits aus neuen Geschäftspraktiken von Internet-Unternehmen ergeben, Rechnung zu tragen. Der Schutz der persönlichen Daten wird als eine besondere Form des Rechts auf Privatleben betrachtet, das nur unter bestimmten Voraussetzungen eingeschränkt werden darf.

Ganz allgemein betont der Sonderberichterstatter die Grundregel, dass grundsätzlich dieselben Regeln, die offline gelten, etwa für die Presse und die elektronischen Medien, auch online Gültigkeit haben, d.h. auch für die digitalen Medien anwendbar sind. Dies betrifft auch die Einschränkungsmöglichkeiten für das Recht auf freie Meinungsäußerung und die Informationsfreiheit, die aufgrund von Art. 19 des Zivilpakts und Art. 10 EMRK grundsätzlich drei Voraussetzungen zu erfüllen haben: Sie müssen gesetzlich vorgeschrieben sein, sie müssen aus einem der vorgesehenen Gründe für Einschränkungen erfolgen und sie müssen in einer demokratischen Gesellschaft notwendig sein. Um politischen Einfluss hintanzuhalten, sollen Einschränkungen überdies durch autonome Institutionen, etwa eine unabhängige Medienkommission oder unabhängige Gerichte, erfolgen. In der Praxis nehmen die Regierungen jedoch oft direkt Einfluss.

Besonders kritisiert wird, dass westliche Firmen die Technologie zur Verfügung stellen, mit der autoritäre Regierungen die Meinungsäußerungsfreiheit beschränken. Das Europäische Parlament hat diese Frage aufgegriffen und die Europäische Union will ein Exportverbot für derartige die Menschenrechte untergrabende Formen des Handels, etwa mit Software-Produkten, mit Hilfe derer Staaten die Aktivitäten von Menschenrechtsverteidigern im Internet leichter verfolgen können, erlassen (vgl. Moechel 2011). Allerdings kam ein solches vom Berichterstatter für dual use-Produkte im Europäischen Parlament vorgeschlagenes Verbot, insbesondere auf Druck Deutschlands (!) bisher nicht zustande (vgl. EP 2011; Kettemann 2011a). Der Grund, warum autoritäre Regierungen zunehmend gegen die verschiedenen Erscheinungen der Meinungsäußerungsfreiheit im Internet vorgehen, liegt wohl auch darin, dass die dort veröffentlichten Informationen, Blogs, Fotos oder Filme wegen ihrer weiten, auch internationalen Verbreitung als gefährlicher betrachtet werden als lokale Presseprodukte. Umso wichtiger ist der Schutz der Meinungsäußerungs- und Informationsfreiheit aller, etwa auch von Bürgerjournalisten im Internet. Gerade die Rolle von sozialen Medien bei den Revolutionen in der arabischen Welt im Jahr 2011 hat das Potenzial sozialer Medien, zumindest aber ihre internationale Mobilisierungsfunktion, eindrucksvoll unter Beweis gestellt.

Internationale Unternehmen haben zum Teil gemeinsam mit Nichtregierungsorganisationen und akademischen Institutionen eigene Initiativen unternommen, um der Meinungsäußerungsfreiheit und dem Recht auf Privatleben in ihrer Tätigkeit einen erhöhten Schutz zu verschaffen. So hat sich etwa Google zusammen mit Microsoft und Yahoo! zur sogenannten Global Network Initiative zusammengeschlossen, die die Erarbeitung von Richtlinien für Meinungsäußerungsfreiheit und das Recht auf Privatleben ebenso wie eine Bewertung ihrer Unternehmensbeschlüsse auf deren menschenrechtliche Folgen einschließt. Google veröffentlicht außerdem regelmäßig sogenannte Transparenzberichte (vgl. Google 2011), in denen alle Regierungsanfragen bzw. -vorgaben hinsichtlich der Einschränkung von Dienstleistungen, etwa durch das Filtern bestimmter Begriffe, dokumentiert werden. Dort finden sich auch Anfragen etlicher europäischer Regierungen. Eine andere Initiative in Richtung größerer Transparenz von Einschränkungen ist die von der Nichtregierungsorganisation Electronic Frontier Foundation gemeinsam mit mehreren amerikanischen Universitäten betriebene Website „chilling effects", die Einschränkungen der Meinungsäußerungsfreiheit durch die Dokumentation aller Maßnahmen von Regierungen oder Internet-Unternehmen publik macht (vgl. EFF et al. 2011).

Beispiele guter Praxis

Die Rolle der Nichtregierungsorganisationen für die Meinungsäußerungsfreiheit kann nicht hoch genug eingeschätzt werden. So bestehen klassische Nichtregierungsorganisationen im Bereich der Meinungsäußerungs- und Informationsfreiheit, wie Artikel 19 (London), Amnesty International oder Reporter ohne Grenzen. Darüber hinaus haben sich einige spezialisierte Nichtregierungsorganisationen entwickelt, die Probleme der Meinungsäußerungs- und Informationsfreiheit im Internet zum Hauptgegenstand ihrer Tätigkeit gemacht haben, wie Electronic Frontier, European Digital Rights, Digital Rights Project etc. In Deutschland wurde mit der Unterstützung von Google das „Internet & Gesellschaft Co:llaboratory" ins Leben gerufen – dessen aktuelle Initiative sich mit dem Thema „Menschenrechte im Internet" auseinandersetzt – und ein Dialog zum Grundrecht einer „Internetfreiheit" angestoßen (vgl. Kleinwächter 2011). In der entsprechenden Publikation findet sich auch ein Grundsatzartikel von Bernd Holznagel und Pascal Schuhmacher über „Die Freiheit der Internet-Dienste", worin sie an Art. 54, Abs. 1 Grundgesetz (der die Meinungsäußerungsfreiheit und Informationsfreiheit schützt) anknüpfend feststellen, dass dieser Schutz auch im Internet gilt. Der Schutz der Massenkommunikation im selben Absatz gilt demnach auch für das Internet, auch wenn die Internet-Kommunikation einige Besonderheiten aufweist. Dies führt die Autoren zur Forderung nach einer Anerkennung einer Freiheit der Internetdienste (vgl. Kleinwächter 2011, 14–22).

Auch in der Grundrechtecharta der EU heißt es in Artikel 11 Absatz 2: „Die Freiheit der Medien und ihre Pluralität werden geachtet". Dies schließt zweifelsfrei auch internetbasierte Medien ein, die das Internet verwenden. Der Europarat hat 2009 die Notwendigkeit eines neuen Konzepts der Medien postuliert und einen Aktionsplan hinsichtlich eines Überprüfungsprozesses bezüglich der neuen Medien und medienartigen Dienstleistungen der Massenkommunikation beschlossen (vgl. Europarat 2009). Stärker als andere regionale Organisationen hat sich der Europarat dem Thema der Menschenrechte in der Informationsgesellschaft gewidmet und dazu bereits eine Reihe von Empfehlungen, Richtlinien und Verhaltenskodizes verabschiedet. So wird etwa in der Erklärung des Ministerkomitees über Menschenrechte und Rechtsstaatlichkeit in der Informationsgesellschaft von 2005 bekräftigt, dass die Europäische Menschenrechtskonvention auch im Informationszeitalter ihre volle Geltung behalte und dass die Meinungsäußerungs-, Informations- und Kommunikationsfreiheit in einer digitalen ebenso wie in einer nicht-digitalen Umgebung gelte und nur nach den Bestimmungen des Artikels 10 EMRK eingeschränkt werden könne (vgl. Europarat 2005). Im Jahr 2011 verabschiedete das Ministerkomitee eine weitere Deklaration über den Schutz der Meinungsäußerungs- und Informationsfreiheit sowie der Versammlungs- und Koalitionsfreiheit im Hinblick auf den Bereich der Verwaltung der Domain-Namen (vgl. Europarat 2011). Weiters hat sich der Europarat in verschiedenen Richtlinien auch mit Fragen der Menschenrechte im Hinblick auf Suchmaschinen und soziale Netzwerke, aber auch Onlinespiele-Anbieter und Internet Service Provider befasst. Besonders interessant dabei ist, dass er neben Empfehlungen für Staaten auch Richtlinien zur Selbstregulierung durch die betroffenen Industriezweige beschloss (vgl. Kettemann 2011a).

Im Rahmen des Internet Governance Forums hat sich die sogenannte ‚Dynamische Koalition Menschenrechte und Prinzipien des Internet' gebildet, die im Jahr 2010 einen ersten Entwurf einer Charta der Menschenrechte und Prinzipien für das Internet vorgelegt hat. Aufbauend auf den Dokumenten des Weltinformationsgipfels von Genf und Tunis folgt die Systematik der Charta den Artikeln der Allgemeinen Erklärung der Menschenrechte, die im Hinblick auf die Anforderungen des Internet interpretiert werden (vgl. IRP 2011a).

Grundsätze für die Informationsgesellschaft

Die Anforderungen an den Menschenrechtsschutz in der Informationsgesellschaft sind dynamisch zu verstehen, weil aufgrund der raschen Fortentwicklung der Technologie und neuer Geschäftsideen, aber auch der zunehmenden Kontrolle durch staatliche Akteure sich die Anforderungen an den Schutz rasch weiterentwickeln. Auch auf der Ebene der zwischenstaatlichen Zusammenarbeit hat sich eine Dynamik hinsichtlich der Entwicklung von Grundsätzen für die Regulierung des Internets ergeben, die im Jahr 2011 zu einer Reihe von Prinzipienerklärungen so unterschiedlicher Akteure wie des Europarates (vgl. Europarat 2010), der G8, der OECD, der USA, der EU und von Gruppen von Schwellenländern wie IBSA (Indien, Brasilien und Südafrika) geführt haben. Auf Grundlage von Soft-Law-Erklärungen wird versucht, die wesentlichen Prinzipien des Internets zu formulieren und damit eine Orientierung auf der Grundlage gemeinsamer Werte zu geben (vgl. Kleinwächter 2011). Der Stellenwert der Menschenrechte in diesen

Erklärungen ist von unterschiedlicher Bedeutung. Vor allem die Erklärung der Prinzipien für die Internet Governance des Europarates misst den Menschenrechten eine hohe Bedeutung zu. Die Koalition für Menschenrechte und Prinzipien des Internets (Internet Rights and Principles Coalition) tut dies in einem noch stärkeren Ausmaße, indem sie die wesentlichen Menschenrechte und Prinzipien der Charta in zehn Grundsätzen zusammenfasst. Im Einzelnen werden genannt: Universalität und Gleichheit, Rechte und soziale Gerechtigkeit, Zugänglichkeit, Freiheit der Meinungsäußerung und Vereinigungsfreiheit, Recht auf Privatleben und Datenschutz, Recht auf Leben, Freiheit und Sicherheit, Vielfalt, Gleichheit im Netz, offene Standards, Interoperabilität und *inclusive governance*. Die Charta der Menschenrechte und Prinzipien des Internets dienten auch als Anregung für eine vom Europarat geplante Erarbeitung eines ‚Kompendiums' von Rechten in der Informationsgesellschaft (vgl. IRP 2011a; Europarat 2012).

Die Diskussion um ein Recht auf Zugang zum Internet

Der Zugang zum Internet ist heute von zentraler Bedeutung für die Zugänglichkeit und gerechte Verteilung von Information. Bereits der Weltinformationsgipfel von 2003/2005 hat das Problem der dramatischen Unterschiede im Zugang zum Internet erkannt. Die digitale Kluft sollte unter anderem mit Hilfe eines digitalen Solidaritätsfonds überwunden werden, der in der Praxis jedoch wenig Bedeutung erlangte. In den jährlichen Internet Governance Foren bildet die Frage des Zugangs zum Internet eine zentrale Rolle. Auch wenn innerhalb weniger Jahre der Zugang sich auch in Entwicklungsländern – insbesondere Afrika, wo die größten Diskrepanzen bestanden – stark verbessert hat, so dass heute mehr als zwei Milliarden Menschen einen Internetzugang haben, bleibt doch die Mehrheit der Menschheit noch vom Internet ausgeschlossen. Der Zugang zu den Informationen des Internets als Teil des Rechts auf Information ist jedoch für die Entwicklung gerade der technologisch benachteiligten Länder und somit für ihr Recht auf Entwicklung von grundlegender Bedeutung. Folglich haben auch Länder des Südens – wie Costa Rica und Mazedonien – dem Zugang zum Internet hohe Priorität eingeräumt. Manche Länder haben ein Recht auf Zugang zum Internet in ihrer Rechtsordnung verankert, wie Finnland, das in § 60 des Kommunikationsmarktgesetzes den Zugang zum Breitbandinternet als Grundrecht vorsieht (vgl. MTC 2009). Ein Drittel der OSZE-Länder gab an, ein Recht auf Zugang zum Internet in ihrer Gesetzgebung verankert zu haben, darunter Albanien, Deutschland, Estland, Finnland, Frankreich, Montenegro, Spanien, Türkei, Turkmenistan und

Ungarn (vgl. OSZE 2011, 10). Die Europäische Union strebt mit ihrer Richtlinie 2009/136, die mehrere Richtlinien von 2002 und 2004 ablöst bzw. ergänzt, ebenfalls einen Internetzugang für alle Bürger an. Dabei geht es auch um die Wettbewerbsfähigkeit der EU.

Der Zugang zum Internet erfordert einerseits den Zugang zur entsprechenden Technologie, andererseits den Zugang zu den Inhalten des Netzes, wobei ersterer Voraussetzung des letzteren ist. Unterschiede im Zugang gibt es nicht nur zwischen Regionen und Ländern, sondern auch innerhalb von Ländern, wenn etwa ländliche Gebiete benachteiligt sind. Darüber hinaus bestehen benachteiligte Gruppen in jeder Gesellschaft, die besondere Unterstützung beim Zugang zum Internet benötigen, wie etwa Behinderte oder ältere Personen bzw. Personen mit einem geringen Einkommen. Somit stellt sich auch die Frage der Nichtdiskriminierung im Zugang zum Internet. Die Bedeutung des Internetzuganges reicht heute weit über den Informationszugang hinaus, da etwa aufgrund von E-Government immer mehr Verwaltungsvorgänge nicht mehr ohne Computer erledigt werden können. Dementsprechend fordert auch der Sonderberichterstatter der Vereinten Nationen für das Recht auf Meinungsäußerung, dass ein Zugang zum Internet für alle benachteiligten Gruppen geschaffen werden müsse. In der Charta der Menschenrechte und Prinzipien für das Internet wird dem Zugang zum Internet ein zentraler Stellenwert eingeräumt. Während fast alle Rechte aus der Allgemeinen Erklärung der Menschenrechte abgeleitet werden, wird ein Recht auf Zugang zum Internet seinerseits als Vorbedingung des Genusses anderer Menschenrechte im Lichte der Herausforderungen und Möglichkeiten der Informationsgesellschaft abgeleitet, wie etwa der Meinungsäußerungs- und Informationsfreiheit, dem Menschenrecht auf Bildung oder auf die Teilnahme an den öffentlichen Angelegenheiten.

Die Feststellung eines Menschenrechts auf Zugang zum Internet bedeutet nicht, dass ein solcher Zugang von heute auf morgen von allen Staaten zu schaffen wäre, was ja nicht realistisch ist. In Analogie zum Pakt der Vereinten Nationen über wirtschaftliche, soziale und kulturelle Rechte wäre damit jedoch eine Verpflichtung der Staaten verbunden, selbständig oder mittels internationaler Hilfe und Zusammenarbeit, unter Ausschöpfung aller vorhandenen Möglichkeiten Maßnahmen zu treffen, um schrittweise, insbesondere durch gesetzgeberische Maßnahmen, die volle Verwirklichung des Rechts zu erreichen (siehe Art. 2 Abs. 1 des Paktes). Diskriminierung beim Zugang ist nicht erlaubt; ebenso wenig ein Rückschritt hinter bereits Erreichtes. Dementsprechend stellen die vier Sonderberichterstatter für Meinungsäußerungsfreiheit der Vereinten Nationen und Vertreter von drei Regionalorganisationen in ihrer gemeinsamen Erklärung über „Meinungsäußerungsfreiheit und das Internet" von 2011 fest, dass die Staaten unter einer positiven Verpflichtung stehen, einen weltweiten Zugang zum Internet zu fördern (vgl. International Mechanisms for Promoting Freedom of Expression 2011).

Besondere Bedeutung gewinnt ein Menschenrecht jedoch dort, wo es um Einschränkungen eines bestehenden Zugangs geht. Hier ergibt sich bereits aus dem Menschenrecht auf Meinungsäußerungs- und Informationsfreiheit, dass das Internet nur in ganz begrenzten Fällen eingeschränkt oder gar abgeschaltet werden darf. Aus der Tatsache, dass das Internet nur ein Mittel zum Zweck ist, zu schließen, dass es sich nicht um ein Menschenrecht handeln könne, wie es der Internet-Evangelist von Google, Vint Cerf in einem aktuellen Kommentar tat (vgl. Cerf 2012), greift zu kurz, da es sich dabei um ein Medium handelt, das wie kein anderes die Voraussetzungen für den Genuss anderer Menschenrechte bildet (vgl. Kettemann 2012b).

Die Bedeutung anderer Menschenrechte für die Informationsgesellschaft

Recht auf Bildung

Unter den für die Informationsgesellschaft relevanten Menschenrechten ragt das Menschenrecht auf Bildung hervor. Für das heutige Bildungssystem ist das Internet unverzichtbar geworden. Es geht aber nicht nur um die Nutzung des Internets für die Bildung, sondern auch um den Umgang mit dem Internet als Aufgabe der Bildung, um ‚Cyber-Education' oder ‚Digital Literacy', was eine entsprechende Ausbildung der Schüler und Lehrkräfte erfordert und ein wichtiger Aspekt lebenslangen Lernens ist. Dabei sollen auch die Menschenrechtsbezüge vermittelt werden. Im Hinblick auf die Inhalte ist das Internet trotz seiner unbegrenzten Möglichkeiten vor allem durch die englische Sprache geprägt. Folglich besteht das Postulat, der Vielfalt von Sprachen und Schriften sowie den dazugehörigen Kulturen und Traditionen mehr Rechnung zu tragen. Die für Zwecke der Ausbildung benötigten Lehrbücher, Kursmaterialien und Publikationen sollen möglichst frei verfügbar gemacht werden (vgl. IRP 2011b).

Zugang zum Wissen vs. Urheberrecht

Die Frage der gerechten Verteilung von Information wirft im Kontext des Internets zusätzlich noch die Frage nach der Zugänglichkeit von über das Internet kostenpflichtig verfügbaren Datenbanken auf. Zwar bietet das Internet auch ohne diesen Zugang eine Vielzahl von Informationen und Quellen auf kostenloser Basis, doch im Fall von Fachzeitschriften und Spezialliteratur sind diese in der Regel nur gegen erhebliche Kosten zu erhalten, die etwa für Bibliotheken in Entwicklungsländern eine unüberwindliche Hürde darstellen können.

Im Entwurf einer Charta der Menschenrechte und Prinzipien für das Internet findet diese Problematik Berücksichtigung, wenn einerseits im Einklang mit der Allgemeinen Erklärung der Menschenrechte von einem gleichen Zugang aller zum Internet ohne Diskriminierung die Rede ist, wobei benachteiligten Gruppen besonderes Augenmerk zukommen soll. Andererseits geht es darüber hinaus gemäß Art. 27 der Allgemeinen Erklärung der Menschenrechte (AEMR) von 1948 um ein Recht auf Zugang zum wissenschaftlichen Fortschritt und seinen Wohltaten, an welchen alle Menschen teilhaben sollen. In der Debatte läuft dies unter dem Kürzel A2K, d. h. Access to Knowledge. Vor allem aus den Ländern des Südens, wie etwa Indien, kommen hier klare Forderungen. Diese stoßen sich an den hohen Kosten des Zugangs zum Wissen oder den Ergebnissen kulturellen Schaffens, wie von Musik und Filmen, die in der Regel in Form von Copyright-Gebühren und Lizenzen zu entrichten sind. Gefordert werden ein ‚Fair Use' und Ausnahmen für die zahlungsschwachen Entwicklungsländer. Die Forderung nach einer ‚Sozialbindung geistigen Eigentums' erinnert an die Debatte um die soziale Bindung des Eigentums zu Beginn des 20. Jahrhunderts. Tatsächlich enthält Art. 27 AEMR in Absatz 2 auch ein „Recht auf Schutz der moralischen und materiellen Interessen, die sich aus jeder wissenschaftlichen, literarischen und künstlerischen Produktion ergeben, dessen Urheber er ist" (vgl. AEMR 1948). Diese Rechte werden jedoch selten vom Urheber selbst vermarktet, sondern meist von Verwertungsgesellschaften, die im Interesse der Autoren oder Künstler die Gebühren erheben und weiterleiten.

Somit stehen sich zwei gegensätzliche Rechte gegenüber: das Recht auf Zugang zum wissenschaftlichen Fortschritt und das Urheberrecht. Den richtigen Ausgleich zwischen beiden zu finden ist auch im Internet eine bisher ungelöste Herausforderung. Zum Teil werden wissenschaftliche Ergebnisse zumindest teilweise im öffentlichen Raum verfügbar gemacht, das heißt, sie sind über das Internet zugänglich, zum Teil wird eine freie bzw. offene Software kostenlos an-geboten. Die Europäische Union verlangt etwa hinsichtlich von Publikationen aus mit ihrer Unterstützung realisierten Forschungsprojekten, dass diese soweit als möglich frei zugänglich gemacht werden. Für Bibliotheken und andere Nutzer in Entwicklungsländern sollten zumindest erschwingliche Tarife angeboten werden, wie das auch für essentielle Medikamente verlangt wird, die für die öffentliche Gesundheitsversorgung benötigt werden. Ein neuer Ausgleich aufgrund neuer Geschäftsmodelle ist jedoch noch nicht gefunden, wie die ACTA-Debatte seit 2011 zeigt.

Zwischen 2008 und 2010 wurde auf Initiative der USA, Japans und unter Beteiligung der EU und anderer WTO-Mitglieder weitgehend als Verschlusssache ein Abkommen gegen Fälschungen von Produkten (Anti-Counterfeiting Trade

Agreement; ACTA) verhandelt, das erst im November 2010 öffentlich wurde (ACTA 2011). So war das Europäische Parlament, das das Abkommen letztlich zu beschließen hat, bis zuletzt nur ungenügend in die Verhandlungen eingebunden. Auch die Zivilgesellschaft konnte sich kaum an den Verhandlungen beteiligen, während Lobbying-Gruppen – besonders der Rechteinhaber und der Unterhaltungsindustrie – starken Einfluss auf die Textierung ausüben konnten.

Die Unterzeichnung von ACTA durch einige Staaten am 1. Oktober 2011 in Tokio löste eine internationale Protestwelle aus, die im Frühjahr 2012 ihren Höhepunkt erreichte und einige Regierungen zum Rückzug ihrer Zustimmung veranlasste. Die Europäische Kommission beschloss, den Gerichtshof der EU mit einer rechtlichen Prüfung der Vereinbarkeit mit dem Unionsrecht zu befassen, um Zeit zu gewinnen. Dennoch beschloss das Europäische Parlament am 4.7.2012 ACTA abzulehnen. Besondere Kritik entzündete sich an der Verbindung zwischen der Bekämpfung von gefälschten Produkten, etwa Medikamenten, wogegen auch im Europarat ein Abkommen vorbereitet wird, und der verstärkten Umsetzung von Urheberrechten im digitalen Umfeld, in welchem die ziel- und strafrechtlichen Durchsetzungsinstrumente nun ebenfalls eingesetzt werden sollten. Dabei können die Vertragsparteien Anbieter von Online-Diensten verpflichten, Informationen zur Identifizierung von Nutzern gegenüber den Inhabern von Urheberrechten offenzulegen, damit diese ihre Rechte durchsetzen können (vgl. ACTA Art. 27, Abs. 4). Diese und andere meist recht vage formulierten Bestimmungen haben einen Aufschrei vor allem in der Zivilgesellschaft ausgelöst.

Am ACTA-Text wurde auch der fehlende Verweis auf bindende Menschenrechte kritisiert (lediglich „Grundsätze" werden erwähnt). Dabei hatte die zuständige EU-Kommissarin für Justiz und Grundrechte, Viviane Reding, klargestellt, dass der freie Zugang zum Internet und die Meinungsäußerungsfreiheit im Internet Rechte darstellten, die aufgrund von Urheberrechten nicht eingeschränkt werden dürften. Sie weist auf die Aufnahme einer Bestimmung über die Freiheit des Internets in das Telekommunikationsrecht der EU von 2009 hin, die etwa eine Zugangsbeschränkung ohne faires Verfahren mit gerichtlicher Kontrolle für das Recht der EU ausschließt, und erwartet sich, dass die Überprüfung von ACTA durch den Gerichtshof der EU diese Position bestätigen wird (vgl. Reding 2012).

Fortentwicklung des Datenschutzes in der EU

Im Rahmen der EU findet eine Erneuerung des Datenschutzrechtes statt. Ein verbesserter Datenschutz soll das Vertrauen in die Informations- und Kommunikationstechnologie fördern. Zu Anfang 2012 hat die Kommission auf Grundlage von Art. 16 des Vertrages über die Arbeitsweise der EU von Lissabon neue Vorschläge für eine Verordnung und eine Richtlinie veröffentlicht, die die bisherige Datenschutzrichtlinie aus dem Jahr 1995 ersetzen sollen (vgl. Europäische Kommission 2012). Die Tatsache, dass die strafrechtlichen Aspekte nur in einer Richtlinie geregelt sind, überlässt den Mitgliedsstaaten die konkrete Umsetzung, was auf Kosten des freien Datenverkehrs gehen könnte. Immerhin ist dabei Art. 8 der Grundrechtecharta der EU über den Schutz personenbezogener Daten zu beachten, der durch den Vertrag von Lissabon Rechtsverbindlichkeit erlangt hat.

Schlussfolgerungen

Die Bedeutung der Menschenrechte für die Informationsgesellschaft wird zunehmend anerkannt, wozu die laufenden Debatten um den Schutz der Urheberrechte im Rahmen von ACTA und den Datenschutz in der EU beitragen. Zwar ist das Recht auf Meinungsäußerungs- und Informationsfreiheit nicht absolut, doch gehört die Verletzung von Urheberrechten nicht zu den vorgesehenen Einschränkungsgründen. Demnach liegt die Herausforderung darin, einen Ausgleich zwischen den verschiedenen Rechten zu finden, der auch auf Akzeptanz bei den Nutzern stößt.

Dies setzt freilich voraus, dass ein Internetzugang vorhanden ist, was für die Mehrheit der Menschen weltweit, aber auch für eine zu große Gruppe von benachteiligten Menschen in Europa noch nicht der Fall ist. Dies ruft den Staat auf den Plan und tatsächlich haben Staaten wie auch die EU sich zum Teil verfassungsrechtlich verpflichtet, ihren Bürgern einen Internetzugang zu gewährleisten, wie etwa das Beispiel Finnlands zeigt. Auch die Rolle von Unternehmen beim Ausbau von Internetverbindungen ist nicht zu unterschätzen. Damit kann auch das Recht auf Information besser gewährleistet werden.

Eine große Herausforderung für die rechtlichen Regelungen für das Internet stellt der Umgang mit problematischen Inhalten, vom Rassismus bis zur Kinderpornografie, dar. Hier ist darauf zu achten, dass die in den Einschränkungstatbeständen zum Recht auf Meinungsäußerungs- und Informationsfreiheit vorgesehenen Beschränkungsmöglichkeiten nicht politisch missbraucht werden. Angesichts der ständig wachsenden Rolle des Internets, aber auch der Bedrohungen für seine Offenheit, kommt den Menschenrechten als Orientierungshilfe eine zentrale Bedeutung zu, wie etwa am Recht auf Privatleben und Datenschutz oder den Rechten auf Bildung, auf Religionsfreiheit, auf Versammlungsfreiheit oder auf Beteiligung in den öffentlichen Angelegenheiten zu sehen ist. Alle diese Rechte sind auch im Internet relevant und auf Grundlage der Nichtdiskriminierung zu gewährleisten. Wie gezeigt, hat eine Multistakeholder-Koalition dazu eine Charta der Menschenrechte und Prinzipien für das Internet ausgearbeitet, die etwa dem

Europarat als Anstoß für die geplante Erarbeitung eines Kompendiums von Nutzerrechten diente. Wie verschiedene Beispiele guter Praxis zeigen, besteht eine Reihe von Initiativen, die für die Menschenrechte im Internet aktiv eintreten. Eine Stärkung der Menschenrechte im Internet würde auch die Zugänglichkeit von Information mit Hilfe des Internets sowie die Informationsgerechtigkeit verbessern.

Literatur

ACTA (2011): Anti-Counterfeiting Trade Agreement between the European Union and Its Member States, Australia, Canada, Japan, the Republic of Korea, the United Mexican States, the Kingdom of Morocco, New Zealand, the Republic of Singapore, the Swiss Confederation and the United States of America. (http://trade.ec.europa.eu/doclib/docs/2011/may/tradoc_147937.pdf).

AEMR (1948): Allgemeine Erklärung der Menschenrechte (AEMR). (http://www.un.org/depts/german/grunddok/ar217a3.html).

AP (Martha Mendoza) (2011): AP Impact: Right-to-know Laws Often Ignored. (http://www.apnewsarchive.com/87c10183e1794b738b5876e130337638).

Barlow, J.P. (1996): A Declaration of the Independence of Cyberspace. Davos. (http://www.actlab.utexas.edu/~captain/cyber.decl.indep.html).

Benedek, W.; Bauer V.; Kettemann M.C. (eds) (2008): Internet Governance and the Information Society. Global Perspectives and European Dimensions. Utrecht: Eleven.

Benedek, W. (2012): Freedom of Expression and Freedom of the Media, in: W. Benedek (ed.), Understanding Human Rights. Manual on Human Rights Education. Vienna: Neuer Wissenschaftlicher Verlag.

Benedek, W. (2008): „Internet Governance and Human Rights". In: W. Benedek; V. Bauer; M.C. Kettemann (Hrsg.:) Internet Governance and the Information Society. Global Perspectives and European Dimensions. Utrecht: Eleven, 31–50.

Benedek, W.; Pekari, C. (Hrsg.) (2007): Menschenrechte in der Informationsgesellschaft. Stuttgart: Boorberg.

Cerf, V. (2012): „Internet Access is not a Human Right". New York Times (04.01.2012).

Civil Society Internet Governance Caucus, Open Letter to President of the UN General Assembly on International Code of Conduct for Information Security (2011). Nairobi. (http://www.igcaucus.org/infosecurity-code).

EFF (Electronic Frontier Foundation) u.a. (2011): Chilling Effects. (http://www.chillingeffects.org/).

Europäische Kommission (2012): Vorschlag für eine Verordnung des Europäischen Parlamentes und des Rates zum Schutz von Personen bei der Verarbeitung der persönlichen Daten und der Freiverkehr solcher Daten (Allgemeine Datenschutzverordnung). KOM (2012) 11 endg. vom 25.1.2012 sowie Vorschlag für eine Richtlinie des EP und des Rates zum Schutze natürlicher Personen bei der Verarbeitung personenbezogener Daten durch die zuständigen Behörden zum Zweck der Verhütung, Aufklärung, Untersuchung oder Verfolgung von Straftaten oder der Strafvollstreckung sowie zum freien Datenverkehr. KOM (2012) 10 endg. von 25.02.2012.

Europäische Kommission (2011a): Transparency. ACTA Is Not a "Secret" Agreement. (http://ec.europa.eu/trade/tackling-unfair-trade/acta/transparency/).

Europäische Kommission (2011b): Transparency of ACTA Negotiations. (http://trade.ec.europa.eu/doclib/docs/2012/february/tradoc_149103.pdf).
Europäisches Parlament (2011): Bericht für den Vorschlag für eine Verordnung des Europäischen Parlaments und des Rates zur Änderung der VO (EG) Nr. 1334/2000 über eine Gemeinschaftsregelung für die Kontrolle der Ausfuhr von Gütern und Technologien mit doppeltem Verwendungszweck (KOM (2008) 0854, Berichterstatter: Jörg Leichtfried) und Resolution des EP vom 27.09.2011.
Europarat (2012): Internet Governance-Council of Europe Strategy 2012-2015, CM (2011) 175 (final 15.03.2012).
Europarat (2011): Declaration by the Committee of Ministers on the Protection of Freedom of Expression and Information and Freedom of Assembly and Association with Regard to Internet Domain Names and Name Strings of 21.09.2011.
Europarat (2010): International and Multi-stakeholder Cooperation on Cross-border Internet. III. General Principles of Internet Governance. Council of Europe 2010. H/Inf(2010)10.
Europarat (2009): A New Notion of the Media? Political Declaration and Action Plan. First Council of Europe Conference of Ministers Responsible for Media and New Communication Services. Reykjavik: 29.05.2009. EMCM (2009/011).
Europarat (2007): Freedom of Expression in Europe. Case-Law Concerning Article 10 of the ECHR. Strasbourg: Council of Europe Publishing.
Europarat (2005): Declaration of the Committee of Ministers on Human Rights and the Rule of Law in the Information Society. CM 2005/56 (final 13.05.2005).
Fisher, D. (1982): The Right to Communicate: A Status Report. Paris: UNESCO.
Google (2011): Transparency Report. (http://www.google.com/transparencyreport).
Grabenwarter, C. (2009): Europäische Menschenrechtskonvention. 4. Aufl. München: Beck.
Hamelink, C. (2002): Draft Declaration on the Right to Communicate. Geneva: World Summit on the Information Society.
International Mechanisms for Promoting Freedom of Expression (2011): Joint Declaration on Freedom of Expression and the Internet. (http://www.osce.org/fom/78309).
Internet Rights and Principles Coalition (IRP) (2011a): 10 Rights and Principles for the Internet. (http://www.internetrightsandprinciples.org).
Internet Rights and Principles Coalition (IRP) (2011b): Charter of Human Rights and Principles for the Internet. (http://www.internetrightsandprinciples.org).
Kettemann, M.C. (2012a; im Druck): „Nationale Sicherheit und Informationsfreiheit. Zur Völkerrechtsmäßigkeit von Internetabschaltungen". In: K. Schmalenbach (Hrsg.): Österreichischer Völkerrechtstag 2011.
Kettemann, M.C. (2012b): „Wo soll Vint Cerf sein Pferd unterstellen? Zur Debatte um das Recht auf Internet-Zugang". juridikum 1, 13–15.
Kettemann, M.C. (2011a): „Ensuring Human Rights Online: An Appraisal of Selected Council of Europe Initiatives in the Information Society Sector in 2010". In: W. Benedek et al. (ed.): European Yearbook on Human Rights 2011. Wien: NWV/Intersentia, 248–267.
Kettemann, M.C. (2011b): Ensuring Human Rights and Human Security on the Internet: Key Insights from the Graz Workshop on the Future of Security. (http://internationallawandtheinternet.blogspot.com/2012/03/ensuring-human-rights-and-human.html).
Kleinwächter, W. (2011a): „MIND (Multistakeholder Internet Dialogue)". Co:llaboratory Discussion Paper Series 1.

Kleinwächter, W. (2011b): „A Constitutional Moment in the History of the Internet? – How Soft Law is Used to Regulate Cyberspace". juridikum 4, 460–477.
La Rue, F. (2011): Report of the Special Rapporteur on the Promotion and Protection of the Right to Freedom of Opinion and Expression (mit einem Schwerpunkt im Bereich Meinungsäußerungsfreiheit im Internet). UN GV-Dok. A/HRC/17/27 (26.04.2011).
La Rue, F. (2010): Special Rapporteur on the Promotion and Protection of the Rights to Freedom of Opinion and Expression. 10th Anniversary Joint Declaration: 10 Key Challenges to Freedom of Expression in the next Decade. UN Dok. A/HRC/14/23/Add. 2 (25.03.2010).
Malcolm, J. (2008): Multi-Stakeholder Governance and the Internet Governance Forum. Perth: Terminus Press.
Macdonald QC.; John, R.C.; Jones, C. (2009): The Law of Freedom of Information. 2. Aufl. Oxford: Oxford University Press.
Moechel, E. (2011): Exportkontrollen für Überwachungstechnologien. (http://fm4.orf.at/stories/1680286).
MTC (Ministry of Transport and Communications, Finland) (2009): Ministry of Transport and Communications Decree on the Minimum Rate of a Functional Internet Access as a Universal Service. (http://goo.gl/T6NiF).
Organisation for Security and Cooperation in Europe (OSCE/OSZE) (2011): The Office of the Representative on Freedom of the Media, Report on Freedom of Expression on the Internet, Study of Legal Provisions and Practices Related to Freedom of Expression, the Free Flow of Information and Media Pluralism on the Internet in OSCE Participating States. Vienna. (http://www.osce.org/fom/80723).
PACAI (Pan African Conference on Access to Information) (2011): (http://www.nepad.org/fr/conferences/pan-african-conference-access-information-pacai).
Reding, V. (2012): Statement by Viviane Reding, Vice-President of the European Commission and EU Commissioner for Justice, Fundamental Rights and Citizenship, on Freedom of Expression and Information via the Internet, Attempts to Block Websites, „Three-strikes-laws", and ACTA (http://ec.europa.eu/commission_2010-2014/reding/pdf/quote_statement_en.pdf) sowie Richtlinie 2009/136/EG (25.11.2009).
Schmalenbach, K. (2007): „Ein Menschenrecht auf Kommunikation: Erfordernis oder Redundanz?" In: W. Benedek; C. Pekari (Hrsg.): Menschenrechte in der Informationsgesellschaft. Stuttgart: Boorberg, 183–213.
UNESCO (2005): Towards Knowledge Societies. Paris: UNESCO.
VNGV Generalversammlung (2011): Information and Communications Technologies for Development: VN Dok. A/RES/65/141 (02.02.2011).
WSIS (2005): Tunis Commitment and Tunis Agenda for the Information Society. (http://www.itu.int/wsis/index.html).
WSIS (2003): Building the Information Society: The Global Challenge in the New Millennium, Geneva Declaration of Principles and Geneva Plan of Action. (http://www.itu.int/wsis/index.html).

Unterschiede in der Verfügbarkeit und Nutzung von Informationen

Anke Grotlüschen, Wibke Riekmann, Klaus Buddeberg
Literalität als Element der Ungleichheitsreproduktion? Aufstieg eines Seitenthemas der deutschsprachigen Erwachsenenbildungsforschung

„Die Sache hat nur einen kleinen Haken.
Der Analphabet ist nie zur Stelle, wenn von ihm die Rede ist.
Er taucht einfach nicht auf, er nimmt unsere
Behauptungen überhaupt nicht zur Kenntnis, er schweigt."
Hans Magnus Enzensberger

Literalitätsforschung hat in Deutschland derzeit Konjunktur, und zwar besonders hinsichtlich erwachsener Adressaten. Der Fokus richtet sich auf funktionalen Analphabetismus, dieser gilt als gegeben, wenn „die schriftsprachlichen Kompetenzen von Erwachsenen niedriger sind als diejenigen, die minimal erforderlich sind und als selbstverständlich vorausgesetzt werden, um den jeweiligen gesellschaftlichen Anforderungen gerecht zu werden" (http://www.grund-bildung.de). Die Definition ähnelt der für Bildungsstatistiken empfohlenen UNESCO-Definition. Dort gibt es allerdings zwei Spielarten, nämlich Analphabetismus (*illiteracy*) und funktionalen Analphabetismus (*functional illiteracy*):

> A person is *illiterate* who cannot with understanding both read and write a short simple statement on his everyday life. A person is *functionally illiterate* who cannot engage in all those activities in which literacy is required for effective functioning of his group and community and also for enabling him to continue to use reading, writing and calculation for his own and the community's development. (http://www.unesco.de/154.html, Hervorhebungen: AG).

Das heißt, funktionaler Analphabetismus unterscheidet sich von Analphabetismus im engeren Sinne durch das effektive Funktionieren innerhalb der jeweiligen Gesellschaft.

Die folgende Übersicht soll jüngere Ergebnisse der Literalitätsforschung im Zusammenhang vorstellen, jedoch ohne einen Anspruch auf Vollständigkeit zu erheben. Zur theoretischen Unterfütterung verweisen wir eingangs auf verschiedene theoretische Zugriffe und entfalten dann Bourdieus Begriff „legitimer Sprache" (Bourdieu 2005), den wir in unserer Hamburger Forschungsgruppe als „legitime Literalität" erweitern.

Die darauf basierende Entstehung der deutschen diagnostischen erwachsenenbildnerischen Literalitätsforschung fußt auf einer Anfrage des Centre for Educational Research and Innovation der OECD (vgl. Looney 2008) zu alternativen Leistungskontrollen. Aus der internationalen Forschungslage begründete sich ein förderdiagnostisches Konzept (lea.). Die lea.-Studie stellte erstmals empirisch fest, dass auch der Schriftspracherwerb Erwachsener einer skalierbaren Hierarchie von beschreibbaren Kompetenzen folgt (vgl. Grotlüschen 2011b). Erst danach wurde es mit der leo. – Level-One Studie möglich, deutschsprachige bevölkerungsdiagnostische Testaufgaben zum Einsatz zu bringen und das Problem des funktionalen Analphabetismus in Deutschland zu quantifizieren – über 7,5 Millionen Erwachsene sind betroffen (vgl. Grotlüschen/Riekmann 2011), darunter arbeitsuchende (ca. 17 % der Betroffenen), familienverantwortliche (10 %) und arbeitende Analphabeten und Analphabetinnen (57 %). Von den „lernenden Analphabet/inn/en" (von Rosenbladt 2011) wird vermutet, sie würden sich für Forschung oder gar Diagnostik nicht gern hergeben. Die hier referierten Forschungsergebnisse wären jedoch ohne die unmittelbare Unterstützung der Betroffenen und Kursleitungen nicht zustande gekommen. Die Familie der Verbleibsstudien-Mitglieder (Akzeptanzstudie, Biographiestudie, Interdependenzstudie, Alpha-Panel) wäre ohne die Lernenden und Lehrenden der Alphabetisierungspraxis ebenso wenig möglich gewesen wie die Studie zur Literalität als soziale Praxis (vgl. Zeuner/Pabst 2011), die Potsdamer SYLBE-Studie (vgl. Ludwig 2010), der Alpha-Monitor (vgl. Viol 2010) oder auch die lea.-Verbundstudien.

Defizitthese, Differenzthese und Legitime Sprache

Großes Interesse – so konstatierte Horst Siebert vor einigen Jahren – fand 1964 ein Arbeitspapier von Hans Tietgens (1978) zur Frage „Warum kommen wenig Industrie-Arbeiter in die Volkshochschule?". Tietgens hat seinerzeit die Nichtnutzung der Volkshochschulen durch die Arbeiterschicht erklärt, indem er auf unterschiedliche Sprache rekurriert. Dabei nimmt er kritiklos Bezug auf Bernsteins Dichotomie von Formal- und Gemeinsprache. Bernsteins Unterscheidung wird hier im Sinne einer *Defizitthese* rezipiert: Tietgens argumentiert, der Arbeiter beherrsche lediglich die Gemeinsprache, müsse aber, um an Weiterbildung teilzuhaben, auch die dort dominante Formalsprache beherrschen. Tietgens Ausführungen stellen insgesamt anheim, die Formalsprache sei durch Bernstein korrekt beschrieben und müsse von allen erworben werden. Man kann Bernsteins These durchaus anders interpretieren – und würde ihm gerechter – indem man von einer Differenz zwischen zwei gleichermaßen anerkennenswerten Sprachpraktiken ausgehe. Diese *Differenzthese* unterbindet die hierarchische Abwertung der

Sprachpraktiken einer Industriearbeiterschaft und stellt die Sprachpraktiken als unterschiedlich und trotzdem gleichwertig dar.

Anders geht Pierre Bourdieu an Sprachpraktiken heran, der zeitgleich das Theorem Legitimer Kultur lanciert und später als *Legitime Schrift* ausdifferenziert. Seine These lautet, eine Hierarchie sei durchaus vorhanden, jedoch historisch gewachsen und ergo auf ihre Legitimität hin immer wieder kritisch zu befragen. Auch Englands führende Literalitäts-Theorieschule, die Lancaster School, basierend auf den Cultural Studies, notiert eine vorhandene, aber zutiefst ungerechte Hierarchie des legitimen Umgangs mit Schrift, der Ungleichheit reproduziere und legitimiere. Dies spiegelt sich besonders im Begriff ‚situierter Literalität' (Barton 2003, kommentiert übersetzt in Grotlüschen 2011b, 20ff).

Unserer Ansicht nach wird sowohl die Sprache als auch die Schrift hierarchisch verwendet und weithin anerkannt. Allerdings heißt das nicht, dass die gegenwärtige Hierarchie, nach der die im Bildungssystem unterrichtete Art der Schriftsprache die legitime ist, unantastbar oder gar gerecht sei. Es gilt also immer im Blick zu behalten, dass der legitime Sprachgebrauch gesellschaftlich hergestellt ist und somit auch eher der Reproduktion bestehender Verhältnisse dient, als diese zu unterlaufen. Bourdieu notierte 1990, dass man hinsichtlich der Legitimität des dominanten Sprachgebrauchs zwei Irrwege gehen könne:

> Werden weder der besondere Wert, der dem legitimen Sprachgebrauch zuerkannt wird, noch die gesellschaftlichen Grundlagen seiner Privilegierung erkannt, bleibt nur noch die Wahl zwischen zwei entgegengesetzten Irrwegen: entweder etwas objektiv Relatives und in diesem Sinne Willkürliches, nämlich den dominierenden Sprach-gebrauch, unbewusst zu verabsolutieren, [...] oder diese Art der Fetischisierung zwar zu vermeiden, aber nur um in die Naivität par excellence zu verfallen, [...], indem [...] dem dominierenden Sprachgebrauch seine Legitimität abgesprochen wird, die doch gesellschaftlich – und nicht nur von den Herrschenden – anerkannte Tatsache ist. (Bourdieu 2005, 58)

Bourdieu erklärt weiter die historische Entstehung einer legitimen Sprache und setzt sie in ein Verhältnis zur Schriftsprache:

> Die ‚Dialekte' [...] werden seit dem 14. Jahrhundert [...] allmählich von der allgemeinen Sprache verdrängt, die in Paris entstanden ist, bei den Gebildeten, und nun zur offiziellen Sprache erhoben und in der Form gebraucht wird, die sie als gehobene, das heißt als Schriftsprache, bekommen hat. (Bourdieu 2005, 51)

Wie sehr sich Dialektsprechende an der solcherart legitimierten gehobenen Schriftsprache abarbeiten müssen, zeigen Interviewpassagen aus der Arbeit von Popp und Schmidt-Lauff, hier entlang des Berliner Dialekts:

> ‚Also richtig Lesen wäre fließend lesen... und auch, dass man ebend wenn man wat liest, den Inhalt versteht _. Also weil det is bei mir nich irjendwie, det ... _. Ja richtig schreiben? ... Ick schreib et so wie ik spreche. _ Und det is meistens falsch.' (Frau Christoff). (Schmidt-Lauff et al. 2011, 73)

Bourdieu fasst zusammen, dass es sich bei der Durchsetzung von Sprachpraxen um Konfliktfelder handelt, in denen die Vereinheitlichung von Sprache und Schrift zur Voraussetzung für die Durchsetzung der legitimen Sprache wird:

> Soll sich eine von mehreren Sprachpraxen (eine Sprache im Falle von Bilinguismus, ein Sprachgebrauch im Falle einer Klassengesellschaft) als die einzig legitime durchsetzen, müssen der sprachliche Markt vereinheitlicht und die verschiedenen Dialekte (von Klassen, Regionen oder ethnischen Gruppen) praktisch an der legitimen Sprache oder am legitimen Sprachgebrauch gemessen werden. (Bourdieu 2005, 50)

Wir gehen derzeit davon aus, dass derselbe Mechanismus für die Subgruppe schriftsprachlicher Praxen Geltung beanspruchen kann, dass es also unterschiedliche *Schrift*sprachgebräuche gibt, die unterschiedlich legitimiert sind (vgl. Grotlüschen et al. 2009). Allerdings gehen wir nicht davon aus, dass die verschiedenen Praktiken plural gleichwertig nebeneinander stünden oder jemals stehen könnten, denn die durchgesetzte legitime Sprache ist unseres Erachtens ein Ergebnis sozialer Ungleichheit. Plurale Sprachpraktiken kämen nur zustande, wenn die Sprechergruppen nicht in einer konflikthaften Klassenkonstellation zueinander stünden. Das wäre zwar eine wünschenswerte Utopie, entspräche jedoch nicht der gegenwärtigen Gesellschaft.

Nimmt man also eine *legitime Literalität* mit dieser Argumentation als gegeben an, dann folgt daraus, dass für möglichst viele Menschen ein Erwerb solcher Literalität sichergestellt sein sollte. Das wiederum verlangt nach Klärung der Frage, wie viele Erwachsene welche Kompetenzniveaus erreicht haben und welche Art der Diagnostik hier möglich und sinnvoll ist.

Von der Förderdiagnostik zur Bevölkerungsdiagnostik

Erwachsenendidaktik benötigt – wenn überhaupt – eher förderdiagnostische Literalitätstests anstelle bevölkerungsdiagnostischer Tests. Förderdiagnostik dient der korrekten Einschätzung von Kompetenzen, der Auswahl des geeigneten Unterrichtsangebots und der Anpassung des Unterrichts an die Bedarfe der Lernenden. Im internationalen Diskurs firmieren diese Ansätze als ‚Formative Assessment' und sind zu einiger Vielfalt ausgebaut (vgl. Looney 2008).

Die förderdiagnostische Studie lea.

Deutschland hatte bis 2007 hierzu kaum Ergebnisse vorzuweisen (vgl. Grotlüschen/Bonna 2008). Es fehlte zudem an theoretischen Modellierungen der Literalität unterhalb eines für angemessen gehaltenen Niveaus. Die übliche Stufung in fünf Levels, die PISA und IALS vorschlagen, schien am unteren Rand zu undifferenziert und wurde analog zum englischen Modell in Alpha-Levels ausdifferenziert. Diese Alpha-Levels wurden in der Studie „lea.- –Literalitätsentwicklung von Arbeitskräften" entwickelt. Alpha-Levels bestehen aus Kann-Beschreibungen und schwierigkeitsbestimmenden Merkmalen. Eine Kann-Beschreibung lautet z.B.: „kann seine Adresse aufschreiben" oder „kann Aufzählungskommata setzen". Solche Beschreibungen entstehen aus verschiedenen Schriftsprachtheorien. Sie werden im nächsten Schritt als Testaufgaben operationalisiert. Danach werden die entwickelten Testaufgaben, die man ja auf theoretischer Basis für ‚leicht' oder ‚schwierig' hält, mit einer möglichst großen Gruppe von Testpersonen erprobt. Erst danach wird berechnet, wie schwierig sie in Relation zueinander sind, also welche Aufgabe die leichteste und welche die schwierigste ist und welche dazwischen liegen, wie Heinemann formuliert:

> Eine wichtige Frage bei der empirischen Überprüfung [der Alpha-Levels, AG] war unter anderem, inwiefern eine Einteilung in Stufen beziehungsweise Levels überhaupt sinnvoll und begründbar sein könnte. Obwohl [...] gerade bei Erwachsenen kein linearer Lernverlauf vorliegt, ergab sich, dass es durchaus möglich ist, die einzelnen Kann-Beschreibungen [...] nach Schwierigkeiten linear zu staffeln. (Heinemann 2011, 91)

Die *theoretisch* bestimmten Itemschwierigkeiten korrelierten mit *empirisch* erhobenen Itemschwierigkeiten mit einem hochsignifikanten Koeffizienten nach Spearman-Rho von r=0.77** (vgl. Grotlüschen, Heinemann 2011, 118–119). Die Stichprobe von 180 potenziell von funktionalem Analphabetismus betroffenen Personen aus Alphabetisierungskursen, von Beschäftigungsträgern und aus dem Justizvollzug ist für die Alphabetisierungsszene enorm groß, für die Stabilität des Modells wären jedoch dreihundert Fälle wünschenswert. Daher ist es von großem Vorteil, dass die förderdiagnostische Logik dieser Entwicklung in die bevölkerungsdiagnostische leo. – Level-One Studie einmündete. Das zentrale Ergebnis der lea.-Studie ist jedoch zunächst, dass die Testaufgaben mit ihren berechneten Itemschwierigkeiten und die Alpha-Levels der empirischen Überprüfung solide standgehalten haben. Die daraus entwickelte lea.-Diagnostik findet in der Praxis inzwischen breite Anerkennung.

Die bevölkerungsdiagnostische Studie leo.

In der Folge wurde es mit der leo. – Level-One Studie möglich, deutschsprachige bevölkerungsdiagnostische Testaufgaben zum Einsatz zu bringen und das Problem des funktionalen Analphabetismus in Deutschland zu quantifizieren.

Die leo. – Level-One Studie (vgl. Grotlüschen/Riekmann 2011) ist ein Zusatzmodul des nationalen Adult Education Survey (AES) und enthält eine Stichprobenaufstockung im unteren Bildungsbereich, sodass insgesamt 8346 Befragte in Deutschland an den Tests teilnahmen. Nach der regulären Befragung des AES wurden Testhefte, die als Rätselhefte konzipiert waren, vorgelegt, die in etwa einer Viertelstunde zu bearbeiten waren. Bei unzureichender Bearbeitung wurde ein weiteres, leichteres Aufgabenheft vorgelegt, sodass die leistungsschwächeren Personen insgesamt deutlich mehr Aufgaben erhielten als die Leistungsstarken. Das hat den Effekt, dass leo. im hohen Leistungsbereich keine gesicherten Aussagen machen kann und will, jedoch im unteren Bereich – dem Level One – sehr differenziert berichten kann.

Wir beschreiben die Alpha-Levels in der Regel nicht mit allen 78 Kann-Beschreibungen und fünf theoretisch hergeleiteten sogenannten schwierigkeitsbestimmenden Merkmalen, weil das zu umständlich wäre. Zumeist reduzieren wir die Beschreibung der Alpha-Levels auf vier Begriffe, nämlich die Buchstabenebene (Alpha-Level 1), die Wortebene (Alpha-Level 2), die Satzebene (Alpha-Level 3) und die Textebene (Alpha-Level 4 und darüber). Diese sehr reduzierte, aber prägnante Beschreibung der Alpha-Levels lässt sich auch empirisch begründen.

Die Alpha-Levels bestehen ja insgesamt aus Kann-Beschreibungen und variieren nach je fünf schwierigkeitsbestimmenden Merkmalen. Bei Schreibitems ist das zum Beispiel die *Lauttreue*, die *Wortgebräuchlichkeit* und die *Schreibstrategie*. Insgesamt korreliert jedoch die Wort-, Satz- und Textlänge sowohl beim Lesen als auch beim Schreiben am höchsten mit den Ergebnissen. Daher ist es einigermaßen legitim, die Beschreibung der Alpha-Levels auf diese Ebenen zu reduzieren, wohl wissend, dass auf der ‚Wortebene' nicht etwa Wörter wie ‚Rhythmus' oder ‚Hyazinthe' gemeint sind. Daraus entstehen die vier Alpha-Levels mit den Ebenen *Buchstabe, Wort, Satz, Text*. Eine Testaufgabe auf Satzebene enthält beispielsweise Satzanfänge, die schriftlich sinnvoll vervollständigt werden müssen.

Die Abbildung zeigt auf der linken Seite unten einen sehr dunklen Bereich. Dieser stellt den Alpha-Level 1 dar (Buchstabenebene). Zahlenmäßig finden sich hier knapp 0,3 Millionen Menschen (0,6 % der erwerbsfähigen Bevölkerung), allerdings weit überwiegend Menschen anderer Erstsprache. Auf dem Alpha-Level 2 (Wortebene) liegen 2,0 Millionen Personen (3,9 %) und auf dem Alpha-Level 3 (Satzebene) weitere 5,2 Millionen Erwachsene (10 %). Insgesamt sind 7,5 Millionen Erwachsene von funktionalem Analphabetismus betroffen. Sie können zwar einzelne Sätze sehr langsam und mit Fehlern zu Papier bringen, vermeiden aber Texte oder scheitern daran. Auf dem Alpha-Level 4 (einfache Textebene) finden sich weitere 13,3 Millionen Menschen (25,9 %), sie sind literalisiert, schreiben aber fehlerhaft. Auf der rechten Seite der Abbildung 1 sind die Schwierigkeiten der eingesetzten Testaufgaben (Items) zu erkennen. Leichte Items stehen unten, schwierigere Items stehen oben. So ist auch erkennbar, dass das leo.-Instrumentarium reichlich einfache Testaufgaben enthält (unten), jedoch wenige schwierige Aufgaben (oben).

Um die Gruppe der Betroffenen genauer zu beschreiben, konzentrieren wir uns hier zunächst auf den sogenannten beruflichen Status (der auch verschiedene Varianten der Nichtberuflichkeit umfasst, siehe Tabelle 1). Die Datenlage zeigt, dass knapp 4,3 Millionen funktionale Analphabeten und Analphabetinnen nach eigener Angabe erwerbstätig sind (57 % der Betroffenen).

Anteil	Funktionaler Analphabetismus				Fehlerhaftes Schreiben		Bevölkerung gesamt
Alpha-Level	α 1	α 2	α 3	Summe α 1–α 3	α 4	> α 4	
Erwerbstätig	54,8%	54,2%	58,0%	56,9%	64,5%	69,5%	66,4%
Arbeitslos	19,6%	21,6%	14,7%	16,7%	8,9%	4,8%	7,6%
Erwerbsunfähig	2,7%	2,3%	2,3%	2,3%	1,5%	0,9%	1,3%
Hausfrau/-mann, Elternzeit	17,4%	10,8%	9,4%	10,1%	8,2%	7,9%	8,3%
Rentner	5,1%	6,3%	6,4%	6,3%	6,2%	3,8%	4,8%
In Ausbildung	0,4%	4,0%	7,9%	6,5%	9,9%	11,6%	10,4%
Sonstiges	0,0%	0,8%	1,4%	1,2%	0,9%	1,4%	1,2%
Summe	100,0%	100,0%	100,1%	100%	100,1%	99,9%	100,0%

Tab. 1: Beruflicher Status nach funktionalem Analphabetismus und fehlerhaftem Schreiben in der deutsch sprechenden erwachsenen Bevölkerung (18–64 Jahre).

Die anfängliche Vermutung, es handele sich bei der Berufstätigkeit unter funktionalen Analphabeten und Analphabetinnen um Tätigkeiten auf dem zweiten Arbeitsmarkt, lässt sich entlang der Daten nicht bestätigen, da der zweite Arbeitsmarkt mit einigen hunderttausend geförderten Arbeitsgelegenheiten in Relation zu den 4,3 Millionen arbeitenden funktionalen Analphabeten und Analphabetinnen viel zu klein ist, um das Ergebnis zu erklären. Anders herum sind aber

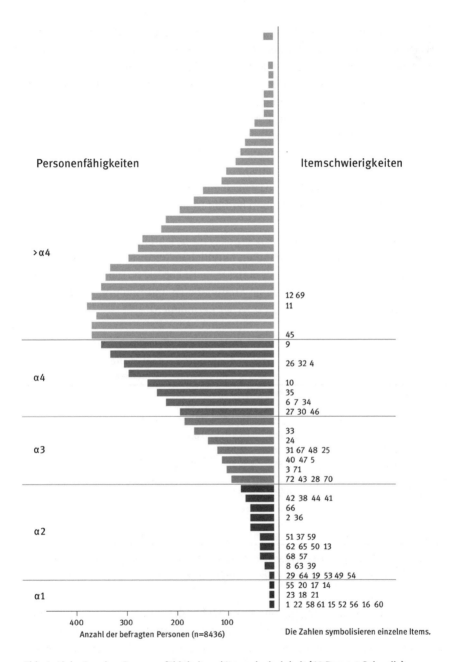

Abb. 1: Alpha-Levels – Personenfähigkeit und Itemschwierigkeit (62 Prozent-Schwelle).

bei den Beschäftigungsträgern durchaus überproportional viele Betroffene zu vermuten. Fast 17 % der Betroffenen sind arbeitslos, gut ein Zehntel ist zu Hause, das heißt als Hausfrau/-mann tätig bzw. befindet sich in Elternzeit. Jeweils gut 6 % befinden sich in einer Ausbildung bzw. in Rente, gut 2 % sind erwerbsunfähig.

Charakteristik der Alpha-Levels

Betrachtet man die Charakteristika der auf den jeweiligen Alpha-Levels zu verortenden Personengruppen, dann kann man vorsichtige Trendunterscheidungen vornehmen.

(1) Alpha-Level 3

Zur Gruppe jener, die sehr wohl auf der *Satzebene* lesen und schreiben können, dabei aber sehr viele Fehler machen und schriftsprachliche Anforderungen nach Möglichkeit vermeiden, gehören etwa 10 % der bundesdeutschen Bevölkerung. Ein gutes Drittel der Betroffenen hat eine andere Erstsprache als Deutsch. Der sogenannte Alpha-Level 3 – der diese Gruppe umschreibt – bildet demnach die größte Subgruppe der funktionalen Analphabeten und Analphabetinnen ab.

Hier finden sich tendenziell eher *arbeitende Analphabeten und Analphabetinnen*, sie sind zu 58 % erwerbstätig. Zum Vergleich: In der Bevölkerung sind insgesamt 66 % der 18-bis-64-Jährigen erwerbstätig. Die überproportional betroffenen Branchen bzw. Tätigkeitsfelder sind das Bauhilfsgewerbe und die Hilfsberufe in Gastronomie und Reinigung. Dieses sind auch die Branchen, die laut Continuing Vocational Training Survey (CVTS 3) am wenigsten in die Weiterbildung ihrer Mitarbeiter und Mitarbeiterinnen investieren (vgl. Konsortium Bildungsberichterstattung 2006). Möglicherweise könnte diese Gruppe am leichtesten erreichbar sein – weil sie in Arbeitsprozesse integriert ist und durch Arbeitgeber und Gewerkschaften, aber auch durch Krankenkassen und Sparkassen über ein geeignetes Weiterbildungsangebot informiert werden könnte. Hier wäre es u. E. allerdings nicht sinnvoll, die Betroffenen als funktionale Analphabeten und Analphabetinnen anzusprechen, weil sie die Stigmatisierung vermutlich fürchten und sich einer entsprechenden Gruppe kaum anschließen mögen. Viel sinnvoller scheint es, sie über Weiterbildungsangebote zu den Themen Internet und Social Media zunächst überhaupt erst einmal mit Weiterbildung vertraut zu machen.

Ein Motiv, sich hinsichtlich der eigenen Literalität weiterzubilden, besteht möglicherweise in der Vorbildfunktion und Verantwortung für untergeordnete

Mitarbeiter und Mitarbeiterinnen oder die eigene Familie. Unveröffentlichte Berichte[1] weisen darauf hin, dass Betroffene selten deviant sind, sondern eher ein hohes Pflichtbewusstsein mitbringen, wodurch sie leicht auch in Vorarbeiterpositionen gelangen. Es ist zu vermuten, dass das Motiv, ein Vorbild für die Mitarbeiter zu sein, durchaus handlungsleitend sein kann. Weiterhin wird in den biografischen Interviews immer wieder berichtet, dass die Einschulung der eigenen Kinder dazu führe, die eigene defizitär erlebte Literalität in Angriff zu nehmen. ‚Family-Literacy-Angebote' und leicht verfügbare Vorlesebücher könnten eventuell wichtige Hilfen darstellen.

(2) Alpha-Level 2

3,9 % der erwerbsfähigen Bevölkerung beherrschen die *Wortebene*, scheitern also an umfassenden schriftsprachlichen Anforderungen. Es handelt sich hier um Personen auf dem Alpha-Level 2 und somit nicht mehr um ‚funktionalen Analphabetismus', sondern im Sinne der derzeit verbindlichen UNESCO-Definitionen auch um ‚Analphabetismus' im engeren Sinne. Innerhalb der Gruppe gibt die Hälfte der Betroffenen eine andere Erstsprache an.

In dieser Gruppe ist der höchste Anteil *arbeitssuchender Personen* aufzufinden. Insgesamt weist diese Gruppe eine dreimal so hohe Arbeitslosigkeit auf (21,5 %) wie der Bevölkerungsdurchschnitt im Gesamtsample (7,6 %). Mit 54 % Erwerbstätigen findet sich hier auch die geringste Erwerbsquote unter allen Alpha-Levels, auch im Vergleich zum noch leseschwächeren Alpha-Level 1. Die Zahl der Personen in Ausbildung ist nicht einmal halb so hoch wie in der Bevölkerung: 4 % der Gruppenmitglieder sind in Ausbildung (10 % in der Gesamtstichprobe). Die Betroffenen 18–64-Jährigen sind also entweder nie in einer Berufsausbildung angekommen oder sie sind mit 18 Jahren bereits mit ihrer Berufsausbildung fertig. Da diese Gruppe typischerweise vom Fallmanagement der Arbeitsagenturen betreut wird, wäre eine Weiterbildungsförderung nach dem Sozialgesetzbuch (SGB II und III) sinnvoll. Hier gibt es jedoch vollkommen unterschiedliche Einschätzungen, ob die Grundbildung nicht der allgemeinen Bildung zuzuschreiben sei – wenn dieses Argument befürwortet wird, fällt sie aus dem Zuständigkeitsbereich der Arbeitsförderungsgesetze heraus. Die dem Alpha-Level 2 zugeordnete Gruppe läuft daher möglicherweise besonders Gefahr, abgekoppelt und vergessen zu werden.

---

[1] Dieser Aussage liegen Poster und mündliche Berichte von Ullrich Bauer und Kollegium aus dem Projekt „HABIL" zugrunde.

(3) Alpha-Level 1

Der Alpha-Level 1 bündelt tendenziell *familiär orientierte Analphabeten und Analphabetinnen*, hier finden sich die meisten Nennungen der Elternzeit mit 18 % im Verhältnis zu 8 % der Bevölkerung. Diese Gruppe besteht zu über 70 % aus Zweitsprachlerinnen und Zweitsprachlern. Beherrscht wird gerade eben die Buchstabenebene. In der Gruppe sind somit auch diejenigen enthalten, die ohne ausreichende Schulbildung im Herkunftsland nunmehr in Deutschland Alphabetisierung und Deutschunterricht benötigen (der zuständige Angebotsbereich wird oft als AlphaDaZ abgekürzt). Die Betroffenen leben – wie alle anderen funktionalen Analphabeten und Analphabetinnen auch – überproportional häufig in Großstädten und dort in großen Haushalten oder in Singlehaushalten. Es ist zu erwarten, dass die Gruppe gut durch Deutschkurse erreichbar ist.

	Alpha-Level 1	Alpha-Level 2	Alpha-Level 3
Anteil an erwerbsfähiger Bevölkerung	0,6 %	3,9 %	10 %
Trend	familiär orientiert	arbeitsuchend	arbeitend
Auffällige Merkmale	– häufigste Elternzeit-Nennung mit 18 % gegenüber 8 % in der Bevölkerung – besteht zu über 70 % aus Zweitsprachlern – wie alle anderen Betroffenen auch überproportional in großstädtischen Single- oder Großhaushalten	– dreimal so hohe Arbeitslosigkeit wie Bevölkerungsdurchschnitt (21,5 % vs. 7,6 %) – mit 54 % die geringste Erwerbsquote – mit 4 % eine nicht einmal halb so hohe Quote derer in Ausbildung (vs. 10 % im Bevölkerungsdurchschnitt)	– Branchen: Gastronomie, Bauhilfsgewerbe, das heißt Branchen, die am wenigsten in die betriebliche Weiterbildung investieren
Mögliche Ansprache	Deutschkurse	Weiterbildungsförderung durch das SGB II und III möglicherweise besonders in Gefahr, abgekoppelt und vergessen zu werden?	Vorbildfunktion für Kinder oder Mitarbeiter möglicherweise am leichtesten erreichbar und am leichtesten weiterzubilden?

Tab. 2: Kurzbeschreibungen der den Alpha-Levels zugeordneten Gruppen.

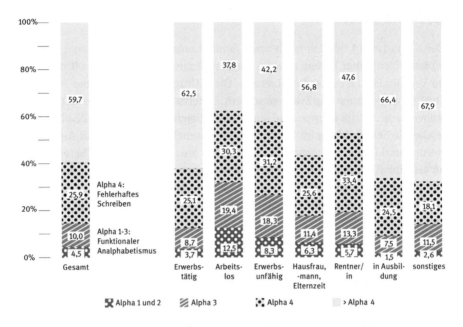

Abb. 2: Funktionaler Analphabetismus und fehlerhaftes Schreiben in der deutsch sprechenden erwachsenen Bevölkerung (14–64 Jahre) nach Erwerbsstatus in % (Abweichungen von 100 % aufgrund von Rundungseffekten).

Insgesamt enthalten die betroffenen Gruppen auch Personen, die eventuell in einer anderen Sprache oder sogar Schrift literalisiert sind. Das ist mit einer Erhebung wie der Level-One Studie nicht zu unterscheiden.

Literalität nach beruflichem Status

Betrachtet man nicht die Gruppe der funktionalen Analphabeten und Analphabetinnen, sondern die Berufsstatusgruppen der Bevölkerung, lassen sich daraus die Anteile der Betroffenen berechnen. Der Blick zeigt noch einmal, welche Bevölkerungsgruppen einem besonderen Risiko unterliegen, wo also präventiv und kurativ anzusetzen ist (vgl. Abbildung 2).

Etwa 12 % aller *Erwerbstätigen* sind von funktionalem Analphabetismus betroffen (vgl. Abb. 2). Fehlerhaftes Schreiben findet sich bei weiteren 25,1 % der erwerbstätigen Bevölkerung. Insofern ist ein nicht unerheblicher Teil der erwerbstätigen Männer und Frauen in der Lage, ihre jeweilige Tätigkeit trotz ihrer geringen literalen Kompetenz auszuüben. Dessen ungeachtet ist der Anteil der von funktionalem Analphabetismus Betroffenen unter arbeitslosen Personen höher als unter den Erwerbstätigen: Von den *Arbeitslosen* sind mehr als 30 % funktionale Analphabeten und Analphabetinnen. Fehlerhaftes Schreiben findet sich bei weiteren 30,3 % der Arbeitslosen. Unter *Erwerbsunfähigen* und *Personen in Rente* finden sich weiterhin große Gruppen funktionaler Analphabeten und Analphabetinnen.

Plausibilität der Daten – Vergleich mit ausländischen Level-One Studien

Im Ausland sind nationale Level-One Studien bereits Anfang des Jahrhunderts vorgelegt worden. Die französische Sondererhebung des dortigen Mikrozensus (Information et Vie Quotidienne, kurz IVQ) legte 2004/2005 Ergebnisse vor. Die Definitionen und Samples weichen leicht voneinander ab, in Frankreich ist auch keine probabilistische Testtheorie zum Einsatz gekommen. Dennoch kann ein Vergleich helfen, die Plausibilität der deutschen Daten einzuschätzen.

In Frankreich sind auf Basis der verwendeten Definitionen 8 % der Erwerbstätigen und 15 % der Arbeitssuchenden von funktionalem Analphabetismus betroffen. Auch dort sind mit 57 % der von funktionalem Analphabetismus Betroffenen mehr als die Hälfte nach eigenen Angaben beschäftigt, 11 % von ihnen sind unbeschäftigt. Diese Anteile decken sich weitgehend mit den nun für Deutschland erhobenen Werten. Lediglich 5 % der 3,1 Millionen Betroffenen in Frankreich erhalten die minimale staatliche Unterstützung (vergleichbar mit der deutschen Sozialhilfe nach dem SGB II) (vgl. ANLCI – Agence Nationale de la Lutte contre l'Illetrisme 2005). Weiterhin konkretisiert einer der Verantwortlichen, Pierre Jeantheau, an anderer Stelle, in welcher Form erwerbstätige funktionale Analphabeten und Analphabetinnen beschäftigt sind. Demnach verrichten fast 30 % der Betroffenen personale Dienstleistungen, und fast 60 % sind als Arbeiter und Arbeiterinnen beschäftigt: Farmer (3 %), Craftsman-Tradesman (6 %), Manager (1%), Intermediate Profession (4 %), Personal Service Occupation (28 %), Worker (57 %) (vgl. Jeantheau 2007b, 16).

Die englische Skills for Life Studie (2003) arbeitet zudem neben dem formalen Aspekt der Erwerbstätigkeit einen Zusammenhang zwischen Einkommen und Literalität heraus. Einkommen und Literalität korrelieren demzufolge signifikant. Dieser Zusammenhang wird noch deutlicher, wenn neben der Ermittlung der Literalität auch mathematische Grundkompetenzen analysiert werden (vgl. DfES 2003, 5).

Der Mitte der 1990er Jahre publizierte International Adult Literacy Survey (IALS) enthält nicht nur Werte über den unteren Level One, sondern auch über die darüber anzuordnenden Lesekompetenzlevels II bis V. Die Arbeitslosenquote auf den unteren beiden IALS-Levels liegt für die deutschen Befragten deutlich über 15 %, während die höheren IALS-Levels Arbeitslosenquoten von etwa 8 % aufweisen. Diese Spreizung ist in anderen Ländern teils noch schärfer (vgl. OECD, Statistics Canada 2000, 38). Die Verteilung nach Blue Collar und White Collar ist erwartungskonform (vgl. OECD, Statistics Canada 2000, 62).

Fazit: Lehr- und Lernforschung in der Alphabetisierung und Grundbildung

Aus den oben skizzierten Ergebnissen stellt sich die Frage, wie die Betroffenen erreichbar sind, ob sie zum Lernen bereit sind und wie man Fortschritte des Lernens erheben könnte. Nur eine geringe Anzahl der Betroffenen nimmt an einem Alphabetisierungskurs in der Volkshochschule teil. Es werden also Strategien zu entwickeln sein, Betroffene gezielt anzusprechen und zur Kursteilnahme zu bewegen. Hierzu können die zuvor referierten drei Typen funktionaler Analphabeten und Analphabetinnen (arbeitend, arbeitssuchend und familiär orientiert) hilfreich sein.

Laut einer zeitgleich durchgeführten Studie sind zumindest die Kursleiter und -leiterinnen teilweise skeptisch, was den Einsatz diagnostischer Instrumente betrifft und förderdiagnostische Konzepte sind auch nicht allen Lehrenden bekannt (vgl. Bonna/Nienkemper 2011; Grotlüschen 2011a). Die Teilnehmenden von Alphabetisierungskursen sind nach den Ergebnissen der Akzeptanzstudie in Bezug auf Diagnostik nicht so stark verunsichert, wie in der Interdependenzstudie (vgl. Deneke/Horch 2011; Pape 2011) und teils auch im AlphaPanel (vgl. Bilger 2011; von Rosenbladt 2011) berichtet wurde. Dennoch können durchaus schwierige Konflikte auftreten, wenn Diagnostik zur Legitimation von Angeboten eingesetzt und solcherart Druck auf die Lernenden ausgeübt wird. Eine Ablehnung von Diagnostik ist aus diesem Blickwinkel heraus verständlich. Eine jüngere Biographiestudie zeigt noch einen weiteren Grund auf, warum Diagnostik in der Alphabetisierung auf Kritik stößt: Die Lernenden gehen mit ihren Lehrkräften dauerhafte Austauschverhältnisse ein, was in einer starken Verbundenheit resultiert, so dass es im Kurs um sehr viel mehr geht, als ‚nur' um das Erreichen einer höheren Lese- und Schreibkompetenz (vgl. Egloff 2011; Egloff et al. 2009).

Parallel zu den genannten Studien entwickelt eine Potsdamer Studie zu Lernwiderständen und Lerngründen fünf typische Begründungsfiguren entlang der Dimension Teilhabe (vgl. Ludwig 2010, 261) und stellt die Widersprüchlichkeit von Lernprozessen in der Alphabetisierung heraus: „Lernende wollen einerseits die Schriftsprache erwerben und gleichzeitig wollen sie nicht" (Ludwig 2010, 257). Diese beiden Pole sind dadurch gekennzeichnet, dass Menschen einerseits durch die Teilnahme an einem Kurs ihre Möglichkeiten gesellschaftlicher Teilhabe erweitern möchten, dass sie aber andererseits auch Begründungen gegen das Lernen anführen und somit Lernwiderstände überwiegen.

Es können also weder die Fragen der Erreichbarkeit noch die der Bereitschaft der Betroffenen zum Lernen und zur Diagnostik als endgültig beantwortet angesehen werden. Darüber hinaus wird in der Forschung die breitere Bedeutung von Literalität als soziale Praxis hervorgehoben. So erweitern Zeuner und Pabst mit Blick auf die Ergebnisse des Schreibens die aus der britischen Theorie stammenden Literalen Events und Literalen Praktiken um die Literalen Artefakte (vgl. Zeuner/Pabst 2011). Diese treten im öffentlichen Raum auf und verweisen auf eine Vielfalt von literalen Praktiken und zwar unabhängig von den Personen, die sie erschaffen haben. Damit wird zum ersten Mal in der Grundbildungsdiskussion begrifflich gefasst, dass das Ergebnis des Schreibens eine vom Schreibenden unabhängige Produktion ist, die sich von ihm trennen, den Raum überwinden und die Zeit überdauern kann.

Insgesamt hat sich die Literalitätsforschung in Deutschland deutlich fortentwickelt und die Thematik auch auf die politische Agenda gesetzt. Ob der Aufstieg eines Mitte der 1990er Jahre noch völlig übersehenen Seitenthemas sich nun nur noch in der Praxis weiterentwickelt, oder ob auch die begonnenen Forschungsgebiete systematisch weiter bearbeitet werden, ist derzeit jedoch unklar.

Literatur

ANLCI – Agence Nationale de la Lutte contre l'Illetrisme (2005): Illiteracy: The Statistics. Analysis by the National Agency to Fight Illiteracy of the IVQ Survey conducted in 2004–2005 by INSEE. Unter Mitarbeit von Jean-Pierre Jeantheau und Claire Badel. Lyon: ANLCI. (http://www.anlci.gouv.fr/fileadmin/Medias/PDF/EDITIONS/Combien_version_GB.pdf).

Barton, D. (ed.) (2003): Situated Literacies. Reading and Writing in Context. Reprinted. London: Routledge.

Bilger, F. (2011): „AlphaPanel: Repräsentative Befragung von Teilnehmenden in Alphabetisierungskursen". In: B. Egloff; A. Grotlüschen (Hrsg.): Forschen im Feld der Alphabetisierung und Grundbildung. Ein Werkstattbuch. Münster: Waxmann, 79–88.

Bonna, F.; Nienkemper, B. (2011): „Diagnostik nicht ohne Kursleiter/inn/en. Begründungen, Konzeption und erste Ergebnisse einer Befragung an Volkshochschulen". In: B. Egloff; A. Grotlüschen (Hrsg.): Forschen im Feld der Alphabetisierung und Grundbildung. Ein Werkstattbuch. Münster: Waxmann, 35–52.

Bourdieu, P. (2005): Was heißt sprechen? Zur Ökonomie des sprachlichen Tausches. 2., erw. und überarb. Aufl. Wien: Braumüller.

Deneke, S.; Horch, D. (2011): „Förderdiagnostische Verfahren im Bereich der Schriftsprache als Reflexionsinstrumente". In: B. Egloff; A. Grotlüschen (Hrsg.): Forschen im Feld der Alphabetisierung und Grundbildung. Ein Werkstattbuch. Münster: Waxmann, 143–160.

DfES (2003): The Skills for Life Survey. A National Needs and Impact Survey of Literacy, Numeracy and ICT Skills. DfES Research Brief RB490. Norwich: DfES. (https://www.education.gov.uk/publications/eOrderingDownload/RB490.pdf).

Egloff, B. (2011): „Kurs ohne Übergang? Teilnehmerinnen und Teilnehmer an Alphabetisierungskursen". In: B. Egloff; A. Grotlüschen (Hrsg.): Forschen im Feld der Alphabetisierung und Grundbildung. Ein Werkstattbuch. Münster: Waxmann, 175–190.

Egloff, B.; Jochim, D.; Schimpf, E.J. (2009): „Zwischen Freiheitszugewinn, zugemuteter Emanzipation und Schaffung neuer Abhängigkeit – Kursbindung in der Alphabetisierung/Grundbildung". REPORT Literatur- und Forschungsreport Weiterbildung 32:4, 11–22.

Grotlüschen, A. (2011a): „Akzeptanz von Diagnostik in Grundbildungskuren der Volkshochschulen. Erfahrungen zwischen theoretischen Klärungen und forschender Zusammenarbeit". In: B. Egloff; A. Grotlüschen (Hrsg.): Forschen im Feld der Alphabetisierung und Grundbildung. Ein Werkstattbuch. Münster: Waxmann, 21–34.

Grotlüschen, A. (2011b): „Zur Auflösung von Mythen. Eine theoretische Verortung des Forschungsansatzes lea. – Literalitätsentwicklung von Arbeitskräften". In: A. Grotlüschen et. al (Hrsg.): Literalitätsentwicklung von Arbeitskräften. Münster: Waxmann, 12–39.

Grotlüschen, A.; Bonna, F. (2008): „German-Language Literature Review". In: OECD/CERI (ed.): Teaching, Learning and Assessment for Adults – Improving Foundation Skills. Paris: OECD. (http://www.oecd.org/dataoecd/28/30/40046802.pdf).

Grotlüschen, A.; Heinemann, A.M.B. (2011): „Ergebnisse der Schwierigkeitsbestimmung förderdiagnostischer Aufgaben". In: A. Grotlüschen et al. (Hrsg.): Literalitätsentwicklung von Arbeitskräften. Münster: Waxmann, 108–121.

Grotlüschen, A.; Heinemann, M.B.; Nienkemper, B. (2009): „Die unterschätzte Macht legitimer Literalität". REPORT Literatur- und Forschungsreport Weiterbildung 4, 55–64. (http://www.die-bonn.de/doks/report/2009-sprache-01.pdf).

Grotlüschen, A.; Riekmann, W. (2011): leo. – Level-One Studie. Presseheft. (http://blogs.epb.uni-hamburg.de/leo/).

Heinemann, A.M.B. (2011): „Alpha-Levels, lea.-Universum, Item-Entwicklung und Feldzugang". In: A. Grotlüschen et al. (Hrsg.): Literalitätsentwicklung von Arbeitskräften. Münster: Waxmann, 86–107.

Jeantheau, J.-P. (2007a): „IVQ-Erhebung 2004/2005: Schwerpunkt ANCLI-Modul und erste Ergebnisse". In: A. Grotlüschen; A. Linde (Hrsg.): Literalität, Grundbildung oder Lesekompetenz? Beiträge zu einer Theorie-Praxis-Diskussion. Münster: Waxmann, 57–69.

Jeantheau, J.-P. (2007b): „Low Levels of Literacy in France. First Results from IVQ Survey 2004/05, Focus on the ANCLI Module". In: F. Knabe (Hrsg.): Wissenschaft und Praxis in der Alphabetisierung und Grundbildung. Münster: Waxmann, 41–58.

Konsortium Bildungsberichterstattung (2006): Bildung in Deutschland. Ein indikatorengestützter Bericht mit einer Analyse zu Bildung und Migration. Bielefeld: Bertelsmann.

Looney, J.W. (2008): Teaching, Learning and Assessment for Adults. Improving Foundation Skills. Paris: OECD.

Ludwig, J. (2010): „Die Welt im Kurs – Zum Verhältnis von Exklusion und Lernprozessen in der Alphabetisierung". Hessische Blätter für Volksbildung 60:3, 255–263.

OECD; Statistics Canada (2000): Literacy in the Information Age. Final Report of the International Adult Literacy Survey. Paris: OECD. (http://www.oecd.org/dataoecd/24/21/39437980.pdf).

Pape, N. (2011): „Die qualitative Basisbefragung der Interdependenzstudie. Methode des Feldzugangs und Analyse der sozialstatistischen Daten". In: B. Egloff; A. Grotlüschen (Hrsg.): Forschen im Feld der Alphabetisierung und Grundbildung. Ein Werkstattbuch. Münster: Waxmann, 129–142.

Rosenbladt, B. von (2011): „Lernende Analphabetinnen und Analphabeten. Wen erreicht das Kursangebot der Volkshochschulen?" In: B. Egloff; A. Grotlüschen (Hrsg.): Forschen im Feld der Alphabetisierung und Grundbildung. Ein Werkstattbuch. Münster: Waxmann, 89–100.

Schmidt-Lauff, S.; Popp, C.; Sanders, A. (2011): „‚E.DI-regional' – ein Werkstattbericht über forschungsspezifische Annäherungen an regionale Besonderheiten". In: B. Egloff; A. Grotlüschen (Hrsg.): Forschen im Feld der Alphabetisierung und Grundbildung. Ein Werkstattbuch. Münster: Waxmann, 63–78.

Tietgens, H. (1978): „Warum kommen wenig Industrie-Arbeiter in die Volkshochschule?". In: W. Schulenberg (Hrsg.): Erwachsenenbildung. Darmstadt: WBG, 98–174.

Viol, W. (2010): „Aktuelle Daten und Fakten zur Alphabetisierung und Grundbildung". Hessische Blätter für Volksbildung 60:3, 209–216.

Zeuner, C.; Pabst, A. (2011): „Lesen und Schreiben eröffnen eine neue Welt!". Literalität als soziale Praxis. Eine ethnographische Studie. Bielefeld: Bertelsmann.

Jan A.G.M. van Dijk
Digitale Spaltung und digitale Kompetenzen

Einführung: Die Perspektive der relationalen Ungleichheit

Die jüngere Forschung zur digitalen Spaltung (Digital Divide) und zu digitalen Kompetenzen ist vor allem deskriptiver Natur (vgl. van Dijk 2006).[1] Zur Beschreibung von Ungleichheiten nutzt die empirische Forschung hier vor allem einfache demographische Merkmale von Individuen, die mehr oder weniger Zugang zu Computer und Internet haben sowie ein unterschiedliches Maß an digitalen Kompetenzen besitzen. Der Erklärung dieser Unterschiede widmet sie weit weniger Aufmerksamkeit. Einer der Gründe hierfür ist die Dominanz individualistischer Vorstellungen von Ungleichheit. Wie die meisten sozial- und wirtschaftswissenschaftlichen Untersuchungen arbeitet die Digital-Divide-Forschung auf der Basis des sogenannten methodologischen Individualismus (vgl. Wellman/Berkowitz 1988). Der unterschiedliche Zugang zu Informations- und Kommunikationstechnologien (ICT) wird mit individuellen Merkmalen in einen Zusammenhang gestellt: Höhe des Einkommens, Bildungsgrad, Beschäftigung, Alter, Geschlecht und Ethnie, um nur die wichtigsten zu nennen. Dies entspricht dem üblichen Ansatz der quantitativen Datenanalyse, die individuelle Merkmale misst und damit multivariate Analysen durchführt, um größere Zusammenhänge zu erkennen.

Diese Art der Forschung mag nützliche Daten produzieren, resultiert aber nicht automatisch in Erklärungen. Da diese Untersuchungen nicht durch eine geeignete Theorie – oder entsprechende Hypothesen – geleitet werden, verbleiben sie meist auf der deskriptiven Ebene. So kann man beispielsweise nicht erklären, welche Elemente der Faktoren Alter und Geschlecht es sind, die zu den beobachteten Unterschieden in Internet- und Computernutzung führen. Ein weiterer Nachteil des individualistischen Ansatzes zur Untersuchung von digitaler Ungleichheit ist die implizite Behauptung, ein fehlender Internetzugang beruhe allein auf individuellen Attributen wie Motivationsmangel oder der Neigung, Geld für andere Dinge auszugeben als für Internettechnologie und die Verbesserung der eigenen digitalen Kompetenzen.

Ein alternativer Ansatz zur Untersuchung sozialer Ungleichheit ist der relationale Ansatz oder Netzwerkansatz (vgl. Wellman/Berkowitz 1988). Hier sind die

---

1 Der Text wurde von André Schüller-Zwierlein und Nicole Zillien vom Englischen ins Deutsche übertragen.

vorrangigen Analyseeinheiten nicht die Individuen, sondern deren Positionen und Beziehungen. Ungleichheit ist hier nicht vorrangig eine Frage individueller Attribute, sondern kategorialer Unterschiede zwischen Gruppen von Menschen. Dies ist der Ausgangspunkt des grundlegenden Werks *Durable Inequality* des amerikanischen Soziologen Charles Tilly (1999):

> The central argument runs like this: Large, significant inequalities in advantages among human beings correspond mainly to categorical differences such as black/white, male/female, citizen/foreigner, or Muslim/Jew rather than to individual differences in attributes, propensities, or performances. (Tilly 1999, 7)

Der Ausgangspunkt dieses Ansatzes sind weder die essenziellen Eigenschaften von Individuen noch jene von bestimmten Kollektiven oder Systemen (z.B. Kapitalismus, Patriarchie), sondern die Bindungen, Beziehungen, Interaktionen und Transaktionen zwischen Menschen:

> I claim that an account of how transactions clump into social ties, social ties concatenate into networks, and existing networks constrain solutions of organizational problems clarifies the creation, maintenance and change of categorical inequality. (Tilly 1999, 21)

Bezogen auf die Frage der digitalen Spaltung und der digitalen Kompetenzen sind die wichtigsten kategorialen Unterscheidungen jene zwischen Arbeitgebern und Arbeitnehmern/Arbeitslosen, Personen mit Leitungsfunktionen und Angestellten, Menschen mit hohem und niedrigem Bildungsgrad, Männern und Frauen, alten und jungen Menschen, Eltern und Kindern, Weißen und Schwarzen, Einheimischen und Migranten. Auf dem Makrolevel der Länder kann weiterhin die kategoriale Ungleichheit von entwickelten Staaten und Entwicklungsländern beobachtet werden, gelegentlich assoziiert mit einer Nord-Süd-Spaltung. In jedem Fall ist die erstgenannte Kategorie dieser kategorialen Paare („categorical pairs") jeweils die dominante Kategorie in fast jedem Teil der Welt – von der Unterscheidung zwischen Weißen und Schwarzen einmal abgesehen. Mit zwei Ausnahmen – ältere Menschen und Eltern – gilt dies auch für den Internetzugang und die digitalen Kompetenzen, wie wir im Folgenden sehen werden.

Ein erstes Beispiel für den Erkenntnisgewinn, den die Perspektive der relationalen Ungleichheit ermöglicht, ist die sich ergebende Erklärung für die unterschiedliche Aneignung von Technologien, wozu auch der Zugang zum Internet gezählt werden kann. Die Mitglieder der jeweils dominanten Kategorie übernehmen die neue Technologie als Erste, auch um ihre übergeordnete Beziehungsposition zu stärken. Ein vorläufiges Beispiel für eine Erklärung, die die relationale Sicht hier hervorbringen kann, stellen Geschlechterunterschiede in der Aneignung von Technologien dar. Entsprechende Geschlechterunterschiede sind bereits sehr früh zu beobachten: Kleine Jungen interessieren sich als Erste für technische Spielzeuge und Apparate und lassen ihre Altersgenossinnen, meistens ihre Schwestern und Nachbarinnen, hinter sich. Die Mädchen überlassen die Technik den Jungen, vielleicht zunächst, weil sie weniger sicher in der Handhabung sind. Hier beginnt ein langer Prozess wechselseitiger Bestärkung, in dem die Mädchen die Bedienung der Apparate ‚nie' lernen und die Jungen immer besser darin werden. Dies setzt sich ins Erwachsenenalter fort, in dem Männer sich den Großteil technischer und strategisch wichtiger Jobs sichern können und – bewusst oder unbewusst – Frauen de facto von diesen Jobs ausschließen. Diese Form der relationalen Erklärung fördert eher die eigentlichen Mechanismen zutage, die zur Geschlechterungleichheit beitragen, als eine individualistische Erklärung (wie jene, dass Frauen weniger technisch begabt seien oder weniger motiviert, etc.).

Ein zweiter Vorteil des relationalen Ansatzes ist, dass er eine bessere Unterscheidung der verschiedenen Formen der Ungleichheit ermöglicht. Individualistische Ansätze der Ungleichheitsforschung produzieren eine endlose Zahl individueller Unterschiede, ohne dass eine Hierarchisierung erfolgt. Stattdessen sollte jedoch die Aufmerksamkeit auf jenen strukturellen Aspekten der Gesellschaft liegen, die auf relativ dauerhafte und systemrelevante Unterschiede – das heißt auf soziale Ungleichheiten – verweisen. Nach Tillys Definition ist unter Ungleichheit die ungleiche Verteilung gesellschaftlicher Ressourcen zu verstehen, die aus dem Wettbewerb der kategorialen Paare resultiert (vgl. Tilly 1999, 7–9). Obwohl dieser Wettbewerb und die daraus resultierenden Verteilungen sich ständig ändern, reproduzieren sich die kategorialen Paare durch Mechanismen des sozialen Ausschlusses, der Ausbeutung und der Kontrolle. Auf diesem Weg wird Ungleichheit ein systematisches oder strukturelles Charakteristikum von Gesellschaften. In Tillys Terminologie ist Ungleichheit dann ‚dauerhaft' („durable"), sobald sie stark von der Institutionalisierung kategorialer Paare in sozialen, ökonomischen und kulturellen Systemen wie Kapitalismus, Bürokratie und Patriarchie abhängt (vgl. Tilly 1999, 8).

Ein dritter Vorteil der relationalen Sicht ist, dass keines der kategorialen Paare vorab priorisiert werden muss. Ihre relative Bedeutung ist eine Sache der empirischen Beobachtung, die für jede Gesellschaft unterschiedliche Resultate hervorbringen kann. Zudem ergeben sich für einzelne Individuen Überlappungen verschiedener Kategorien. Nehmen wir z.B. eine relativ arme, junge, unverheiratete, jamaikanische Lehrerin, die in Großbritannien lebt. Ihr hoher Bildungsgrad, ihr junges Alter und die Zugehörigkeit zur Einwohnerschaft eines entwickelten Landes legen nahe, sie der ‚richtigen' Seite der digitalen Spaltung zuzuordnen. Dass sie jedoch eine einkommensschwache, einer ethnischen Minderheit angehörende Frau ohne Familie, mit der sie sich einen Computer oder eine Internetverbindung teilen könnte, ist, impliziert, dass sie höchstwahrscheinlich auf der ‚falschen' Seite der Spaltung zu verorten wäre. Dieses Beispiel zeigt die Komplexität der relationalen Ungleichheit auf. In diesem Beitrag soll gezeigt werden, dass die Position auf dem Arbeitsmarkt, der Bildungsgrad, das Alter und das Geschlecht bzw. Gender die wichtigsten kategorialen Ungleichheiten sind, die die heutige digitale Spaltung determinieren.

Ein letzter Vorteil der Perspektive der relationalen Ungleichheit ist es, dass sie unseren Blick auf die relativen Ungleichheiten zwischen den Menschen – und ihren Positionen und Ressourcen – lenkt. Die Metapher der digitalen Spaltung wird zu oft mit einer großen Kluft und der absoluten Exklusion bestimmter Menschen assoziiert. Bereits in früheren Publikationen habe ich darauf hingewiesen, dass die einfache Vorstellung einer zweigeteilten Informationsgesellschaft durch das Bild eines Kontinuums oder eines Spektrums ersetzt werden sollte, das um weitere Aspekte ergänzt wird, wenn sich die Formen der digitalen Ungleichheit ausdifferenzieren (vgl. van Dijk 1999). Zwar ist nach wie vor – auch in den entwickelten Ländern – die Untersuchung eines fehlenden Zugangs zu digitalen Medien wichtig. Der Fokus richtet sich jedoch mehr und mehr auf die relativen Unterschiede zwischen jenen, die schon auf eine bestimmte Art und Weise zu den Nutzern neuer Technologien gehören. Hier sind verschiedene Verwendungsweisen, aber auch Nutzungskompetenzen relevant, welche gerade in der Informations- und Netzwerkgesellschaft von immer größerer Bedeutung sind. Möchte man diese vergleichsweise neuen Formen sozialer Ungleichheit verstehen, so sind meiner Ansicht nach individualistische Vorstellungen inadäquat, da digitale Ungleichheiten zunehmend an soziale Beziehungen und Netzwerke geknüpft sind und es zudem relevant sein kann, zu den Ersten zu gehören, die sich eine bestimmte Information aneignen ('Wissen ist Macht').

Ressourcen- und Aneignungstheorie

In *The Deepening Divide* (2005) habe ich eine Theorie entwickelt, die auf die Perspektive der relationalen Ungleichheit Bezug nimmt und als eine Ressourcen- und Aneignungstheorie der Verbreitung, Akzeptanz und Adoption neuer Technologien angesehen werden kann.

Die vier wesentlichen Elemente dieser Theorie sind:
1. persönliche und positionale kategoriale Ungleichheiten,
2. Ressourcenverteilungen, die für diese Ungleichheiten relevant sind,
3. verschiedene Formen des ICT-Zugangs und
4. unterschiedliche Arten der gesellschaftlichen Teilhabe.

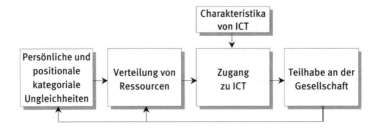

Abb. 1. Ein kausales Modell der Ressourcen- und Aneignungstheorie.

Persönliche und positionale kategoriale Ungleichheiten (1) und die entsprechenden Ressourcenverteilungen (2) werden als Ursachen angesehen, die verschiedenen Formen des ICT-Zugangs (3) sind das zu erklärende Phänomen und die unterschiedlichen Arten der gesellschaftlichen Teilhabe (4) die potenzielle Konsequenz des ganzen Prozesses. Da es sich um einen Prozess handelt, wirkt sich das Ausmaß der gesellschaftlichen Teilhabe wiederum auf kategoriale Ungleichheiten und Ressourcen aus. Schließlich muss noch ein fünftes Element hinzugefügt werden, das die Besonderheiten der zu erklärenden Ungleichheit bestimmt: die Charakteristika von Informations- und Kommunikationstechnologien. Auf diesem Weg wird ein dynamisches Modell skizziert, das die entworfene Theorie darstellt (Abb. 1).

Das Hauptargument kann in folgenden Aussagen zusammengefasst werden:
1. Kategoriale Ungleichheiten in der Gesellschaft führen zu einer ungleichen Verteilung von Ressourcen.
2. Eine ungleiche Verteilung von Ressourcen verursacht ungleichen Zugang zu digitalen Technologien.
3. Ungleicher Zugang zu digitalen Technologien hängt auch von den Charakteristika dieser Technologien ab.
4. Ungleicher Zugang zu digitalen Technologien führt zu ungleicher Teilhabe an der Gesellschaft.
5. Ungleiche Teilhabe an der Gesellschaft verstärkt kategoriale Ungleichheiten und die ungleiche Verteilung von Ressourcen.

Die folgenden *persönlichen kategorialen Ungleichheiten* werden in der Digital-Divide-Forschung üblicherweise herangezogen:
- Alter (jung/alt),
- Geschlecht (männlich/weiblich),
- Herkunft/Ethnie (Mehrheit/Minderheit),
- Intelligenz (hoch/niedrig),

- Persönlichkeit (extrovertiert/introvertiert; selbstbewusst/nicht selbstbewusst) und
- Gesundheit (nicht eingeschränkt/eingeschränkt).

Dasselbe gilt für die folgenden positionalen kategorialen Ungleichheiten:
- Arbeitsposition (Unternehmer/Arbeiter; Management/Angestellter; beschäftigt/arbeitslos),
- formaler Bildungsgrad (hoch/niedrig),
- Haushalt (Familie/Einzelperson) und
- Land (entwickelt/Entwicklungsland).

In den meisten empirischen Untersuchungen wird angenommen, dass Personen, die der erstgenannten dieser relationalen Kategorien zugehören, eher über einen Zugang zu neuen Technologien verfügen.

Im Hinblick auf die untersuchten *Ressourcen* wird in der Digital-Divide-Forschung üblicherweise auf die folgenden Aspekte Bezug genommen – manchmal unter anderen Benennungen wie ökonomisches, soziales und kulturelles Kapital:
- zeitliche Ressourcen (Zeit zur Nutzung digitaler Medien),
- materielle Ressourcen (Besitz und Einkommen),
- mentale Ressourcen (technische Fähigkeiten; Motivation),
- soziale Ressourcen (soziales Netzwerk, das Mediennutzung unterstützt) und
- kulturelle Ressourcen (Status und Affinität zu neuen Medien).

Der zentrale Teil des Modells ist eine Reihe aufeinander aufbauender *Arten des Zugangs*. Das multidimensionale Konzept des Zugangs wird hier verfeinert und als der gesamte Prozess der Aneignung einer neuen Technologie verstanden. Hieraus begründet sich in Teilen der Name Ressourcen- und Aneignungstheorie. Um sich eine neue Technologie aneignen zu können, sollte man zuerst motiviert sein, sie zu verwenden. Wenn eine ausreichende Motivation hierzu vorliegt, sollte man in der Lage sein, sich physischen Zugang zu einem Computer, zum Internet oder zu einem anderen digitalen Medium zu verschaffen. Daneben benötigt man die materiellen Ressourcen, um die Technologie dauerhaft verwenden zu können – Zusatzausstattung, Software, Tinte, Papier, Gebühren etc. Physischer und materieller Zugang führt nicht automatisch zur Aneignung der Technologie, da man erst verschiedene Kompetenzen erwerben muss, die es ermöglichen, das jeweilige Medium zu nutzen. Je weiter diese Kompetenzen entwickelt sind, desto angemessener kann die Technologie in verschiedenen Kontexten angewandt werden. Die Frage nach der Nutzung schließlich betrifft unter anderem die Häufigkeit der Nutzung und die Zahl und Diversität der Anwendungsarten. Dieser Prozess wird

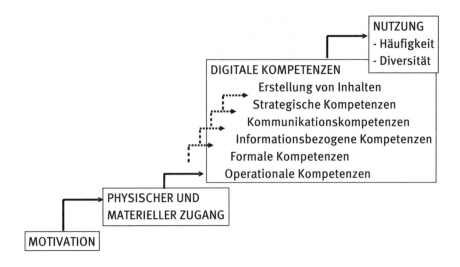

Abb. 2. Vier aufeinander aufbauende Arten des Zugangs bei der Aneignung digitaler Technologie.

in Abbildung 2 dargestellt, wobei die einzelnen Elemente im Folgenden noch ausführlicher erläutert werden.

Die technologischen Charakteristika neuer Medien stellen im kausalen Modell der Ressourcen- und Aneignungstheorie (Abb. 1) einen Nebenfaktor dar. Wenn eine Technologie als komplex, teuer, multidimensional/-medial sowie als problematisch im Hinblick auf Zugang und Nutzung wahrgenommen wird, wird dies die Aneignung und Adoption generell erschweren. Computer sind hier beispielsweise nicht einfach mit Fernsehgeräten gleichzusetzen – in den Anfangsjahren der Verbreitung von Informations- und Kommunikationstechnologien waren die erwähnten negativen Charakteristika üblicherweise zu konstatieren. Im letzten Jahrzehnt wurden hingegen beträchtliche Fortschritte darin gemacht, Hardware und Software für größere Teile der Bevölkerung zugänglicher und nutzbarer zu machen, was digitale Ungleichheiten reduziert hat. Es sind jedoch die Unterschiede in der gesellschaftlichen Teilhabe – der letzte Faktor in Abbildung 1 –, worum es bei der digitalen Spaltung im Kern geht. Der ungleiche Zugang zu neuen Technologien hat ein unterschiedliches Ausmaß gesellschaftlicher Teilhabe in verschiedenen Bereichen zur Konsequenz: wirtschaftliche Teilhabe (z.B. Jobs), soziale (z.B. soziale Kontakte), politische (z.B. das Wählen und andere Arten der politischen Partizipation), kulturelle (Teilnahme an der Cyberkultur), räumliche (in der Lage sein, ein mobiles Leben zu führen) und institutionelle (etwa die Realisierung von Bürgerrechten).

Der folgende Abschnitt präsentiert die bisherigen Hauptergebnisse der empirischen Forschung bezüglich der vier unterschiedenen Arten des Zugangs (Abb. 2). Die vorgestellten Ergebnisse stammen schwerpunktmäßig aus den Niederlanden, wo der Autor dieses Beitrags seine Theorie in einer großen Zahl von Befragungen und Kompetenzmessungstests überprüfen konnte. Die Lage in Deutschland dürfte sich nicht deutlich von der in den Niederlanden unterscheiden. Die beiden zentralen Unterschiede liegen in einer etwas höheren Internetzugangsrate in den Niederlanden (91 % der Haushalte haben Internetzugang, in Deutschland sind es im Jahre 2010 laut Eurostat 82 %) und einem höheren Anteil bildungsniedriger Internetnutzer in den Niederlanden, da hier die Popularisierung des Internets noch ein wenig weiter fortgeschritten ist als in Deutschland.

Untersuchungen zu Motivation, physischem Zugang, Kompetenzen und Nutzung

Motivation

Vor dem physischen bzw. materiellen Zugang steht der Wunsch, einen Computer zu besitzen und mit dem Internet verbunden zu sein. Viele von jenen, die sich auf der ‚falschen' Seite der digitalen Spaltung befinden, haben Motivationsprobleme. Das heißt, es gibt offenbar in Bezug auf digitale Technologien nicht nur ‚have-nots', sondern auch ‚want-nots'. In der Anfangsphase einer neuen Technologie sind motivationsbezogene Akzeptanzprobleme immer am größten. So gaben in den 1980er und 1990er Jahren viele Menschen in Befragungen an, dass sie keinen Computer oder keine Internetverbindung bräuchten. Ist ein gewisser Verbreitungsgrad erreicht, steigt jedoch die Motivation, sich die entsprechende (Computer-)Technologie zu beschaffen, schnell. In Ländern mit einer hohen Verbreitung von Informations- und Kommunikationstechnologien sind sogar Menschen in einem Alter von weit über 80 Jahren motiviert, Zugang zum Internet zu bekommen – und sei es nur, um mit ihren Enkeln zu kommunizieren. Im Jahre 2011 wurde festgestellt, dass 95 % der niederländischen Bevölkerung motiviert sind, auf das Internet zuzugreifen (vgl. van Deursen/van Dijk 2011a). Im Zeitalter des Internethypes und der darauf folgenden rasanten Verbreitung des Internets wurde das Vorliegen dieser Motivation kaum erforscht. Um die Jahrtausendwende zeigten deutsche und amerikanische Befragungen (vgl. ARD-ZDF 1999a; NTIA 2000) dann, dass die Hauptgründe für eine Ablehnung der Internetverwendung die folgenden waren:

- kein Bedarf oder keine echte Nutzungsgelegenheit,
- keine Zeit oder Affinität,
- Ablehnung des Mediums (z.B. ‚gefährliche' Computerspiele),
- Geldmangel und
- mangelnde Nutzungskompetenzen.

In mehreren europäischen und amerikanischen Befragungen zwischen 1999 und 2003 zeigte sich, dass die Hälfte der Befragten ohne Internetzugang zu dieser Zeit explizit angab, dass sie aus den genannten Gründen einen Internetzugang ablehnten (vgl. z.B. ARD-ZDF 1999a und 1999b; Lenhart et al. 2003).

Dies führt uns zu einem Mythos, den populäre Vorstellungen zur digitalen Spaltung hervorgebracht haben: Menschen sind entweder drinnen oder draußen, inkludiert oder exkludiert. Vielmehr zeigt sich jedoch, dass die ‚Bevölkerung' des Internets sich de facto ständig verändert (vgl. Lenhart et al. 2003): Zum einen gibt es sogenannte Gelegenheitsnutzer, das heißt Menschen, die aus irgendeinem Grund für längere Zeiträume offline sind. Eine zweite, oft übersehene Gruppe sind die Nicht-Mehr-Nutzer, die mehr oder weniger permanent ihren Internetzugang wieder aufgeben bzw. verlieren. Zu dieser Gruppe gehörten im Jahre 2002 10 % der amerikanischen Bevölkerung (vgl. Lenhart et al. 2003). Die nächste Gruppe stellen die Netzvermeider dar, die sich schlicht weigern, das Internet zu nutzen – unabhängig davon, ob sie die Möglichkeit bzw. die entsprechenden Ressourcen haben oder nicht (darunter ältere Manager, die ihre Sekretärinnen mit der E-Mail-Nutzung und der Internetsuche beauftragen, und Personen, die stolz darauf sind, dieses ‚filthy medium' nicht zu verwenden, oder die, wie manche Machos, stolz darauf sind, Computer nicht selbst zu bedienen, weil es sich dabei um ‚Frauenarbeit' handele). Die Zahl der Gelegenheitsnutzer, Nicht-Mehr-Nutzer und Netzvermeider sinkt jedoch, sobald die Technologie ein notwendiges Werkzeug für das tägliche Leben wird. Im Jahre 2011 betrug in der niederländischen Bevölkerung die Rate der Nicht-Mehr-Nutzer unter den Nichtnutzern (die ihrerseits insgesamt 9 % stellen) nur noch 9 %. Die wichtigsten Gründe für gänzliche Nichtnutzung und für die Nicht-Mehr-Nutzung sind Desinteresse (47 %), dass man sich als zu alt ansieht, um das Internet zu nutzen (26 %), dass man es nicht braucht (22 %) und dass man keine ausreichenden Kompetenzen hat, um es zu nutzen (15 %) (vgl. van Deursen/van Dijk 2011a). Das wichtigste Ergebnis dieser Befragung aus dem Jahre 2011 war jedoch, dass nur 7,3 % der Nichtnutzer in den Niederlanden angaben, das Internet jemals in der Zukunft nutzen zu wollen. Demnach ist hier der harte Kern der Nichtnutzer, die nur sehr schwer von einer Nutzung zu überzeugen wären, bereits erreicht.

Die sich ständig verändernde ‚Bevölkerung' des Internets lenkt unsere Aufmerksamkeit auf einen weiteren, vielleicht sogar noch bedeutsameren Mythos, den die irreführende Dichotomie der digitalen Spaltung hervorgebracht hat. Dies ist die Annahme, dass jene, die über einen Computer oder Internetzugang verfügen, diesen auch wirklich nutzen. Viele sogenannte Nutzer verwenden den Computer oder das Internet de facto nur einmal die Woche oder einige Male im Monat; einige Menschen nutzen die verfügbaren Technologien sogar überhaupt nicht. Bei der Messung von Computer- und Internetzugang werden in Befragungen oft Besitz oder Zugang mit Nutzung und Nutzungsdauer vermischt, was dazu führt, dass Zeittagebuch-Studien und ähnliche Untersuchungen weit größere Unterschiede oder Spaltungen zwischen verschiedenen sozialen Gruppierungen aufzeigen, wie im Unterabschnitt zur Nutzung gezeigt werden soll.

Die Faktoren, die den motivationalen Zugang erklären, sind einerseits sozialer oder kultureller, andererseits mentaler oder psychologischer Natur. Eine – vor nun genau einem Jahrzehnt geäußerte – vorrangig soziale Erklärung besagt, dass „the Internet does not have appeal for low-income and low-educated people" (Katz/Rice 2002, 93). Um die Gründe für diesen Interessemangel erklären zu können, scheint es sinnvoll, Befragungen großen Maßstabs durch qualitative Studien in lokalen Gemeinschaften und kulturellen Gruppen zu ergänzen. Dies ist z.B. von Laura Stanley in einer in latein- und afroamerikanischen Arbeitervierteln von San Diego durchgeführten Studie (vgl. Stanley 2001) und in einer Untersuchung armer Stadtviertel von Austin durch die University of Texas (vgl. Rojas et al. 2004) geleistet worden. Sie haben die hohe Bedeutung traditioneller maskuliner Kulturen (Ablehnung von Computerarbeit als ‚uncool' oder als ‚Mädchensache') sowie bestimmte Minderheiten- und Arbeiterklassen-Lifestyles herausgearbeitet.

Am deutlichsten sind jedoch mentale und psychologische Erklärungen der mangelnden Motivation der Computer- bzw. Internetnutzung. Hier sind etwa Phänomene wie die Computerangst (‚computer anxiety') und die Technophobie zu nennen. Computerangst ist ein Gefühl von Unwohlsein, Stress oder Angst, das bei der Computernutzung erlebt wird (vgl. Brosnan 1998; Chua/Chen/Wong 1999; Rockwell/Singleton 2002). Technophobie ist eine generelle Angst vor Technologie und ein mangelndes Vertrauen in ihre positiven Effekte. Laut einer repräsentativen UCLA-Befragung aus dem Jahre 2003 sagten mehr als 30 % amerikanischer Internetnovizen aus, dass sie unter mittlerer bis hoher Technophobie litten, und dasselbe galt für 10 % der erfahrenen Internetnutzer (vgl. UCLA 2003, 25). Computerangst und Technophobie stellen immer noch beträchtliche Barrieren für den Computer- und Internetzugang in vielen Ländern dar, insbesondere bei Senioren, Menschen mit niedrigem Bildungsgrad und einem Teil der weiblichen Bevölkerung. Die Bedeutung dieser Phänomene nimmt ab, aber auch mit einer weiteren Verbreitung von Computer und Internetzugang verschwinden sie nicht, was sich teilweise durch Persönlichkeitscharakteristika erklären lässt: Der Zusammenhang der ‚Big Five'-Persönlichkeitsdimensionen (Umgänglichkeit, Gewissenhaftigkeit, Neurotizismus, Extrovertiertheit und Offenheit) mit der Computernutzung, der Einstellung zu Computern und dem Stress im Umgang mit Computern ist bekannt (vgl. Hudiburg 1999). Beispielsweise verstärkt Neurotizismus Probleme bei der Computernutzung, während Extrovertiertheit sie lindert. Die Verbindung der Persönlichkeitsdimensionen zur Computernutzung wird bei Hudiburg (1999) und Finn und Korukonda (2004) herausgearbeitet.

Physischer und materieller Zugang

Die Untersuchungen des Digital Divide beschäftigen sich mehrheitlich mit Unterschieden des physischen Zugangs zu Computer und Internet in Abhängigkeit von spezifischen demographischen Kategorien: Einkommen, Bildungsgrad, Alter, Geschlecht und Ethnizität. Die ersten nationalen Befragungen in den westlichen Ländern um die Jahrtausendwende zeigten jeweils wachsende Ungleichheiten zwischen Menschen mit hohem und niedrigem Einkommen oder Bildungsgrad sowie zwischen ethnischen Mehr- und Minderheiten. Die geschlechtsspezifische Spaltung beim physischen Zugang hat sich jedoch mittlerweile weiter geschlossen, fast vollständig allerdings nur in den nordamerikanischen und den nordwesteuropäischen Ländern. In Bezug auf das Alter ist die Beziehung in einer Kurve abbildbar: Physischer Zugang kulminiert in der Altersgruppe zwischen 25 und 40, um danach stark abzunehmen. Da die Verfügbarkeit eines Internetzugangs üblicherweise nicht für Einzelpersonen, sondern vielmehr in Bezug auf den Haushalt abgefragt wird, profitieren sowohl die jüngste Generation als auch die weibliche Bevölkerung von dieser Art der Erhebung, da auf diesem Weg die entsprechende Internetverfügbarkeit systematisch überschätzt wird. Seit dem Jahr 2000 haben sich die Zugangsunterschiede in den nordeuropäischen, amerikanischen und ostasiatischen Ländern verringert, da bildungs- und einkommensstärkere Gruppierungen eine Teilsaturierung erreichten und gleichzeitig Menschen mit geringerem Einkommen und Bildungsgrad aufholten (vgl. NTIA 2002; Horrigan/Rainie 2002; Eurobarometer 56–63 2001–2010). In den Entwicklungsländern hat sich die Spaltung beim physischen Zugang jedoch verbreitet und tut dies weiterhin (vgl. United Nations Statistics Division 2004; van Dijk 2005; laufende jährliche ITU-Zahlen zum globalen Computer- und Internetzugang).

Aller Wahrscheinlichkeit nach folgt die Entwicklung der Zugangsspaltung der aus der Diffusionsforschung bekannten S-Kurve, die für die Adoption von Innovationen Gültigkeit beansprucht. Die Entwicklung ist jedoch deutlich komplexer und differenzierter als es die S-Kurven-Darstellung nahelegt, und es gibt ernsthafte Probleme in der „Mainstream-Diffusionstheorie", wenn man sie auf Computer-

und Internettechnologien anwendet (van Dijk 2005, 62–65). Eines dieser Probleme wird bei Norris (2001) diskutiert: Sie unterscheidet zwischen einem Normalisierungs- und einem Stratifizierungsmodell der Verbreitung. Im Normalisierungsmodell wird vorausgesetzt, dass die Unterschiede zwischen Gruppen nur in den frühen Phasen der Aufnahme von Technologien ansteigen und dass Unterschiede in den letzten Phasen mit der Saturierung verschwinden. Im Stratifizierungsmodell wird angenommen, dass es 1) schichtabhängige Startpunkte der Zugangskurve gibt und 2) verschiedene Endpunkte in dem Sinne, dass für einige Schichten nie eine 90- bis 100-prozentige Verbreitung erreicht werden könne.

Die zwei Modelle führen zu recht unterschiedlichen Voraussagen bezüglich der Entwicklung der digitalen Spaltung. Abbildung 3 vergleicht die internetbezogenen Adoptionskurven der höchsten und der niedrigsten sozialen Schichten. In allen Ländern ist der Zugang bei Menschen mit höherem Bildungsgrad, höherem Einkommen und geringerem Alter höher, bei Menschen mit geringerem Bildungsgrad, geringerem Einkommen und höherem Alter niedriger. Die Abbildung zeigt, wie die Kurven zusammenkommen, nachdem sie einen bestimmten Umschlagpunkt (,tipping point') erreicht haben, und wie sich so die Spaltung beim physischen Zugang schrittweise schließt. Das Modell sagt eine (fast) vollständige zukünftige Schließung voraus, wenn man nach dem Normalisierungsmodell geht, und ein Weiterexistieren einer (verkleinerten) Spaltung, wenn man nach dem Stratifizierungsmodell geht. In den Niederlanden und anderen reichen Ländern scheint sich das Normalisierungsmodell zu realisieren (vgl. van Deursen/van Dijk 2011a); in ärmeren Ländern spiegelt dagegen das Stratifizierungsmodell die derzeitige und wahrscheinlich zukünftige Situation besser wider. Die entwickelten Länder haben durchschnittlich den zweiten Umschlagpunkt zwischen den Jahren 2000 und 2005 passiert (s.u.). Die Entwicklungsländer haben diesen Zustand nicht erreicht (siehe die jährlichen ITU-Zahlen zur Verbreitung von Computer- und Internetzugang in Ländern mit unterschiedlichem Entwicklungsgrad). Ein Umschlagpunkt ist ein Konzept aus der Netzwerktheorie. Es bezeichnet eine plötzliche Beschleunigung oder Verlangsamung in der Verbreitung einer Innovation. In Bezug auf die digitale Spaltung treten zwei Umschlagpunkte hervor. Der erste ist die Beschleunigung, die eintritt, wenn eine ausreichende Zahl, eine kritische Masse an Menschen, mit dem Netzwerk verbunden ist; dann ist es sinnvoller, sich ebenfalls zu verbinden. Dies geschieht bei einem Verbreitungsgrad von etwa 20 bis 25 %. Die höheren sozialen Schichten und die Jüngeren sind üblicherweise die Ersten, die hierzu motiviert sind, weshalb die Spaltung zunächst wächst. Der zweite Umschlagpunkt tritt auf, wenn die Mehrheit einer Population Zugang zu einer Innovation hat und die Saturierung einsetzt, was üblicherweise bei einer Diffusionsrate von etwa zwei Dritteln der Fall ist. Bei dieser Gelegenheit beginnen die niedrigeren sozialen Schichten und die älteren Bevölkerungsgrup-

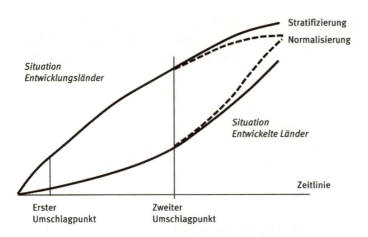

Abb. 3. Zeitliche Entwicklung der digitalen Spaltung beim physischen Zugang (untere Linie: Zugang der Kategorien niedriger Bildungsgrad, niedriges Einkommen und höheres Alter; obere Linie: Zugang der Kategorien hoher Bildungsgrad, hohes Einkommen und geringeres Alter).

pen aufzuholen und die Spaltung verringert sich wieder. Hier ist insbesondere der zweitgenannte Umschlagpunkt von Interesse (s. Abb. 3).

Wie die erwähnten Hintergrundvariablen zeigen, dominieren in der Zugangsforschung materielle und soziale Ungleichheitsdeterminanten. Die bekanntesten Konzepte sind die des ökonomischen, sozialen und kulturellen Kapitals. Andere vertreten einen ressourcenbasierten Ansatz (vgl. van Dijk et al. 2000; de Haan 2003; Dutta-Bergman 2005). Der Autor des vorliegenden Beitrags verbindet einen ressourcenbasierten Ansatz mit einem Netzwerkansatz, der den Fokus auf soziale Positionen richtet (vgl. van Dijk 2005). Danach sind Unterschiede beim physischen Zugang verknüpft mit der Verteilung von Ressourcen (zeitlichen, mentalen, materiellen, sozialen und kulturellen), die ihrerseits durch persönliche Individualkategorien wie Alter, Geschlecht, Intelligenz, Persönlichkeit und Kompetenz sowie durch Positionen in der Gesellschaft (Arbeits-, Bildungs- und haushaltsbezogene Position) erklärt werden.

Leider bleibt die Zugangsforschung insgesamt recht deskriptiv und bezieht sich nicht auf solche Theorien. Die am weitesten verbreitete Ausnahme ist die Annahme einer Gültigkeit der S-Kurve, die aus der Diffusionstheorie stammt und teilweise in Abb. 3 widergespiegelt wird.

Vom physischen Zugang als solchem ist das breitere Konzept des *materiellen Zugangs* zu unterscheiden. Dies ist anwendbar, wenn es nicht nur um die wesentliche Hardware eines Computers, Smartphones oder einer Internetverbindung geht, sondern auch um Zusatzausstattung, Materialien wie Papier und Tinte, Software und, nicht zu vergessen, Gebühren. Diese machen einen wachsenden Teil der Gesamtkosten für digitale Medien aus. Während die Hardware-Kosten für das einzelne Gerät eher fallen, steigt die Zahl der gekauften Geräte heutzutage eher an. Dementsprechend ist ein ausreichendes Einkommen hier offensichtlich eine wichtige Bedingung. Auch wenn sich also die Spaltung beim physischen Zugang schließt, bleiben Ungleichheiten beim Einkommen dennoch von Bedeutung für den breiter gefassten materiellen Zugang.

Digitale Kompetenzen

Liegen die Motivation zur Computer- und Internetnutzung sowie die Verfügbarkeit entsprechender Technologien vor, so muss man lernen, die Hardware und Software zu bedienen. Hier kann, nach dem Modell in Abbildung 2, das Problem fehlender digitaler Kompetenzen auftreten. Dieses Problem wird umrissen mit Termini wie ‚computer, information or multimedia literacy' und ‚computer skills' oder ‚information capital'. Steyaert (2000) und van Dijk (1999, 2003, 2005) haben das Konzept der digitalen Kompetenzen (‚digital skills') im Sinne mehrerer aufeinander aufbauender Kompetenztypen eingeführt. Die grundlegendsten sind instrumentelle Kompetenzen (‚instrumental skills'; Steyaert) oder operationale Kompetenzen (‚operational skills'; van Dijk), welche die Fähigkeiten und Fertigkeiten zum Umgang mit Hardware und Software umfassen. Diesen Kompetenzen ist in der Forschungsliteratur und in der Öffentlichkeit viel Aufmerksamkeit gewidmet worden. Die dominante Perspektive ist, dass Kompetenzprobleme mit dem Erwerb entsprechender operationaler Kompetenzen gelöst sind. Viele Arbeiten, die sich mit der Informationsverarbeitung in der Informationsgesellschaft beschäftigen, haben jedoch darauf hingewiesen, dass es zudem eine ganze Reihe von inhaltsbezogenen Kompetenzen gibt, die für die erfolgreiche Nutzung von Computern und Internet erforderlich sind. Steyaert unterscheidet zwischen strukturellen Kompetenzen (‚structural skills') und strategischen Kompetenzen (‚strategic skills'). Van Dijk (2005) hat eine vergleichbare Unterscheidung zwischen Informationskompetenzen (‚information skills') und strategischen Kompetenzen (‚strategic skills') vorgeschlagen. Informationskompetenzen umfassen die Fähigkeiten, Information zu suchen, auszuwählen und zu verarbeiten. Unter strategischen Kompetenzen sind jene Fähigkeiten zu verstehen, die die Verwendung von Computer und Internet als Mittel der Erreichung spezifischer Ziele bzw. als Mittel der Statusverbesserung ermöglichen. In den letzten vier Jahren haben wir das Konzept der digitalen Kompetenzen/ Internetkompetenzen verfeinert und es in sechs Kompetenztypen sowie mehrere Arten der Messung, die von groß angelegten Befragungen bis hin zu Leistungstests bei internetbezogenen Aufgaben in einem Medienlabor reichen, ausdiffe-

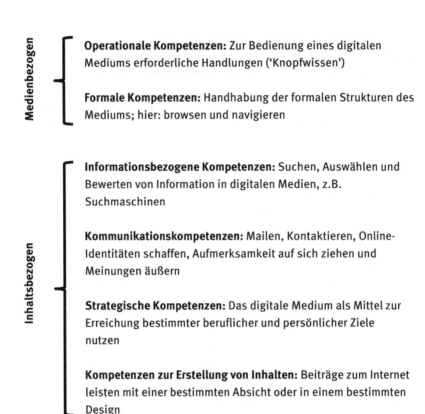

Abb. 4. Sechs Typen digitaler Internetkompetenzen.

renziert (vgl. van Deursen/van Dijk 2010). Die folgenden medien- und inhaltsbezogenen Internetkompetenzen wurden unterschieden und in Teilen bereits gemessen (s. Abb. 4), wobei die Typisierung leicht auf andere digitale Medien übertragen werden kann.

Das tatsächliche Kompetenzlevel ist sehr schwer zu bestimmen, da die meisten digitalen Kompetenzen nicht das Resultat von Computerkursen sind, sondern durch praktische Lernprozesse in bestimmten sozialen Nutzungsumgebungen erworben werden (vgl. van Dijk 2005). Aus diesem Grund haben sich nur wenige wissenschaftliche Untersuchungen mit der Messung der tatsächlich vorhandenen digitalen Kompetenzen befasst. Eine ganze Reihe groß angelegter Befragungen hat jedoch deutliche Kompetenzunterschiede innerhalb einzelner Länder gezeigt, auch innerhalb von Ländern mit einer hohen Verbreitung der neuen Medien (vgl. van Dijk 2005; Warschauer 2003). Diese Untersuchungen messen jedoch das Level digitaler Kompetenzen nur durch subjektive Einschätzungen des eigenen Kompetenzlevels, was offensichtliche Validitätsprobleme mit sich bringt (vgl. Hargittai 2002; Merritt/Smith/Renzo 2005; Talja 2005).

Die Messung tatsächlich vorhandener Kompetenzen ist nur in kleineren Gruppierungen oder im Rahmen von Computerkursen möglich, wobei die Normativität dieser Messungen ein Problem darstellt. Üblicherweise wird abgefragt, ob das Ziel eines bestimmten Kurses erreicht worden ist. Ein Manko sowohl von größeren Befragungen als auch von kleineren Tests oder Prüfungen ist, dass sie meist eine begrenzte Definition digitaler Kompetenzen verwenden, die nicht über die in Abb. 4 aufgelisteten operationalen Kompetenzen hinausgeht. Den ‚höheren', inhaltsbezogenen Kompetenzen wird kaum Aufmerksamkeit gewidmet.

Der einzige Weg, valide und umfassende Messungen digitaler Kompetenzen durchzuführen, besteht darin, in Tests alltägliche Anforderungen der Computer- und Internetnutzung abzuprüfen. Entsprechende Leistungstests wurden von Hargittai (2002) durchgeführt. Sie stellte 54 sich in ihren demographischen Merkmalen unterscheidenden amerikanischen Experimentteilnehmern fünf recht unterschiedliche Internet-Suchaufgaben, die formale Kompetenzen und Informationskompetenzen prüften. Es zeigten sich enorme Unterschiede sowohl bezüglich der Erledigung dieser Aufgaben als auch der hierzu benötigten Zeit.

Ein noch umfassenderes Bild zeigen die aufwändigen Leistungstests von van Deursen und van Dijk, bei denen ein Querschnitt der niederländischen Bevölkerung (insgesamt mehr als 300 Menschen) in ein Universitäts-Medienlabor eingeladen wurde, um neun umfassende Internetaufgaben in einer Zeit von eineinhalb Stunden zu erledigen (vgl. van Deursen 2010). Bislang wurden die operationalen, formalen, informationsbezogenen und strategischen Internetkompetenzen gemessen (vgl. van Deursen/van Dijk 2010). Derzeit werden Kommunikationskompetenzen getestet.

Das Hauptresultat dieser Tests ist, dass die Teilnehmer und Teilnehmerinnen ein recht hohes Level operationaler und formaler Kompetenzen aufweisen. Durchschnittlich 80 % der auf operationale Kompetenzen und 72 % der auf formale Kompetenzen bezogenen Aufgaben wurden erfolgreich erledigt. Bei den informationsbezogenen und strategischen Kompetenzen zeigten sich jedoch deutlich niedrigere Levels. Informationsbezogene Aufgaben wurden durchschnittlich von 62 % der Teilnehmer vollständig erledigt, auf strategische Kompetenzen bezogene Aufgaben nur von durchschnittlich 25 %. Da es in anderen Ländern keine vergleichbaren Leistungstests gibt, existieren bislang leider keine Standards, die einen Vergleich ermöglichen würden.

Das zweite Hauptresultat der Untersuchung ist, dass es signifikante Leistungsunterschiede zwischen Menschen verschiedenen Alters und Bildungsgrades gab, wobei der Bildungshintergrund der wichtigste Faktor zu sein scheint.

Menschen mit höherem Bildungsgrad erbrachten bezüglich aller Kompetenzen bessere Leistungen als Menschen mit niedrigerem Bildungshintergrund. Altersabhängig waren insbesondere medienbezogene Kompetenzen (operationale und formale), wobei jüngere Menschen hier bessere Leistungen zeigten.

Bezüglich der inhaltsbezogenen Kompetenzen stellt sich die Situation jedoch anders dar. De facto wirkt sich das Alter positiv auf das Level inhaltsbezogener Kompetenzen aus, d.h., dass ältere Menschen bei den informationsbezogenen und strategischen Kompetenzen bessere Leistungen erbringen als jüngere Menschen – vorausgesetzt sie verfügen über die notwendigen medienbezogenen Kompetenzen. Aufgrund fehlender medienbezogener Internetkompetenzen sind viele Ältere jedoch bezüglich ihrer inhaltsbezogenen Kompetenzen deutlich eingeschränkt. Dieses Ergebnis lässt die Fähigkeiten der sogenannten ‚digitalen Generation' in einem neuen Licht erscheinen und weist darauf hin, dass das Problem ungleicher digitaler Kompetenzen nicht einfach verschwinden wird und hier zudem substantielle Bildung und Lebenserfahrung von zentraler Bedeutung bleiben. In keinem der bislang durchgeführten Leistungstests konnten hingegen geschlechtsbezogene Unterschiede beobachtet werden, obwohl in der Pretest-Befragung die männlichen Teilnehmer angaben, dass ihre Kompetenzen signifikant höher seien als jene von Frauen.

Nutzung

Am Ende des gesamten Aneignungsprozesses sollte die Nutzung des Internets stehen (s. Abb. 2). Ausreichende Motivation, physischer Zugang und entsprechende Kompetenzen sind dabei notwendige, aber nicht hinreichende Bedingungen für die tatsächliche Nutzung, die über ihre eigenen Grundlagen oder Determinanten verfügt. Als abhängige Variable kann sie auf mindestens vier verschiedene Arten gemessen werden:
1. Nutzungszeit und -häufigkeit,
2. Zahl und Diversität der Anwendungen,
3. Breitband- oder Schmalbandnutzung und
4. mehr oder weniger aktive oder kreative Nutzung.

In diesem Beitrag werde ich mich auf die ersten beiden Arten konzentrieren. Die aktuellen Statistiken zur Computer- und Internetnutzung, oft von Marktforschungsinstituten erstellt, sind vor allem wegen sich ändernder und divergierender operationaler Definitionen des Begriffs der Nutzung notorisch unzuverlässig. Die erhobenen Zahlen können nur andeuten, wie stark die tatsächliche Nutzung vom physischen Zugang differiert, wobei auf der Hand liegt, dass sich die tatsächliche

Nutzung von der potentiellen Nutzung unterscheidet. In den USA werden exaktere Messungen der täglichen, wöchentlichen und monatlichen Internetnutzung in den jährlichen Befragungen z.b. des Pew Internet and American Life Project (vgl. http://www.pewinternet.org) und der UCLA Internet Reports (vgl. http://www. digitalcenter.org) publiziert. In Europa leisten dies das jährliche Eurobarometer und die Eurostat-Statistiken. Die validesten und zuverlässigsten Messungen der tatsächlichen Nutzungszeit werden jedoch in Studien erzielt, die mit detaillierten täglichen Zeittagebüchern arbeiten und die repräsentativ für ein bestimmtes Land sind. Diese bringen manchmal erstaunliche Resultate hervor. So fand beispielsweise die Dutch Social and Cultural Planning Agency im Jahre 2001 in einer Zeittagebuch-Studie heraus, dass die Stundenzahl der wöchentlichen Computer- und Internetnutzung bei Männern doppelt so hoch war wie bei Frauen (vgl. SCP 2001). Zehn Jahre später hat sich diese geschlechtsbezogene Spaltung bei der Computer- und Internetnutzung in den Niederlanden beinahe geschlossen (van Deursen and van Dijk 2011). Insgesamt zeigt dies, dass eine sich schließende Zugangsspaltung keineswegs mit dem Verschwinden einer Nutzungsspaltung einhergehen muss. Dies gilt für Nutzungszeit und -häufigkeit, aber auch für Zahl und Diversität der Anwendungen, Breitband- oder Schmalbandnutzung und die mehr oder weniger aktive oder kreative Nutzung. Beispielsweise haben in allen Ländern Männer und Frauen weiterhin unterschiedliche Präferenzen für bestimmte Internetanwendungen, was wir weiter unten noch ausführlicher erläutern.

Ein Unterschied, der sich wahrscheinlich als Erstes angleichen wird, ist das Ausmaß der Nutzungszeit. Im Jahre 2010 haben van Deursen und van Dijk (2010) erstmalig beobachtet, dass in den Niederlanden Menschen mit niedrigem Bildungsgrad das Internet in ihrer Freizeit länger nutzen als Menschen mit hohem Bildungsgrad – genauer gesagt 3,2 Stunden pro Tag gegenüber 2,6 Stunden. Dies stellt die Ergebnisse der 1980er und 1990er Jahre, als Bildungshöhere noch deutlich längere Nutzungszeiten aufwiesen, komplett auf den Kopf und kann als Hinweis auf eine wachsende Popularisierung des Internets gedeutet werden. Das Medium wird heute umfassend ins tägliche Leben und in die Alltagsaktivitäten eingebunden und ist für die große Mehrheit der Menschen in den entwickelten Ländern ein notwendiges Instrument geworden.

Diesbezüglich wird es relevant, sich die Zahl und Diversität der Nutzungsarten anzusehen. Was tun Menschen mit niedrigerem und höherem Bildungsgrad im Internet? Es zeigt sich, dass Menschen mit niedrigem Bildungsgrad eine kleinere Zahl von Anwendungen benutzten, dafür aber für wesentlich längere Zeit. Beliebte Anwendungen bei Menschen mit niedrigem Bildungsgrad, die eine relativ lange Nutzungszeit aufwiesen, waren Chat, Online-Spiele, der Empfang audiovisueller Programme, soziale Netzwerke und Handelsplätze für Produkte (z.B. eBay). Chat und Online-Spiele waren die einzigen Internetanwendungen, die in den Niederlanden bei Menschen mit niedrigem Bildungsgrad eine signifikant höhere Nutzung aufwiesen als bei Menschen mit hohem Bildungsgrad.

Diese Ergebnisse bestätigen die These einer sogenannten *Nutzungsspaltung* (,*usage gap*'), die von van Dijk (1999, 2003, 2005), Bonfadelli (2002), Park (2002), Cho et al. (2003), Zillien und Hargittai (2009) und anderen vorgeschlagen wurde. Ihre Grundaussage ist, dass einige Teile der Bevölkerung die *informations- und laufbahnbezogenen Anwendungen* mit vorteilhaften Effekten im Hinblick auf Kapital und Ressourcen (Arbeit, Karriere, Studium und Wissenschaft, Teilhabe an der Gesellschaft etc.) häufiger nutzen, während andere Teile die *Unterhaltungsanwendungen*, die keine oder nur sehr geringe vorteilhafte Effekte im Hinblick auf Kapital und Ressourcen haben, verwenden. Van Dijk, Bonfadelli und andere haben diese Grundaussage erstmals auf Bevölkerungsgruppen mit niedrigem und hohem Bildungsgrad angewandt und so eine bildungsbasierte Nutzungsspaltung skizziert. Diese These weist eine klare Verwandtschaft mit der Wissensklufthypothese der 1970er auf, die besagt, dass Menschen mit hohem Bildungsgrad mehr Wissen aus den Massenmedien wie Fernsehen und Zeitungen zögen als Menschen mit niedrigem Bildungsgrad (vgl. Tichenor et al. 1970). Die Nutzungsspaltung ist jedoch viel breiter und potenziell effektiver in Bezug auf die soziale Ungleichheit als die Wissenskluft, da die Nutzungsspaltung unterschiedliche Nutzungen und Aktivitäten in allen Bereichen des täglichen Lebens betrifft – nicht nur die Wahrnehmung und Verarbeitung der massenmedialen Inhalte.

Die Existenz einer bildungsbasierten Nutzungsspaltung wurde in einer Trendbefragung zur Internetnutzung in den Niederlanden bestätigt (vgl. van Deursen/van Dijk, im Ersch.). Ingesamt wurden 31 Internetanwendungen untersucht (15 Anwendungen wurden als ,informations- und laufbahnbezogene Anwendungen' klassifiziert, sechs als ,Unterhaltung' und zehn als ,neutral' – bei letzteren handelte es sich um ,generelle Anwendungen des täglichen Lebens' wie E-Mail und Suchmaschinennutzung). Menschen mit niedrigem Bildungsgrad nutzten signifikant mehr Unterhaltungs- als informations- und laufbahnbezogene Anwendungen, bei den Menschen mit hohem Bildungsgrad war das Gegenteil der Fall. Es wurden allerdings auch alters- und geschlechtsbezogene Nutzungsspaltungen beobachtet; diese waren im Jahre 2010 ausgeprägter als die bildungsbasierte Nutzungsspaltung (vgl. van Deursen/van Dijk, im Ersch.). Junge Menschen (Alter 16–35) nutzten signifikant mehr soziale Netzwerke, Musik- und Video-Upload und -Download, Chat, Spiele und freies Surfen, aber auch mehr informations- und laufbahnbezogene Anwendungen wie Nachrichten, Diskussionsgruppen, Stellenanzeigen und Bildungsanwendungen als Menschen mittleren und fortgeschrittenen Alters. Keine der 31 Internetanwendungen wurde signifikant häufiger von Menschen mittleren und fortgeschrittenen Alters genutzt. Eine geschlechtsbezogene Nutzungsspaltung zeigte sich in einer signifikant höheren

Nutzung von 18 der 31 Internetanwendungen durch Männer. Frauen nutzten signifikant mehr E-Mail-Dienste, soziale Netzwerke und Online-Spiele sowie etwas mehr Patienten-Websites oder Selbsthilfeforen.

Ein Überblick zur insgesamt wachsenden Zahl an Untersuchungen der Internetnutzung weist darauf hin, dass sich alle herkömmlichen sozialen und kulturellen Unterschiede zunehmend in der Computer- und Internetnutzung widerspiegeln. Es kann dabei erwartet werden, dass sich Altersdifferenzen bezüglich der Internetnutzung als Erstes verkleinern werden. Im Hinblick auf eine große Zahl von Internetanwendungen, die zuvor hauptsächlich von jungen Menschen benutzt wurden – wie soziale Netzwerke, Online-Spiele, Chat und der Download audio-visueller Materialien –, hat diese Entwicklung bereits eingesetzt. Die geschlechtsbezogene Spaltung könnte sich ebenfalls etwas verkleinern. Gleichzeitig ist jedoch davon auszugehen, dass die bildungsbasierte Nutzungsspaltung erhalten bleibt und sich vielleicht sogar noch vergrößert (s.u.).

Untersuchungen zu den Effekten ungleichen Zugangs

Seltsamerweise gibt es nur wenige Untersuchungen zu den sozialen Effekten all dieser Zugangsdifferenzen, was darauf hinweist, dass die Vorteile des Computer- und Internetzugangs als selbstverständlich vorausgesetzt werden. Aber welche Effekte haben diese Ungleichheiten tatsächlich? Haben Menschen ohne oder mit nur begrenztem Zugang reale Nachteile? Bislang war es ein wichtiges Argument, dass Menschen immer noch die alten Kanäle zur Verfügung hatten, die ebenfalls die benötigten Informations- und Kommunikationsprozesse ermöglichten. Für diejenigen, die kein Internet haben, sind viele Radio- und Fernsehstationen sowie Zeitungen verfügbar. Für diejenigen, die keinen Zugang zu E-Commerce-Diensten haben, gibt es jede Menge physischer Einkaufsmöglichkeiten. Menschen, die soziale Kontakte oder romantische Treffen wünschen, brauchen nicht unbedingt ein digitales soziales Netzwerk oder einen Online-Dating-Service. Sie können immer noch auf unzählige physische Treffpunkte zurückgreifen. Diejenigen, die eine Reservierung tätigen wollen, können immer noch zum Telefonhörer greifen.

Um die tatsächlichen Vor- und Nachteile des Zugangs oder Nicht-Zugangs in den vier beschriebenen Arten genauer zu untersuchen, haben die Trendbefragungen zur Internetnutzung in den Niederlanden aus den Jahren 2010 und 2011 (vgl. van Deursen/van Dijk 2010, 2011) den Teilnehmern eine Reihe von Items über mögliche Vorteile der Internetnutzung vorgelegt. Diese sollen Messpunkte für das Konzept der gesellschaftlichen Teilhabe darstellen (s. Abb. 1); die Ergebnisse werden in Tabelle 1 dargestellt. Von den insgesamt zehn positiven Aussagen zu den Vorteilen der Internetnutzung unterstützen niederländische Nutzer durchschnittlich vier. Es gibt jedoch große Ungleichheiten zwischen Menschen verschiedenen Alters, verschiedenen Ausbildungsgrades und verschiedener Beschäftigungsart (s. Abb. 5). Dies ist letztlich die wichtigste Statistik zur digitalen Spaltung.

Statement	Anteil in %
Ich habe über eine Online-Anwendung einen Job bekommen.	19
Ich habe über das Internet ein Produkt billiger als im Laden gekauft.	80
Ich habe über das Internet etwas verkauft oder getauscht, das ich ansonsten nicht losgeworden wäre.	63
Ich habe über das Internet herausgefunden, welche politische Partei ich wählen möchte.	37
Über das Internet bin ich auf eine Vereinigung gestoßen, bei der ich dann Mitglied wurde (etwa ein Sportverein, eine kulturelle Vereinigung, eine Gewerkschaft oder eine politische Organisation).	22
Ich habe über das Internet einen oder mehrere Freunde kennengelernt, mit denen ich mich dann später auch getroffen habe.	32
Über eine Dating-Seite habe ich ein Treffen mit einem potenziellen Partner ausgemacht.	14
Über das Internet habe ich herausgefunden, welche Krankheit ich habe.	27
Ich habe über das Internet einen günstigen Urlaub gebucht.	60
Ich habe über das Internet einen Rabatt bei einem Produkt bekommen.	42

Tab. 1. Prozent der Internetnutzer in den Niederlanden, die im Jahre 2011 den Items zu den potenziellen Vorteilen der Internetnutzung zustimmen. Quelle: van Deursen/van Dijk 2011.

Hier zeigt sich, dass unterschiedlicher Zugang zu Computer und Internet reale Auswirkungen von hoher Bedeutung hat; dass diejenigen ohne Zugang klar im Nachteil sind; und dass diejenigen, die lediglich Zugang zu traditionellen Informations- und Kommunikationskanälen haben, nicht konkurrieren können. Mit der wachsenden Verbreitung dieser digitalen Medien in der Gesellschaft werden sie wahrscheinlich immer weniger und weniger konkurrieren können, bis sie schließlich von großen Teilen der Gesellschaft gänzlich ausgeschlossen sind. Aus diesem Grund hält auch das kausale Modell der Ressourcen- und Aneignungstheorie (Abb. 1) das Ausmaß der gesellschaftlichen Teilhabe als zentralen Effekt ungleichen Zugangs fest.

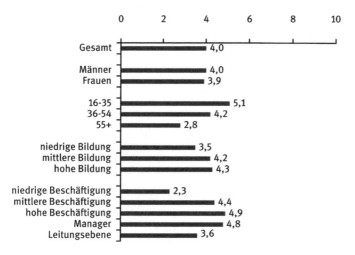

Abb. 5. Durchschnittliche Zahl der Zustimmung zu 10 potenziellen Vorteilen der Internetnutzung in den Niederlanden im Jahre 2011. Quelle: van Deursen/van Dijk 2011.

Fazit: Ungleichheit in der Netzwerkgesellschaft

Es lässt sich festhalten, dass die Analyse von Zugangsdifferenzen erst mit einem Fokus auf den physischen Zugang und die Motivation erfolgte und mittlerweile zur Untersuchung von Kompetenz- und Nutzungsungleichheiten übergegangen ist. Diese Entwicklung ist in der Forschungsliteratur als der sogenannte *Second Level Divide* (vgl. Hargittai 2002; DiMaggio et al. 2004) oder *Deepening Divide* (vgl. van Dijk 2005) bekannt. Mit der schrittweisen Schließung der Spaltung beim physischen Zugang ist das Problem der digitalen Spaltung als Ganzes nicht gelöst, sondern verschärft sich eher noch. Kompetenzunterschiede sowie Präferenzen für bestimmte Internetanwendungen zeigen im Alltagsleben immer relevantere Effekte. Die in Tabelle 1 und Abbildung 5 gezeigten ungleichen Vorteile durch die Internetnutzung werden höchstwahrscheinlich durch Unterschiede bei Kompetenzen, Motivation und Präferenzen hervorgerufen, die mit einem bestimmten Alter, Geschlecht, Bildungsgrad und einer bestimmten Beschäftigungsform verknüpft sind, wobei einschränkend zu vermerken ist, dass Ältere bei einigen Anwendungen in Tabelle 1 im Nachteil sind, da sie höchstwahrscheinlich weniger Jobs oder Partner im Internet suchen als jüngere Menschen dies tun. Dies gilt jedoch nicht für andere Anwendungen. Dieselbe Trendbefragung hat beispielsweise auch gezeigt, dass jüngere Menschen in viel höherem Ausmaß Gesundheitsinformationen über das Internet beziehen als ältere Menschen, die gleichzeitig entsprechende Informationen eher benötigen (vgl. van Deursen/van Dijk 2011).

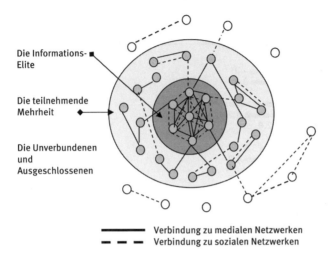

Abb. 6. Potenzielle dreiteilige Struktur der Netzwerkgesellschaft (vgl. van Dijk 1999, 2006).

In dieser Perspektive der relationalen Ungleichheit wird physischen Zugangsdifferenzen, Kompetenz- und Nutzungsunterschieden in einer Netzwerkgesellschaft eine viel größere strategische Bedeutung zukommen. Eine Netzwerkgesellschaft kann man als eine Gesellschaft definieren, die zunehmend auf einer kombinierten Infrastruktur von sozialen und medialen Netzwerken basiert (vgl. van Dijk 1999, 2006, 2012). In dieser Gesellschaft wird die Besetzung bestimmter Positionen und die Verfügbarkeit damit verbundener Beziehungen entscheidend für den gesellschaftlichen Status, die eigenen Gestaltungsmöglichkeiten und Chancen (vgl. van Dijk 2005). Der Zugang zu sozialen und medialen Netzwerken sowie die Fähigkeit, diese zu nutzen, hängen in einer Netzwerkgesellschaft immer stärker zusammen: Diejenigen mit weniger Verbindungen innerhalb sozialer Netzwerke werden üblicherweise auch eine schlechtere digitale Vernetzung aufweisen und auch über geringere Fähigkeiten verfügen, diese zu nutzen. Die Inklusion und Exklusion bezüglich sozialer und medialer Netzwerke könnte eine einflussreiche Determinante struktureller Ungleichheit in der Netzwerkgesellschaft darstellen und zur folgenden dreiteiligen Struktur führen (s. Abb. 6).

Der Kern dieses konzentrischen Bildes einer Netzwerkgesellschaft zeigt eine Informationselite von etwa 15 % der Bevölkerung in entwickelten Gesellschaften, die über ein hohes Zugangslevel und sehr dichte und überlappende soziale und mediale Netzwerke verfügen. Dies sind Menschen mit hohem Einkommen und hohem Bildungsgrad, sie haben die besten Jobs und gesellschaftlichen Positionen und gehören zu über 95 % zu den Nutzern des Internets. Diese Elite ist daran gewöhnt, in dichten sozialen Netzwerken zu leben. Diese werden durch eine große Zahl von Verbindungen über eine große räumliche Distanz hinweg erweitert, die Teil eines sehr mobilen Lifestyles sind.

Im Vergleich zu dieser Elite hat die Mehrheit der Bevölkerung (50 bis 60 %) ein geringeres Ausmaß an sozialen und medialen Netzwerkverbindungen und in geringerem Ausmaß Internetzugang, schlechtere Kompetenzen und weniger effiziente Formen der Nutzung (s.o. zur These der Nutzungsspaltung).

Schließlich haben wir den unverbundenen und ausgeschlossenen Teil der Gesellschaft, der in Bezug auf soziale und mediale Netzwerkverbindungen relativ isoliert ist. Dieser umfasst auch in entwickelten Gesellschaften mindestens ein Viertel der Bevölkerung und besteht aus den niedrigen sozialen Schichten, den – insbesondere älteren – Arbeitslosen, ethnischen Minderheiten und einer großen Gruppe von Migranten, deren gesellschaftliche Teilhabe beträchtlich geringer ausfällt.

Ein so negatives Bild struktureller Ungleichheit muss sich jedoch nicht realisieren. Digitale Ungleichheiten bezüglich des Zugangs und der digitalen Kompetenzen können durch gezielte politische Maßnahmen auf dem Arbeitsmarkt sowie bei der Aus- und Fortbildung auf allen Ebenen inklusive der Erwachsenenbildung gelindert werden (s.a. van Dijk 2005 mit einer Übersicht politischer Maßnahmen).

Literatur

ARD/ZDF-Arbeitsgruppe Multimedia (1999a): ARD/ZDF-Online-Studie 1999: Wird online Alltagsmedium? Media Perspektiven 8, 388–409.

ARD/ZDF-Arbeitsgruppe Multimedia (1999b): Nichtnutzer von Online: Einstellungen und Zugangsbarrieren. Ergebnisse der ARD/ZDF-Offline-Studie 1999. Media Perspektiven 8, 415–422.

Bonfadelli, H. (2002): „The Internet and Knowledge Gaps: A Theoretical and Empirical Investigation". European Journal of Communication 17:1, 65–84.

Brosnan, M.J. (1998): „The Impact of Computer Anxiety and Self-Efficacy upon Performance". Journal of Computer Assisted Learning 14, 223–234.

Cho, J.; de Zúñiga, H.; Rojas, H.; Shah, D. (2003): „Beyond Access: The Digital Divide and Internet Uses and Gratifications". IT & Society 1:4, 46–72.

Chua, S.; Chen, D; Wong, A. (1999): „Computer Anxiety and Its Correlates: A Meta-analysis". Computers in Human Behavior 15, 609–623.

de Haan, J. (2003): „IT and Social Inequality in the Netherlands". IT & Society 1:4, 27–45.

Dutta-Bergman, M. (2005): „Access to the Internet in the Context of Community Participation and Community Satisfaction". New Media and Society 17, 89–109.

Finn, S.; Korukonda, A. (2004): „Avoiding Computers: Does Personality Play a Role?" In: E. Bucy; J. Newhagen (eds): Media Access: Social and Psychological Dimensions of New Technology Use. London: LEA, 73–90.

Hargittai, E. (2002): „The Second-level Digital Divide: Differences in People's Online Skills". First Monday: Peer-Reviewed Journal on the Internet 7:4.

Horrigan, J.; Rainie, L. (2002): Getting Serious Online: As Americans Gain Experience, They Pursue More Serious Activities. Washington DC: Pew Internet and American Life Project. (http://www.pewinternet.org).

Howard, P.; Rainie, L.; Jones, S. (2001): „Days and Nights on the Internet: The Impact of a Diffusing Technology". In: B. Wellman; C. Haythornthwaite (eds): The Internet in Everyday Life. Oxford: Blackwell, 45–73.

Hudiburg, R. (1999): „Preliminary Investigation of Computer Stress and the Big Five Personality Factors". Psychology Reports 85, 473–480.

Katz, J.; Rice, R. (2002): Social Consequences of Internet Use, Access, Involvement, and Interaction. Cambridge, MA: MIT Press.

Lenhart et al. (2003): The Ever-shifting Internet Population: A New Look at Internet Access and the Digital Divide. Washington, DC: Pew Internet and American Life Project. (http://www.pewinternet.org/~/media//Files/Reports/2003/PIP_Shifting_Net_Pop_Report.pdf.pdf).

Merritt, K.; Smith, D.; Renzo, J. (2005): „An Investigation of Self-Reported Computer Literacy: Is It Reliable? " Issues in Information Systems 6:1, 289–295.

Norris, P. (2001): Digital Divide, Civic Engagement, Information Poverty and the Internet Worldwide. Cambridge: Cambridge University Press.

NTIA, National Telecommunications and Information Administration (ed.) (2000): Falling through the Net II: Toward Digital Inclusion. (http://www.ntia.doc.gov/ntiahome/fttn00/contents00.html).

NTIA, National Telecommunications and Information Administration (ed.) (2002): A Nation Online: How Americans are Expanding Their Use of the Internet. (http://www.ntia.doc.gov/ntiahome/dn/index.html).

Park, H. (2002): „The Digital Divide in South Korea: Closing and Widening Divides in the 1990s". Electronic Journal of Communication/Revue de Communication Electronique 12:1/2. (http://www.cios.org/www/ejc).

Rockwell, S.; Singleton, L. (2002): „The Effects of Computer Anxiety and Communication Apprehension on the Adoption and Utilization of the Internet". Electronic Journal of Communication/Revue de Communication Electronique 12:1. (http://www.cios.org/www/ejc).

Rojas, V. Et al. (2004): „Communities, Cultural Capital and the Digital Divide". In: E. Bucy/J. Newhagen (eds): Media Access: Social and Psychological Dimensions of New Technology Use. London: LEA, 107–130.

Stanley, L., (2001): Beyond Access. (http://www.mediamanage.net/Beyond _Access.pdf).

Steyaert, J., (2000): Digitale vaardigheden: Geletterdheid in de informatiesamenleving. Den Haag: Rathenau Instituut.

Talja, S. (2005): „The Social and Discursive Construction of Computing Skills". Journal of the American Society for Information Science and Technology 56:1, 13–22.

Tichenor, P.; Donohue, G.; Olien, C. (1970): „Mass Media Flow and Differential Growth in Knowledge". Public Opinion Quarterly 34:2, 159–170.

Tilly, C. (1999): Durable Inequality. Berkeley, CA: University of California Press.

UCLA, University of California, Los Angeles, Center for Communication Policy (ed.) (2003): The UCLA Internet report: Surveying the Digital Future, Year Three. (http://www.ccp.ucla.edu/pages/internet-report.asp).

United Nations Statistics Division (ed.) (2004): Millennium Indicators Database: Personal Computers and Internet users per 100 population (ITU estimates). (http://mdgs.un.org/unsd/mdg/Metadata.aspx?IndicatorId=0&SeriesId=607).

van Deursen, A. (2010): Internet Skills, Vital Assets in an Information Society. (zugl. Diss.) Enschede University of Twente.
van Deursen, A.; van Dijk, J. (im Druck): „A Social Revolution on the Internet? The Digital Divide Shifts to Gaps of Usage".
van Deursen, A.; van Dijk, J. (2011): Trendrapport Computer en Internetgebruik 2011, Een Nederlands en een Europees Perspectief (Trendreport Computer und Internet Benutzung, eine niederländische und europäische Perspektive). Enschede: University of Twente. (http://www.cfes.nl).
van Deursen, A.; van Dijk, J. (2010): Trendrapport Computer en Internetgebruik 2010, Een Nederlands en een Europees Perspectief. Enschede: University of Twente. (http://www.cfes.nl).
van Dijk, J. (1999, 2006, 2012): The Network Society, Social Aspects of New Media. First, Second and Third Edition. London: Sage.
van Dijk, J. (2006): „Digital Divide Research, Achievements and Shortcomings". Poetics 34, 221-235.
van Dijk, J. (2005): The Deepening Divide. Inequality in the Information Society. London: Sage.
van Dijk, J. (2003): „A Framework for Digital Divide Research". Electronic Journal of Communication/Revue de Communication Electronique 12:1. (http://www.utwente.nl/gw/vandijk/research/digital_divide/Digital_Divide_overigen/a_framework_for_digital_divide.doc/).
van Dijk, J. (2000): „Widening Information Gaps and Policies of Prevention". In: K. Hacker; J. van Dijk (eds): Digital Democracy: Issues of Theory and Practice. London: Sage, 166-183.
van Dijk, L.; de Haan, J.; Rijken, S. (2000): Digitalisering van de leefwereld: Een onderzoek naar informatie en communicatietechnologie en sociale ongelijkheid. Den Haag: Sociaal en Cultureel Planbureau.
van Dijk, J.; Hacker, K. (2003): „The Digital Divide as a Complex and Dynamic Phenomenon". Information Society 19, 315-326.
van Dijk, J.; van Deursen, A. (im Druck): Digital Skills. The Key to the Information Society.
Wellman, B.; Berkowitz, S. (eds) (1988): Social Structures: A Network Approach. Greenwich, CT: Jai Press
Zillien, N.; Hargittai, E. (2009): „Digital Distinction: Status-Specific Internet Uses". Social Science Quarterly 90:2, 274-291.

Jan-Hinrik Schmidt
Social Media – Verbreitung, Praktiken und Folgen

Einleitung

Bereits zu Beginn der gesellschaftlichen Verbreitung des Internets über die Kreise der frühen akademischen und militärischen Anwender hinaus wurde die Technologie mit einer Veränderung der Verbreitung von Informationen verbunden. Die deutsche Formulierung der ‚Daten-Autobahn' und noch stärker das englische ‚information superhighway' drückten bereits in den 1990er Jahren leitbildhaft aus, dass digitale Informations- und Kommunikationstechnologien eine zentrale Infrastruktur der Informationsgesellschaft sind. Zwar kulminierte zur Jahrtausendwende hin die Euphorie rund um die ‚New Economy' in einer spekulationsgetriebenen Wachstumsblase an den Aktienmärkten, die Anfang der 2000er Jahre platzte. Doch schon wenige Jahre später wurde das ‚Web 2.0' ausgerufen, das eine Reihe von technischen, ökonomischen und kulturellen Veränderungen bündelt (vgl. O'Reilly 2005). Leistungsfähige Breitbandverbindungen, mobile Endgeräte wie Smartphones oder Digitalkameras, und nicht zuletzt Software-Formate wie Wikis, Netzwerkseiten, (Micro-)Blogs und Video- oder Fotoplattformen haben die technischen Hürden gesenkt, dass Menschen Informationen aller Art online bereitstellen, bearbeiten, filtern und verbreiten können.

Die Kurzformel vom ‚Web 2.0' legt einen abrupten, möglicherweise revolutionären Entwicklungssprung nahe und ist deswegen nur bedingt geeignet, um die Veränderungen in den Strukturen und Praktiken der onlinebasierten Kommunikation zu erfassen. Dieser Beitrag benutzt deswegen die Bezeichnungen ‚social web' und ‚social media' bzw. ‚soziale Medien', die als geeigneter erscheinen, die Werkzeuge und Infrastrukturen für Nutzerpartizipation und das Schaffen und Verbreiten von „user-generated content" zu erfassen (vgl. auch Münker 2009; Pscheida 2010; Schmidt 2011, 13–40). Nach einigen grundlegenden Befunden zur Verbreitung und Nutzung entsprechender Anwendungen werden aus einer kommunikationssoziologischen Perspektive verschiedene Praktiken beschrieben, die das Informationsmanagement in und mit sozialen Medien prägen. Abschließend werden die Folgen dieser Praktiken für die Strukturierung onlinebasierter Öffentlichkeiten skizziert und in ein erweitertes Verständnis von informationeller Selbstbestimmung überführt.

Verbreitung von Social Media

Zahlreiche Untersuchungen zur Mediennutzung haben in den letzten fünf Jahren die wachsende Popularität von Social-Media-Anwendungen dokumentiert. Darunter sind beispielsweise die Reichweitemessungen der „Informationsgemeinschaft zur Feststellung der Verbreitung von Werbeträgern" (IVW) und der „Arbeitsgemeinschaft Online Forschung" (AGOF), oder auch regelmäßige repräsentative Befragungen wie die ARD/ZDF-Onlinestudie oder die Studie „Jugend, Information, (Multi-)Media" (JIM).[1] Aus diesen Studien lassen sich Informationen über die Verbreitung der populären Gattungen und Anwendungen entnehmen, wobei in der Regel nur die individuelle Nutzung abgedeckt ist. Der Einsatz von sozialen Medien in der Organisationskommunikation, z.B. von Unternehmen, Parteien oder Non-Profit-Einrichtungen, ist demgegenüber nur schwer repräsentativ zu ermitteln, obwohl er einen wichtigen Bestandteil der Veränderungen im Informationsverhalten darstellt.[2] Zudem sorgt die hohe technische Dynamik dafür, dass Nutzungsdaten vergleichsweise rasch veralten.

Dennoch sollen einige zentrale Befunde an dieser Stelle hervorgehoben werden. Erstens zeigen die verfügbaren Daten, dass die verschiedenen Gattungen unterschiedlich weit verbreitet sind (vgl. Tabelle 1): Die Wikipedia und Videoportale wie YouTube erreichten 2011 bereits (deutlich) mehr als die Hälfte aller Internetnutzer; genauso wie private Netzwerkplattformen haben sie seit 2007 ihren Nutzerkreis stark vergrößert. Weblogs hingegen haben in den vergangenen Jahren etwas an Reichweite unter den deutschen Onlinern verloren und sind ähnlich wie der relativ junge Microblogging-Dienst Twitter eher Nischenanwendungen, die weniger als 10 % der Internetnutzer verwenden.

Aus den Daten der ARD/ZDF-Onlinestudie geht zweitens auch hervor, dass nur ein kleiner Teil der Internetnutzer von den Möglichkeiten Gebrauch macht, selbst aktiv Informationen bereit zu stellen (vgl. Tabelle 1): Nur 3 % der Wikipedia-Nutzer haben selbst bereits einmal einen Artikel angelegt oder bearbeitet, und nur 7 % der Nutzer von Videoplattformen selbst bereits einmal ein Video hochgeladen. Für diese Gattungen bestätigt sich somit der Tendenz nach die 90-9-1-Faustregel, die Nielsen (2006, o.S.) formuliert hat: „90 % of users are lurkers who never contribute, 9 % of all users contribute a little, and 1 % of users account for almost all the action". Bei Weblogs und Microblogs ist das Verhältnis

---

[1] Weitere Informationen zu den Befunden und Verfahren finden sich unter http://www.ivw.de; http://www.agof.de; http://www.ard-zdf-onlinestudie.de; http://www.jim-studie.de.
[2] Vgl. beispielhaft als Ausnahme die „Social Media Governance"-Studie von Fink/Zerfaß/Linke (2011).

von aktiv-produzierenden und passiv-rezipierenden Nutzern zwar deutlich ausgeglichener, allerdings, wie geschildert, auf einem wesentlich niedrigeren Niveau der Durchdringung solcher Anwendungen.

	2007[a]	2011[a]	Davon[b] Informationen abgerufen	Davon[b] Etwas eingestellt/verfasst
Wikipedia	47	70	97	3
Videoportale	34	58	93	7
Private Netzwerkplattformen/ Communities	15	42	k.A.	k.A.
Weblogs	11	7	39	61
Twitter	--	3	58	42

Tab. 1: Verbreitung und Nutzung von Social-Media-Angeboten (in %).
Quelle: Modifiziert nach Busemann/Gscheidle 2011, S. 362 f.
[a] Basis: Deutschsprachige Onlinenutzer (n=1.319); gelegentliche Nutzung.
[b] In % der Nutzer, die 2011 das Angebot zumindest gelegentlich nutzen.

Drittens schließlich zeigen die vorliegenden repräsentativen Studien zur Social-Media-Nutzung, dass ein deutlicher Alterseffekt existiert: Je jünger die Altersgruppe, desto größer der Anteil der Nutzer (vgl. Tabelle 2). Nahezu alle unter 20-Jährigen nutzen die Wikipedia (94 %) oder Videoportale (95 %) sowie private Netzwerkplattformen (87 %). Weblogs und Twitter erzielen bei den unter 30-Jährigen zwar etwas höhere Anteile, verbleiben aber auch hierbei um die 10 %. Im Vergleich zum Alter sind Geschlechtsunterschiede hingegen – zumindest was die reine Verbreitung angeht – nicht so deutlich ausgeprägt. Mit Ausnahme von Videoplattformen, die fast zwei Drittel der Männer, aber nur etwa die Hälfte der Frauen zumindest gelegentlich nutzen, sind die Anteile in etwa ausgeglichen.

	14–19	20–29	30–39	40–49	50–59	60+
Wikipedia	94	86	73	63	59	47
Videoportale	95	83	65	47	40	23
Priv. Netzwerkplattformen	87	70	45	29	19	10
Weblogs	13	14	5	6	4	2
Twitter	7	4	2	2	4	1

Tab. 2: Nutzung von Social-Media-Angeboten nach Alter (2011; in %).
Quelle: Busemann/Gscheidle 2011, S. 366.
Basis: Deutschsprachige Onlinenutzer (n=1.319); gelegentliche Nutzung.

Social-Media-Praktiken

Die bloße Verbreitung unter der Internet-Nutzerschaft gibt allerdings noch keinen wirklichen Aufschluss über den Stellenwert und den Gebrauch der verschiedenen Social-Media-Formate. Ein und dieselbe Anwendung kann von unterschiedlichen Menschen in unterschiedlichen Situationen auf jeweils eigene Art und Weise gebraucht werden, sodass man gerade bei den besonders weit verbreiteten Social-Media-Plattformen wie Wikipedia, YouTube oder Facebook schwerlich von der *einen* Nutzungsweise sprechen kann. Vielmehr sollen im Folgenden spezifische Praktiken beschrieben und analysiert werden, also bestimmte Gebrauchs- oder Nutzungsweisen, die eine Vielzahl von Nutzern miteinander teilen und die in einer Vielzahl von Situationen relativ ähnlich ablaufen. Der zugrunde liegende praxistheoretische Analyserahmen wurde an anderer Stelle ausführlich entwickelt (vgl. Schmidt 2011, 41ff.); knapp zusammengefasst lautet die Überlegung, dass die Nutzung von Social-Media-Anwendungen durch drei überindividuell-strukturelle Faktoren gerahmt wird: Regeln, Relationen und Code.

Mit ‚Regeln' sind in diesem Zusammenhang alle überindividuell und situationsübergreifend verfestigten Erwartungen gemeint, die bestimmte Handlungsweisen nahelegen, andere eher hemmen. Die Reichweite dieser geteilten Routinen und Normen kann genauso variieren wie der Grad, zu dem sie Handlungsspielräume offen lassen oder schließen; zudem können Menschen Regeln aus unterschiedlichen Gründen befolgen, zum Beispiel aufgrund von bestimmten Wertvorstellungen oder aufgrund strategischer Überlegungen. Ihnen ist aber gemeinsam, dass sie der Medienwahl und dem tatsächlichen Handlungsvollzug einen gewissen Rahmen vorgeben, weil sich in ihnen ‚normale' oder ‚erwartbare' Mediennutzung ausdrückt.

Unter ‚Relationen' lassen sich im Zusammenhang mit digitalen Medien kommunikative Verknüpfungen oder Konnektivitäten ganz unterschiedlicher Art zusammenfassen: Zum einen Verknüpfungen zwischen Texten bzw. Objekten – beispielsweise über Verlinkungen, Kommentierungen, Referenzierungen und andere kommunikative Anschlusshandlungen –, die die Grundlage für vernetzte Öffentlichkeiten darstellen. Darin verwoben sind zum anderen soziale Verknüpfungen, also Geflechte von sozialen Beziehungen zwischen Kommunikationspartnern. Gleich ob diese implizit bleiben oder aber explizit und für andere sichtbar gemacht werden (wie zum Beispiel bei der Kontaktliste auf Facebook oder Abonnenten eines YouTube-Kanals), beeinflussen sie als vorgestelltes Publikum Wahrnehmung und Handeln in onlinebasierten Kommunikationsräumen.

Praktiken der onlinebasierten Kommunikation beruhen schließlich immer auch auf den technologischen Grundlagen digitaler vernetzter Medien bzw. spezifischer, auf dieser Infrastruktur aufbauender Anwendungen und Dienste. Als dritte strukturelle Dimension für die Analyse von Nutzungspraktiken ist daher der ‚Software-Code' bzw. die technische Architektur der verwendeten Medien einzubeziehen. Diese prägen das Nutzerhandeln mittels der in sie eingeschriebenen Algorithmen, Standardeinstellungen und Optionen, aber auch durch ihre Geschlossenheit oder Offenheit gegenüber anderen Anwendungen und Gebrauchsweisen oder durch ihr visuelles Design und die Benutzerführung.

Mit diesen analytischen Kategorien lassen sich drei prototypische Praktiken des Informationsmanagements mit Hilfe von Social Media näher charakterisieren: das Bereitstellen und Verbreiten, das kollaborative Bearbeiten und das Filtern von Informationen.

Bereitstellen und Verbreiten von Informationen

Soziale Medien haben, wie einleitend geschildert, im Verbund mit anderen digitalen Technologien die technischen Hürden gesenkt, Informationen und Inhalte aller Art online bereitzustellen und mit anderen zu teilen. Für diese Medienprodukte hat sich der Begriff der „nutzergenerierten Inhalte" bzw. des „user-generated content" eingebürgert, den die OECD (2007, 9) definiert als „i) content made publicly available over the Internet, ii) which reflects a certain amount of creative effort, and iii) which is created outside of professional routines and practices". Insbesondere zwei Gattungen des Social Webs sind in diesem Zusammenhang zu nennen: Erstens Anwendungen des ‚*Personal Publishing*', worunter beispielsweise Weblogs und Microblogs (insbesondere Twitter), aber auch die multimedialen Varianten wie Podcasts und Videocasts fallen. Sie unterstützen das Veröffentlichen von Inhalten im Internet, wobei es sich oft (aber nicht zwangsläufig) um Angebote handelt, die von Einzelpersonen geführt werden.

Zweitens *Plattformen*, die Infrastrukturen für das Publizieren bzw. Rezipieren von Inhalten durch eine Vielzahl von Nutzern bieten. In der Regel decken sie spezifische Medienformen ab, also beispielsweise Videos (wie YouTube), Fotos (wie Flickr) oder Audiodateien (wie SoundCloud). Aber auch spezialisierte Angebote, beispielsweise slideshare.net, wo Präsentationen eingestellt werden, oder scribd.net, wo Textdokumente bereitgestellt werden können, sind in diesem Zusammenhang zu nennen. Ein Sonderfall sind Netzwerkplattformen bzw. ‚Social Network Sites' wie Facebook, studiVZ oder XING. Bei ihnen legen Nutzer innerhalb eines durch Registrierung geschlossenen Raums ein persönliches Profil an, machen davon ausgehend soziale Beziehungen zu anderen Nutzern explizit und navigieren bzw. interagieren mit Hilfe des so artikulierten Freundes- oder Kontakt-Netzwerks auf der Plattform (vgl. Boyd/Ellison 2007).

Als mittelbare Folge der gesunkenen technischen Hürden, Informationen für andere bereit zu stellen, entsteht durch soziale Medien ein neuer Typ von Öffentlichkeit, der sich als „persönliche Öffentlichkeit" beschreiben lässt (vgl. Schmidt 2011, 107–133). Sie sind dadurch gekennzeichnet, dass Menschen mit Hilfe von sozialen Medien Informationen miteinander teilen können, die sie nach Kriterien der persönlichen Relevanz auswählen, nicht nach den professionell-journalistischen Standards von Nachrichtenwert und gesellschaftlicher Relevanz. Zudem wird gerade auf Netzwerkplattformen meist ein eingeschränktes Publikum adressiert, nämlich das erweiterte soziale Netzwerk derjenigen Personen, die man als bestätigte Kontakte auf der Plattform führt. Aber auch wenn das intendierte Publikum keine persönlich Bekannten sind, sondern ein Nutzer sich an themenspezifisch interessierte Unbekannte richtet (z.b. in einem politischen Blog), werden die Informationen üblicherweise nicht für ein unspezifisches und disperses Massenpublikum aufbereitet, wie es der professionelle Journalismus bedient. Zudem ist aufgrund der interaktiven Optionen, die die meisten sozialen Medien bieten, der Kommunikationsmodus stärker auf die Konversation, also den wechselseitigen Austausch und Dialog ausgerichtet als auf das eher einseitige Publizieren.

Die oben zitierte Definition von „user-generated content" verweist darauf, dass nutzergenerierte Inhalte und Aktivitäten in persönlichen Öffentlichkeiten mehrheitlich nicht mit kommerziellen Absichten verbunden sind. In manchen Fällen wird auch die zugrunde liegende Software ohne kommerzielle Interessen bereitgestellt, beispielsweise im Fall der weit verbreiteten Weblog-Software Wordpress, die als Open Source Software entwickelt wird.[3] Viele Werkzeuge und Infrastrukturen für nutzergenerierte Inhalte, insbesondere die populären Netzwerk- und Multimediaplattformen, beruhen allerdings darauf, dass die Aktivitäten der Nutzer – auf unterschiedlichen Wegen – monetarisiert werden können. Dabei steht weniger die Vermarktung der nutzergenerierten Inhalte selbst im Vordergrund, auch wenn sich manche Plattformen entsprechend weit reichende Nutzungsrechte einräumen lassen. Vielmehr verwerten die Anbieter die auf ihren Plattformen anfallenden Daten zu persönlichen Merkmalen, Verhalten oder Vorlieben ihrer Nutzer. Diese sind eine ertragreiche Quelle der Wertschöpfung, z.B. weil sie eine deutlich spezifischere Vermarktung gegenüber Werbetreibenden erlauben (vgl. van Dijck 2009). Auch in dieser Hinsicht spielen Regeln sowie die zugrunde liegende Software-Architektur eine besondere Rolle. Erstere geben in Allgemeinen Geschäftsbedingungen, urheber- und datenschutzrechtlichen Regelungen oder auch sozialen Normen zur Preisgabe von persönlichen Informationen der Erhebung und Verwertung nutzergenerierter Inhalte einen Rahmen vor. Letztere beeinflusst, welche Inhalte Menschen mit anderen über eine spezifische

---

3 Vgl. http://wordpress-deutschland.org.

Plattform oder Software teilen können, welche Daten über die Nutzer und ihre Aktivitäten dabei erhoben werden und wie diese mit anderen Datenbeständen kombiniert werden können.

Kollaboratives Bearbeiten von Informationen

Eine zweite prototypische Praxis des Social Web ist das kollaborative Bearbeiten von Informationen bzw. von Informationsbeständen. Zwar lässt sich argumentieren, dass auch das massenhafte Erstellen, Kommentieren, Verlinken und Verknüpfen von nutzergenerierten Inhalten eine Form der kollaborativen Teilhabe (nämlich an Öffentlichkeit) darstellt. Hier soll allerdings eine andere Variante im Vordergrund stehen, die insbesondere durch die Softwaretechnologie der Wiki-WikiWebs oder kurz: *Wikis* unterstützt wird. Dabei handelt es sich um Anwendungen, mit denen Hypertext-Dokumente direkt im Browser angelegt, editiert und über eine spezielle Syntax mit anderen Seiten des Wikis verlinkt werden können (vgl. grundlegend Ebersbach et al. 2008). Änderungen an den einzelnen Seiten können nachverfolgt und gegebenenfalls rückgängig gemacht werden.

Bereits in der zweiten Hälfte der 1990er Jahre setzten Programmierer und Designer Wiki-Software ein, um Aufgaben in Projektteams zu koordinieren und zu dokumentieren. Breit bekannt wurde das technische Prinzip von Wikis jedoch erst mit dem Erfolg der Wikipedia, einer seit 2001 bestehenden kollaborativ erstellten Enzyklopädie, die zu den meistbesuchten Webseiten weltweit zählt.[4] Daneben gibt es eine Reihe von anderen Angeboten, die sich der Wiki-Software bedienen; in Deutschland sind insbesondere die beiden Wikis ‚GuttenPlag' und ‚VroniPlag' bekannt geworden, mit deren Hilfe Plagiatsfälle in den Dissertationen von verschiedenen Politikern und Prominenten dokumentiert werden (vgl. Ruppert/Reimer 2011).[5]

Insbesondere für die Wikipedia ist inzwischen gut untersucht, wie individuelle Nutzungsmotive, Merkmale der Software und spezifische Verwendungsregeln ineinander greifen (vgl. Pentzold 2007; Schroer 2008; Stegbauer 2009). So existieren explizit gemachte Qualitätsstandards und Verhaltensregeln, die immer wieder als Maßstab für die aktive Mitarbeit an Artikeln herangezogen werden. Aber auch die rein rezipierende Nutzung der Wikipedia ist inzwischen zumindest im

---

[4] Vgl. http://de.wikipedia.org. In Deutschland lag sie Ende 2011 auf Rang sieben (vgl. http://www.alexa.com/topsites/countries/DE).

[5] Die Wikis sind online abrufbar unter http://de.guttenplag.wikia.com bzw. http://de.vroniplag.wikia.com.

Bildungsbereich relativ stark reglementiert. Die ungekennzeichnete Übernahme von Informationen aus der Online-Enzyklopädie wird als Plagiat behandelt und entsprechend bestraft, und gerade im universitären Umfeld gelten Wikipedia-Artikel allenfalls als erste Einstiege in die Recherche zu einem Thema, jedoch nicht als zitabel.

Auf technischer Seite sind insbesondere (a) die unkomplizierte Editierbarkeit von Einträgen sowie (b) die Trennung von Artikel- und Diskussionsseite zu nennen, die maßgeblich für die Dynamik der Wikipedia verantwortlich sind. Niedrigschwellige technische Möglichkeiten zur Bearbeitung von Einträgen sind jedoch noch keine hinreichende Bedingung, sondern es kam zweitens auch eine (urheber-)rechtliche Weichenstellung hinzu: Die Inhalte der Enzyklopädie stehen unter freien Lizenzen, die es erlauben, Beiträge zu modifizieren, zu kopieren und weiter zu verbreiten, solange die Folgeinhalte ebenfalls diesen Bedingungen unterliegen.[6] Schließlich entschied sich die Wikipedia drittens für eine soziale Öffnung der Autorenschaft: Statt anerkannten Experten steht es prinzipiell jedem Interessierten offen, Beiträge neu anzulegen oder existierende Artikel zu bearbeiten und zu erweitern.

Technische Relationen manifestieren sich in der Wikipedia insbesondere in der genrespezifischen Verknüpfung von Lexikonartikeln, aber auch in der sichtbar gemachten Kopplung der Abfolge von Bearbeitungsversionen und Bearbeitern. Wie netzwerktheoretische Untersuchungen der Wikipedia (vgl. Stegbauer 2009) verdeutlichen, entsteht aus der Mitarbeit an dem Projekt zudem ein Geflecht von sozialen Beziehungen, das dem einzelnen Nutzer spezifische Positionen mit spezifischen Anforderungen und Rechten zuweist. Die Motivation zur Mitarbeit wie auch die diskursive Verhandlung jeweils aktueller Artikelversionen wird durch diese sozialen Netzwerke, aus denen sich Reputation und Macht ableiten lassen, maßgeblich mitbestimmt. Allerdings bleiben sie den meisten Nutzern der Wikipedia verborgen, denn der Großteil bleibt rein passiv-rezipierend (s.o.). Und selbst unter den aktiven Nutzern ist das Engagement unterschiedlich stark ausgeprägt, denn nur etwa 1 % der Nutzer ist für etwa 70 % der Editiervorgänge verantwortlich (vgl. Stegbauer/Bauer 2008).

Die Praktiken der Aushandlung von Wissen werden durch eine Kombination von technischen und sozialen Bedingungen gerahmt. In der zugrunde liegenden Software ist eine Trennung von Artikel- und Diskussionsseite angelegt, die

---

6 Von Beginn an waren Texte unter die „GNU Free Documentation Licences" gestellt, die Richard Stallman 1999 formuliert hatte. Seit Juni 2009 sind die Wikipedia-Inhalte zudem auch unter eine Creative-Commons-Lizenz gestellt, die vergleichbare Rechte und Pflichten definiert. Vgl. allgemein zu freien Lizenzen als alternative Regelungen des Urheberrechts Grassmuck (2004).

dazu führt, dass Auseinandersetzungen über Formulierungen oder Inhalte separat vom eigentlichen Artikeltext geführt werden, was diesen von argumentativer Rechtfertigung entlastet. Allerdings zeigen macht- bzw. diskurstheoretische Analysen der Editier- und Aushandlungsprozesse, dass das propagierte Ideal der Offenheit nur bedingt zutrifft (vgl. Pentzold 2007). In den Auseinandersetzungen über Formulierungen oder die Relevanz einzelner Artikel treten zwangsläufig Konflikte auf, deren Beilegung und Resultate durch unterschiedliche Ressourcen beeinflusst werden (vgl. Roessing 2008). Die argumentative Macht kommt dem deliberativen Idealbild der Wikipedia am nächsten, beruht sie doch auf der Mobilisierung der ‚Kraft des besseren Arguments', wobei die Merkmale und Vorgaben der Qualitätssicherung die Richtschnur für die Beurteilung bestimmter Editiervorgänge bieten. Eine zweite Ressource ist die verfügbare Zeit eines Nutzers, die ebenfalls über den Ausgang von ‚Edit Wars'[7] oder von übergreifenden Diskussionen entscheidet („wer hält länger durch?").

Besonders wichtig ist jedoch die technische Macht, die mit der Besetzung bestimmter Positionen verbunden ist. Ein besonders großes Machtgefälle besteht zwischen den ‚einfachen Nutzern' (anonym oder angemeldet) und den Administratoren, zu denen Ende 2011 weltweit etwa 4.600, in Deutschland etwa 300 Personen zählten.[8] Letztere verfügen über spezifische, im Code verankerte Rechte, zum Beispiel können sie einzelne Seiten oder Nutzer sperren. Dadurch kommt ihnen im Konfliktfall eine besondere Rolle zu, weil sie beispielsweise in länger andauernde ‚Edit Wars' eingreifen können.

Soziales Filtern von Informationen

Eine dritte prototypische Praxis des Informationsmanagements im Social Web ist schließlich das ‚soziale Filtern', hier als Sammelbegriff für diejenigen Mechanismen verwendet, die Einschätzungen oder Selektionen von Nutzern sichtbar machen und aggregieren, woran sich wiederum nachfolgende Handlungen orientieren können. Anders als das Filtern durch Suchvorgänge, bei denen das Auftauchen bestimmter Merkmale (in der Regel: Suchbegriffe) in einem Text im Vordergrund steht, beruht das soziale Filtern auf Metadaten, die von Nutzern explizit oder implizit vergeben werden. Explizit gemachte Metadaten sind z.B. von Nutzern vergebene Schlagworte bzw. ‚tags' (s.u.) oder Bewertungen mit Hilfe

---

7 ‚Edit Wars' treten auf, wenn wechselseitig und wiederholt Änderungen von Artikeln rückgängig gemacht bzw. überschrieben werden.
8 Vgl. http://meta.wikimedia.org/wiki/List_of_Wikipedias.

des ‚Gefällt mir'-Buttons auf Facebook oder der ‚Daumen hoch/Daumen runter'-Bewertungen von Videos auf YouTube. Implizite Metadaten werden hingegen aus den Aktivitäten der Nutzer abgeleitet. So können relativ einfache Rangfolgen erstellt werden, z.B. der meist abgerufenen Videos der Woche auf einer Videoplattform oder der meist kommentierten Artikel auf einem Blog. Im Zusammenspiel mit Personalisierungs- oder Ähnlichkeitsalgorithmen sind aber auch komplexere Filtervarianten möglich. So lassen sich beispielsweise Aktivitäten der bestätigten Kontakte auf einer Plattform zur Selektion heranziehen, um Inhalte vorzuschlagen, die mein artikuliertes soziales Netzwerk bereits genutzt oder bewertet hat.

Es handelt sich in diesen Fällen um Varianten des ‚sozialen Filterns', bei dem auf der Grundlage individueller Handlungen kollektive Wissensordnungen und Relevanzhierarchien entstehen. Sie lassen sich am Beispiel des ‚Tagging' näher beschreiben. Mit ‚tags' werden frei wählbare Schlagworte bezeichnet, die Nutzer für online vorliegende Inhalte vergeben können. Entsprechende Software-Funktionen sind auf zahlreichen Plattformen und Diensten des Social Web implementiert, um die im jeweiligen Fokus stehenden Inhalte oder Objekte zu kennzeichnen, so z.B. bei Flickr (Fotos), YouTube (Videos), SoundCloud (Musik), Qype (Restaurants, Hotels, Geschäfte, u.a.) oder Delicious (Webseiten). Eine wichtige Unterscheidung betrifft, ob nur die Urheber bzw. ‚Einsteller' bestimmter Informationen Schlagworte vergeben können – wie zum Beispiel bei YouTube oder Flickr – oder ob andere Nutzer die Ressourcen kennzeichnen können, wie beispielsweise bei Qype oder Delicious. Im letzteren Fall kann unter Umständen ein sehr breites Spektrum von Schlagworten an eine Ressource geknüpft sein, die mit den Absichten oder Urteilen des Urhebers nicht deckungsgleich sein müssen. Beide Varianten des Tagging beruhen aber darauf, dass Nutzer auf der Grundlage individueller Routinen und Erwartungen Objekte nach selbstgewählten Ordnungskriterien klassifizieren und für bestimmte Informationsbedürfnisse recherchierbar machen.

Auf dieser Grundlage können sich kollektive Ordnungsmuster herausbilden, wenn die Schlagworte bzw. Metadaten einer Vielzahl von Nutzern aggregiert und für andere Personen sicht- und navigierbar gemacht werden. Durch die Verknüpfung von Objekten und den für sie vergebenen Tags bzw. Metadaten entstehen ‚Folksonomies' – ein Begriff, der aus der Kombination von ‚taxonomy' und ‚folks' gebildet wurde und den Charakter der Ordnungssysteme betont, ‚von unten', also durch die Nutzer selbst aufgebaut zu sein (vgl. van der Wal 2007). Sie können beispielsweise durch ‚Tag Clouds' visualisiert werden, die z.B. die Häufigkeit bestimmter Schlagworte in variierender Größe darstellen und so eine schnelle Orientierung über die ‚Eigenschaften' der verschlagworteten Ressourcen oder der Popularität bestimmter thematischer Bereiche liefern. Experimenten zufolge sind sie herkömmlichen Suchanfragen zwar bei spezifischen Recherchen unterlegen, können jedoch die allgemeine Orientierung auf einer Plattform, die eine Vielzahl von Inhalten bietet, durchaus erleichtern (vgl. Sinclair/Cardew-Hall 2008).

Weil Tagging-Systeme ohne vorgegebene Kategorien und ihre Beziehungen (z.B. in Ober- und Unterkategorien) auskommen, besitzen sie relativ geringe Einstiegshürden und können zum Beispiel auch Bewertungen oder Assoziationen abdecken. Auch bei der Recherche innerhalb von Tagging-Systemen sind Nutzer nicht auf das vorgegebene Kategorienspektrum beschränkt, sondern können nach Alltagsbegriffen suchen und anhand von Assoziationen und semantischen Verbindungen Inhalte auch eher ‚zufällig' entdecken. Die Aggregation und Verknüpfung von Schlagworten verschiedener Nutzer macht es möglich, dass verwandte Objekte gefunden werden, die durch eine direkte Suche nicht auffindbar gewesen wären.

Tagging-Systeme verbreitern somit den Kreis der Personen, die Objekte mit Metadaten versehen und für zukünftige Recherchen aufbereiten können. Dieser Mechanismus kann mit dem rasanten Wachstum digitaler Informationen deutlich besser Schritt halten als die Klassifizierung durch Experten oder mit Hilfe von automatisierten Verfahren der Extraktion und Vergabe von Metadaten (vgl. Schmidt/Pellegrini 2009). Gerade im Bereich des ‚user-generated content' sind also Mechanismen der ‚user-generated classification' eine wertvolle Ergänzung. Allerdings besitzt eine freie Schlagwortvergabe auch Nachteile gegenüber Systemen mit einem kontrollierten Vokabular, sodass ihr Einsatz nicht in jedem Kontext sinnvoll ist. Insbesondere die semantische Mehrdeutigkeit von Schlagworten, aber auch die Abhängigkeit von vorangegangen Aktivitäten sorgen dafür, dass Recherchen in Tagging-Systemen unvollständige oder inadäquate Ergebnisse liefern können.

Folgen: Zum Wandel von Öffentlichkeit

Die drei beschriebenen Praktiken des Informationsmanagements, die das Social Web unterstützt, tragen jeweils auf eigene Weise zu einem Strukturwandel von Öffentlichkeit bei. Einer Unterscheidung von Neuberger (2009) folgend kann konstatiert werden, dass neben die professionelle Vermittlungsleistung des Journalismus zwei weitere Formen der Vermittlung treten: Zum einen sind dies partizipative Vermittlungsleistungen, die sich prototypisch in den persönlichen Öffentlichkeiten der Netzwerkplattformen und (Micro-)Blogs zeigen, aber auch in den kollaborativ erstellten Informationssammlungen und Folksonomies ausdrücken. Hier gelten, wie geschildert, andere Selektions- und Präsentationsregeln, die sich insbesondere an Kriterien der persönlichen Relevanz orientieren. Zum

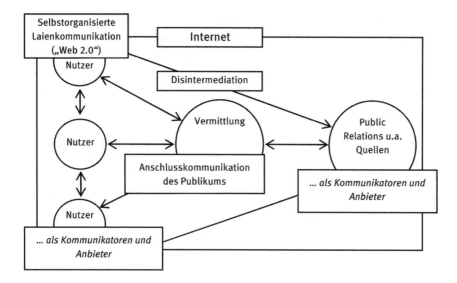

Abb. 1: Aktuelle Öffentlichkeit unter den Bedingungen des Internets. Quelle: Neuberger 2009, 41.

anderen gewinnen technisierte Vermittlungsformen an Gewicht, weil Aggregation und Filtern von Informationen mit Hilfe digitaler Medien auf spezifischen Algorithmen und Software-Architekturen beruhen.

Unter massenmedialen Bedingungen bestand die Vermittlungsleistung des professionellen Journalismus darin, nach etablierten Kriterien sowie institutionell gesichert und auf Dauer gestellt das gesellschaftlich als relevant Erachtete zu filtern, aufzubereiten und an ein disperses Massenpublikum zu verteilen (vgl. Jarren 2008). Das Social Web verdrängt oder ersetzt diese Leistung nicht, macht aber weitere kommunikative Beziehungen möglich und sichtbar (vgl. Abb. 1). So wird die Anschlusskommunikation des Publikums, die auf journalistisch gesetzte Themen folgt und eine wichtige Rolle für Meinungsbildung und gesellschaftliche Einordnung dieser Themen spielt, in den Konversationen der persönlichen Öffentlichkeiten oder den individuell vergebenen Metadaten von Verschlagwortungsplattformen sichtbar. Zugleich können sich andere Akteure wie PR, Marketing, politische Parteien oder Nicht-Regierungsorganisationen der journalistischen Vermittlung zumindest insoweit entziehen, als sie selbst Kommunikationsangebote im Social Web machen und beispielsweise auf Facebook, Twitter oder YouTube aktiv sind.

Gerade die von Neuberger als „Disintermediation", also das Umgehen journalistischer Vermittlung, und „Selbstorganisierte Laienkommunikation" bezeichneten Entwicklungen, die die Strukturen der Internetöffentlichkeit prägen, sind mit Hoffnungen auf den Abbau von Informationsungleichheiten verbunden: Da nun jeder zum Sender werden und die ‚Gatekeeper'-Funktion des Journalismus umgehen könne, und da die sozialen Medien zahlreiche Werkzeuge für das gemeinsame Sammeln von Wissen und den Austausch von Informationen zu allen nur erdenklichen Themen bereitstellten, könnten auch bislang marginalisierte Stimmen Gehör finden. Letztlich ließen sich dadurch medienutopische Ideale verwirklichen, die bereits Brecht (1967) oder Enzensberger (1973) formuliert haben: Das Filter-Monopol der Medienunternehmen und gesellschaftlichen Eliten werde gebrochen und dem bislang passiven Massenpublikum stünde nun endlich der Rückkanal zur Verfügung, um sich an Diskussionen zu beteiligen. Pars pro toto kann hier die Einschätzung von Benkler (2006) stehen, der in seiner Analyse der „networked public sphere" des Internets festhält:

> the social practices of information and discourse allow a very large number of actors to see themselves as potential contributors to public discourse and as potential actors in political arenas, rather than mostly passive recipients of mediated information who occasionally can vote their preferences (Benkler 2006, 220).

Bei genauerem Hinsehen zeigt sich allerdings, dass diese Hoffnungen nicht automatisch erfüllt werden, bloß weil die medientechnologischen Innovationen des Internets und der sozialen Medien verfügbar sind. Zunächst ist festzuhalten, dass nicht nur emanzipativ-aufklärerische Gegenöffentlichkeiten vom Senken der Publikations- und Distributionshürden profitieren, sondern auch politisch radikale, undemokratische Informationen leichter verbreitet werden können. So argumentiert Müller (2008) am Beispiel des islamophoben Weblogs „Politically Incorrect", dass

> gerade Verbreiter von *Hate Speech*, also von menschenverachtenden Äußerungen und Hetze, [...] durch das Internet überproportional gewinnen", weil sie „besonders vom Wegfall des *Gatekeeping* profitieren (114; Kursivsetzung im Original).

Daneben sind eine Reihe von Umständen und Entwicklungen dafür verantwortlich, dass Ungleichheiten bestehen bleiben, sich unter Umständen sogar verstärken oder neue Hierarchien entstehen. Schon der Blick auf die einleitend vorgestellten empirischen Befunde zur Verbreitung der unterschiedlichen Social-Web-Gattungen zeigt, dass augenscheinlich nach wie vor Ungleichheiten im Zugang und der Art der Nutzung dieser Medientechnologien bestehen. Zudem nimmt nicht jeder Nutzer die aktiv-partizipativen Potenziale der sozialen Medien in gleicher Weise wahr, sondern es ist meist nur ein kleiner Anteil, der eigene Inhalte bereitstellt oder sich aktiv an kollaborativen Wissenssammlungen beteiligt. Von ihnen haben wiederum nicht alle die gleichen Chancen, mit den eigenen

Themen, Meinungen oder Informationen Gehör zu finden. Auch in den vernetzten Öffentlichkeiten der sozialen Medien bilden sich vielmehr zentrale Knoten, die mehr Aufmerksamkeit auf sich ziehen oder größere Chancen haben, Informationen zu vermitteln, Standards zu prägen und Regeln zu setzen.

Eine entscheidende Rolle in diesem Zusammenhang spielen die Betreiber der Plattformen, die die Infrastrukturen für Informationsmanagement und Kommunikation bereitstellen. Sie gestalten den Software-Code, somit auch die Optionen und Restriktionen, die den Nutzern für die beschriebenen Praktiken zur Verfügung stehen. Sowohl partizipative als auch professionelle Vermittlung von Informationen beruhen auf den Filter-, Aggregations- oder Personalisierungsalgorithmen, die in den Plattformen eingeschrieben sind. Diese sind nur scheinbar neutral; unlängst hat beispielsweise Pariser (2011) darauf hingewiesen, dass Personalisierungsalgorithmen bei der Selektion von Informationen zu „filter bubbles" führen könnten, die zu einer Fragmentierung von Öffentlichkeit beitragen, weil es immer weniger gemeinsam geteilte Wissensstände gebe. Die Betreiber haben wiederum ein Interesse daran, möglichst umfassende Informationen über ihre Nutzer zu sammeln, da ihre Geschäftsmodelle wie beschrieben darauf beruhen, Daten oder Aktivitäten der Nutzer gegenüber Werbetreibenden zu vermarkten.

Für Nutzer ist die Partizipation an vielen Diensten und Plattformen deswegen in der Regel freiwillig und kostenfrei, doch entstehen ihnen durch die zeitlichen Investitionen in die Selbstdarstellung und den Aufbau des eigenen sozialen Netzwerks Austrittskosten. Zudem strukturieren die Betreiber ihre Plattformen oft so, dass Nutzer nicht ohne weiteres ihre Daten exportieren und in andere Anwendungen einspeisen können. Aus gesellschaftlicher Sicht sind solche lock-in-Effekte, die Wahl und Wechsel zwischen unterschiedlichen Anbietern erschweren, durchaus problematisch, nicht zuletzt weil die Betreiber eine Vielzahl von personenbezogenen Daten sammeln, teilweise auch ohne dass den Nutzern das Ausmaß und die Verwendung dieser gesammelten Daten transparent werden.

Angesichts dieser Entwicklungen kommt der informationellen Selbstbestimmung, ursprünglich im Kontext der Datenschutzdebatte in den 1980er Jahren und des „Volkszählungsurteils" des Bundesverfassungsgerichts geprägt (vgl. Papier 2012), eine Schlüsselrolle für die Beurteilung von Informationsmanagement in sozialen Medien zu. Sie kann hier in dreifacher Hinsicht verstanden werden: Erstens ist informationelle Selbstbestimmung eine *ausgeübte Praxis* im Sinne der oben vorgestellten Nutzungsweisen. Nutzer betreiben informationelle Selbstbestimmung (und zwar mehr oder weniger kompetent, reflektiert, evtl. auch scheiternd), wenn sie sich in den vernetzten persönlichen Öffentlichkeiten des Social Web bewegen und persönlich relevante Informationen mit anderen teilen, an kollaborativen Informationssammlungen teilhaben oder individuelles Informationsmanagement betreiben.

Zweitens ist sie ein *normatives Konzept*, das als Bestandteil der verfassungsmäßigen Ordnung unserer Gesellschaft auch die Verwendungsregeln berührt, an denen sich das Handeln unterschiedlicher Akteure orientieren soll. Sie umfasst die Selbstbestimmung bzw. Kontrolle einer Person (1) über die von ihr selbst mitgeteilten Daten, (2) über die sie betreffenden Daten, die andere Nutzer preisgeben sowie (3) über die Daten, die Betreiber etc. sammeln. Diese Bereiche werden durch konkrete datenschutzrechtliche Bestimmungen und Regelungen, insbesondere aber auch durch geteilte, wenngleich ungeschriebene soziale Normen und Konventionen beeinflusst und gerahmt.

Drittens ist informationelle Selbstbestimmung eine *Kompetenz*, was darauf verweist, dass der Umgang mit Informationen auch bestimmte Wissensformen (z.B. über die mittel- und langfristigen Konsequenzen des eigenen informationsbezogenen Handelns) und Fertigkeiten (z.B. im Umgang mit technischen Optionen) voraussetzt. Erst sie machen die „informierte Einwilligung" möglich, bei der ein Nutzer (unter Kenntnis von Umfang und Zweck) einer Verarbeitung der eigenen Daten zustimmt oder diese ablehnt. Aber auch die „informationelle Autonomie", die Kuhlen (2004, 162ff.) aus einer informationsethischen Perspektive als Freiheit und Fähigkeit beschreibt, auf Informationen aller Art zugreifen zu können, ist in diesem Zusammenhang zu nennen.

Fazit

Digitale vernetzte Medien haben einen tief greifenden Einfluss auf die Erstellung, Filterung und Verbreitung von Informationen. In diesem Beitrag standen die ‚sozialen Medien' bzw. Anwendungen des ‚Social Web' im Mittelpunkt, denen gemeinsam ist, in den vergangenen Jahren die Nutzung des Internets stark geprägt zu haben. Die Wikipedia und YouTube, Facebook, Twitter oder Weblogs ermöglichen auf jeweils eigene Weise, dass Menschen Informationen aller Art für andere Nutzer bereitstellen, mit ihnen bearbeiten oder individuell wie kollektiv filtern können. Diese Praktiken sind jeweils durch die softwaretechnischen Gegebenheiten, aber auch durch formelle wie informelle soziale Normen und Erwartungen strukturiert und resultieren in vielfältigen technischen und sozialen Verflechtungen. Sie tragen dadurch zu einem Strukturwandel von Öffentlichkeit bei, indem zur professionellen Vermittlung von Informationen auch die partizipative und die technisierte Intermediation tritt. Dabei zeigt sich, dass entgegen mancher technikutopischer Hoffnung diese Erweiterung von Öffentlichkeit nicht per se ‚gut' oder demokratisch ist, sondern dass auch in den sozialen Medien Ungleichheiten und Machtunterschiede bestehen. Vor diesem Hintergrund ist die informationelle

Selbstbestimmung, verstanden als Praxis, Norm und Kompetenz zugleich, eine unverzichtbare Kulturtechnik des 21. Jahrhunderts.

Literatur

Benkler, Y. (2006): The Wealth of Networks. How Social Production Transforms Markets and Freedom. New Haven, CT: Yale University Press.

boyd, d.; Ellison, N. (2007): „Social Network Sites: Definition, History, and Scholarship". Journal of Computer-Mediated Communication 13:1, Artikel 11. (http://jcmc.indiana.edu/vol13/issue1/boyd.ellison.html).

Brecht, B. (1967): „Radiotheorie". In: Ders.: Gesammelte Werke, Bd. 18, Schriften zur Literatur und Kunst. Frankfurt/M.: Suhrkamp, 114–134.

Busemann, K.; Gscheidle, C. (2011): „Web 2.0: Aktive Mitwirkung verbleibt auf niedrigem Niveau". Media Perspektiven 7/8, 360–369. (http://www.media-perspektiven.de/uploads/tx_mppublications/0708-2011_Busemann_Gscheidle.pdf).

Enzensberger, H.M. (1973): „Baukasten zu einer Theorie der Medien". In: D. Prokop (Hrsg.): Massenkommunikationsforschung. Bd. 2: Konsumtion. Frankfurt/M.: Fischer, 420–433.

Fink, S.; Zerfaß, A.; Linke, A. (2011): Social Media Governance 2011 – Kompetenzen, Strukturen und Strategien von Unternehmen, Behörden und Non-Profit-Organisationen für die Online-Kommunikation im Social Web. Ergebnisse einer empirischen Studie bei Kommunikationsverantwortlichen. Leipzig, Wiesbaden: Universität Leipzig/Fink & Fuchs Public Relations AG.

Jarren, O. (2008): „Massenmedien als Intermediäre. Zur anhaltenden Relevanz der Massenmedien für die öffentliche Kommunikation". Medien & Kommunikationswissenschaft 3/4, 329–346.

Kuhlen, R. (2004): Informationsethik. Konstanz: UVK.

Müller, D. (2008): „Lunatic Fringe Goes Mainstream? Keine Gatekeeping-Macht für Niemand, dafür Hate Speech für Alle – zum Islamhasser-Blog Politically Incorrect". Internet: Öffentlichkeit(en) im Umbruch. Navigationen. Zeitschrift für Medien- und Kulturwissenschaften 2, 109–126.

Münker, S. (2009): Emergenz digitaler Öffentlichkeiten. Die Sozialen Medien im Web 2.0. Frankfurt/M.: Suhrkamp.

Neuberger, C. (2009): „Internet, Journalismus und Öffentlichkeit. Analyse des Medienumbruchs". In: C. Neuberger; C. Nürnbergk; M. Rischke (Hrsg.:) Journalismus im Internet: Profession – Partizipation – Technisierung. Wiesbaden: VS Verlag für Sozialwissenschaften, 19–105.

Nielsen, J. (2006): „Participation Inequality: Encouraging More Users to Contribute". Jakob Nielsen's Alertbox, 09.10.2006. (http://www.useit.com/alertbox/participation_inequality.html).

O'Reilly, T. (2005): „What Is Web 2.0. Design Patterns and Business Models for the Next Generation of Software", 30.09.2005. (http://www.oreilly.com/pub/a/oreilly/tim/news/2005/09/30/what-is-web-20.html).

OECD (2007): Participative Web and User-Created Content. Web 2.0, Wikis and Social Networking. Paris: OECD 2007. (http://www.biac.org/members/iccp/mtg/2008-06-seoul-min/9307031E.pdf).

Papier, H.-J. (2012, im Druck): „Verfassungsrechtliche Grundlegung des Datenschutzes". In: J.-H. Schmidt; T. Weichert (Hrsg.): Datenschutz. Bonn: Bundeszentrale für politische Bildung.

Pariser, E. (2011): Filter Bubble. What the Internet Is Hiding From You. New York, NY: Penguin.

Pentzold, C. (2007): Wikipedia. Diskussionsraum und Informationsspeicher im neuen Netz. München: Reinhard Fischer.

Pscheida, D. (2010): Das Wikipedia-Universum. Wie das Internet unsere Wissenskultur verändert. Bielefeld: Transcript.

Roessing, T.: „Propaganda, POV und Pöbeleien – die Dynamik politischer Auseinandersetzungen in Wikipedia". Vortrag bei der Jahrestagung der Fachgruppe Computervermittelte Kommunikation der DGPuK, 07./08.11.2008, Ilmenau.

Ruppert, M.; Reimer, J. (2011): „Im Schwarm". journalist. Das Medienmagazin 4, 76–80.

Schmidt, J. (2011): Das neue Netz. Merkmale, Praktiken und Folgen des Web 2.0. 2. aktualisierte Auflage. Konstanz: UVK.

Schmidt, J.; Pellegrini, T. (2009): „Das Social Semantic Web aus kommunikationssoziologischer Perspektive". In: A. Blumauer; T. Pellegrini (Hrsg.): Social Semantic Web. Web 2.0 – Was nun? Berlin: Springer , 453–468.

Schroer, J. (2008): Wikipedia: auslösende und aufrechterhaltende Faktoren der freiwilligen Mitarbeit an einem Web-2.0-Projekt. Berlin: Logos.

Sinclair, J.; Cardew-Hall, M. (2008): „The Folksonomy Tag Cloud: When Is It Useful?" Journal of Information Science 1, 15–29.

Stegbauer, C. (2009): Das Rätsel der Kooperation. Eine Untersuchung am Beispiel der Wikipedia. Wiesbaden: VS Verlag für Sozialwissenschaften.

Stegbauer, C.; Bauer, E. (2008): „Nutzerkarrieren in Wikipedia". In: A. Zerfaß; M. Welker; J. Schmidt (Hrsg.): Kommunikation, Partizipation und Wirkungen im Social Web. Bd. 1. Köln: Van Halem, 186–204.

van Dijck, J. (2009): „Users Like You? Theorizing Agency in User-generated Content". Media, Culture & Society 1, 41–58.

van der Wal, T. (2007): Folksonomy Coinage and Definition. 02.02.2007. (http://vanderwal.net/folksonomy.html).

Maßnahmen zur gerechten Informationsverteilung

Jan-Pieter Barbian
Schlüssel zur Welt: Öffentliche Bibliotheken als gesellschaftliche Orte der Information und des Wissens

Wer die legendäre Bibliothek von Alexandria vor Jahrtausenden betrat, wurde mit der Inschrift begrüßt: „Der Ort, an welchem die Seele genesen kann." Doch nicht nur die Seele, sondern auch der Geist wurde angesprochen. Denn die Bibliothek sollte „Zeugnis ablegen von der verwirrenden Vielfalt des Universums und der verborgenen Ordnung in dieser Vielfalt" (Manguel 2007, 33). Von solchen Idealvorstellungen ist das heutige Bibliotheksgeschäft leider weit entfernt. Im Alltag regieren Personalabbau, Kürzungen im Erwerbungsetat, Bemühungen um Effizienzsteigerung und der Vergleich von Leistungskennzahlen. Zudem schweben das Internet als scheinbar allwissendes Informationsmedium, eBooks als Ablösungsmedium für gedruckte Bücher oder die Bereitstellung von Medien im Rahmen virtueller Bibliotheken als Damoklesschwerter über allen realen Bibliotheken. Dabei gerät zunehmend aus dem Blick, wofür Öffentliche Bibliotheken nach wie vor stehen, was sie zur Verbreitung von Kultur und Bildung in der Gesellschaft leisten, wie viele Zugänge zu Informationen und Wissen sie offen halten, wie wichtig sie für Menschen unterschiedlicher sozialer oder ethnischer Herkunft und für die Vielfalt des Lebens in einer Stadt sind.

Im Folgenden wird an sechs zentralen Themenfeldern eine Positionierung der Öffentlichen Bibliotheken als soziale Knotenpunkte in Städten für den Erwerb kultureller Schlüsselqualifikationen, für die Vermittlung von Informationen und Wissen, für die Teilhabe an Kultur und Bildung, für die Integration von Migranten in ihre neue Heimat Deutschland, für die geistige Beschäftigung und den offenen Meinungsaustausch der Menschen jenseits des passiven Konsums vorgenommen. Für jedes Themenfeld werden die theoretischen Grundlagen mit Beispielen aus der konkreten Arbeitspraxis von Öffentlichen Bibliotheken angereichert. Auch wenn auf diese Weise wieder ein Idealbild von Bibliothek aufscheint, berühren sich Anspruch und Wirklichkeit im Alltag doch an vielen Stellen. Die Kongruenz wäre noch größer, wenn die Unterhaltsträger in den Kommunen und die Entscheidungsträger in der Politik das Leistungsvermögen und die Leistungsbereitschaft der Öffentlichen Bibliotheken anerkennen und stärken würden. Dazu gehören zwingend Bibliotheksgesetze in den Bundesländern, mit denen die Standards für die Ausstattung mit Personal, Räumlichkeiten und Medien definiert und deren Finanzierung verbindlich geregelt werden. Immerhin geht es um über 10 705 Einrichtungen, die an jedem Werktag 680 000 Besuche und 205 Millionen Besuche im Jahr verzeichnen (vgl. Deutscher Bibliotheksverband 2011, 3). Und es geht um insgesamt rund 364 Millionen Medien in allen Bibliotheken, die rund 474 Millionen Entleihungen pro Jahr erzielen. 8,75 Millionen Menschen gehören zu den aktiven Nutzern von Bibliotheken, wobei diese Zahl nur die Personen ab dem 12. Lebensjahr erfasst. Bibliotheken stellen also durchaus eine kultur- und bildungspolitisch relevante Größe mit Einfluss auf vielschichtige Gesellschaftskreise dar.

Lesen als Schlüsselqualifikation

Kaum ein anderer Schriftsteller auf der Welt hat sich so hingebungsvoll mit dem Handwerk, der Kunst und der Ethik des Lesens beschäftigt wie der 1948 in Buenos Aires geborene Alberto Manguel. In seiner *Geschichte des Lesens* schreibt er: „Wir alle lesen in uns und der uns umgebenden Welt, um zu begreifen, wer wir sind und wo wir sind. Wir lesen, um zu verstehen oder auf das Verstehen hinzuarbeiten. Wir können gar nicht anders: Das Lesen ist wie das Atmen eine essentielle Lebensfunktion" (Manguel 1998, 16). Etwas prosaischer, aber nicht weniger zutreffend stellen die Autoren einer Bilanz zur Entwicklung der Lesekompetenz von PISA 2000 bis PISA 2009 fest:

> Die Fähigkeit, geschriebene Texte zu verstehen und zu nutzen, stellt eine wesentliche Bedingung für die Weiterentwicklung eigenen Wissens und eigener Fähigkeiten dar und ist zugleich Voraussetzung für die Teilhabe am kulturellen und gesellschaftlichen Leben. [...] Über Texte werden dabei nicht nur Informationen und Fakten vermittelt, sondern auch Ideen, Wertvorstellungen und kulturelle Inhalte transportiert. (Klieme et al. 2010, 23)

Die Lesekompetenz nimmt daher „eine Schlüsselstellung unter den in PISA erfassten Kompetenzen" ein. Denn sie ist „eine Voraussetzung für den Wissenserwerb in mehr oder weniger allen schulischen Fächern und auch in der [beruflichen] Ausbildung und im Studium müssen neue Textsorten mit anspruchsvollen Inhalten effizient erschlossen und zum Lernen genutzt werden" (Klieme et al. 2010, 23).

Mit dem „Programme for International Student Assessment" (PISA), das die OECD erstmals im Jahr 2000 in 43 ihrer Mitgliedstaaten durchführte, geriet das lange Zeit vernachlässigte Thema ‚Lesen' plötzlich wieder ins Rampenlicht der Öffentlichkeit. Denn die Fähigkeiten deutscher Schülerinnen und Schüler im Alter von 15 Jahren, in Texten Informationen zu suchen und herauszufiltern, zu kombinieren und zu interpretieren, zu reflektieren und zu bewerten, lagen signifikant unter dem OECD-Durchschnitt. Bei der dritten Erhebung zur ‚Lesekompetenz' im Jahr 2009, an der sich 65 Mitgliedstaaten beteiligten, erreichte Deutschland zwar einen Platz im Mittelfeld der OECD-Staaten (vgl. Klieme et al. 2010, 23–65), zufriedenstellen können die Ergebnisse allerdings immer noch nicht. Denn nach wie vor weisen die Schülerinnen und Schüler von Hauptschulen und Integrierten Gesamtschulen nur eine geringe Lesekompetenz auf, gehören wesentlich mehr männliche Jugendliche und Jugendliche aus sozial benachteiligten Familien oder aus Familien mit einem Migrationshintergrund zu den schwachen Lesern. Bemerkenswert ist auch der durch PISA nachgewiesene Zusammenhang zwischen Leseschwäche und hohem Konsum von Fernsehen sowie Computerspielen, während sich das vom Elternhaus gepflegte Vorlesen oder die Beschäftigung mit Hörbüchern im Kindesalter positiv auf die Entwicklung der Sprach- und Lesekompetenz von Jugendlichen auswirken.

Die Leseförderung ist eine Aufgabe, die traditionell den Schulen zugeordnet war. Inzwischen wissen wir jedoch, dass die Lesesozialisation nicht erst in der Grundschule, sondern bereits im Kleinkindalter beginnen muss. Aus einer 2007 veröffentlichten Darstellung der Direktorin des Center for Reading and Language Research an der Tufts University in Boston/Massachusetts Maryanne Wolf lernen wir:

> Das Gehirn des Kleinkinds bereitet sich viel eher aufs Lesen vor, als man vermuten würde, und greift dabei auf fast alle Rohmaterialien der frühen Kindheit zurück – auf jede Wahrnehmung, jede Vorstellung, jedes Wort. Es lernt, all die wichtigen Strukturen zu nutzen, auf denen später das universale Lesesystem des Gehirns aufgebaut wird. (Wolf 2009, 97)

Das Lesen von Büchern bietet nach einer in einem Interview geäußerten Einschätzung der amerikanischen Neurowissenschaftlerin einen positiven emotionalen Raum, in dem jedes Kind ganz aufgehen kann: „Schon kleine Kinder lernen beim Vorlesen so viel über ihre Gefühle und die Gefühle anderer, das sind wertvolle Lektionen" (Heidemann 2010; vgl. auch Dehaene 2010, 221 ff.). Daher erhalten nach dem britischen Vorbild ‚Books for Babies' auch in einer Reihe von Städten in Deutschland alle Eltern zur Geburt eines Kindes ein ‚Lesestart-Paket' mit ersten Informationen zur frühkindlichen Sprachförderung, ein erstes Bilderbuch, weitere Buchempfehlungen und eine ‚Leselatte', das heißt, eine Messlatte aus Hartplastik oder Papier, die neben dem körperlichen Wachstum auch die Fortschritte eines heranwachsenden Kindes im Umgang mit Büchern und dem Lesen verzeichnet. Zu jeder Altersstufe informiert die „Leselatte" die Eltern über ihre Möglichkeiten zur Förderung der Lesekompetenz ihres Kindes (vgl. Keller-Loibl 2009).

Die Elternhäuser haben eine wichtige Vorbildfunktion. Allerdings wies 2007 eine bundesweite Befragung der Stiftung Lesen, der Wochenzeitung Die Zeit und der Deutschen Bahn AG nach, dass 42 % der Eltern ihren Kindern nur noch unregelmäßig aus Büchern vorlesen und fast ein Fünftel aller Eltern dies überhaupt nicht mehr tun (vgl. Stiftung Lesen 2007). In Familien mit einem Migrationshintergrund war dieser Negativtrend noch deutlicher: Hier sind es nur 17 % der Eltern, die angeben, ihren Kindern täglich vorzulesen, während 80 % dies nur noch unregelmäßig oder überhaupt nicht mehr tun. Darüber hinaus stellte die Studie fest, dass sich 47 % aller Eltern vom Vorlesen ganz zurückziehen, sobald ihre Kinder die Schule besuchen. Um so wichtiger ist es, dass Eltern von Bibliotheken, Kindertageseinrichtungen und Jugendämtern professionelle Unterstützung erhalten. Auch hier hat sich inzwischen die Einsicht durchgesetzt, dass das Lesen der Persönlichkeitsbildung, der Stärkung der Wahrnehmungsfähigkeit und des Urteilsvermögens zugute kommt, darüber hinaus Jugendliche zu einer „aktiven, verantwortungsbewussten Mitgestaltung der Gesellschaft ermutigt" und eine „Voraussetzung für mehr Gerechtigkeit bei der Verteilung von Bildungschancen" ist, da Kindern, die gerne lesen, die aktive Teilnahme am Unterricht wesentlich leichter fällt (vgl. Ehmig/Reuter 2011, 12). Öffentliche Bibliotheken begleiten diesen Prozess mit einer Vielfalt von Angeboten: Führungen für Kita-Gruppen und Schulklassen, Bilderbuchkinos, Vorlese-Bibliotheken, Themenpakete, Klassensätze, elektronische Medien on demand, Lesefeste und Medienausstellungen, Kinder- und Jugendbuchmessen, Lesenächte, Autoren- und Schauspielerlesungen, Kreativ-Angebote, Spiele-Nachmittage, Sommerleseclubs, Thementage oder Themenwochen, Fortbildungen für ehrenamtliche Vorlesepaten, Eltern, Erzieher und Erzieherinnen, Lehrer und Lehrerinnen (vgl. Ehmig/Reuter 2011, 28–40).

Ein über die Lesesozialisation von Kindern und Jugendlichen hinausgehender Problemkomplex, der erst in jüngster Zeit von der Bildungsforschung intensiver untersucht worden ist, kann hier nur angedeutet werden. Eine keineswegs kleine Gruppe unter den Erwerbstätigen im Alter zwischen 18 und 64 Jahren in Deutschland hat erhebliche Schwierigkeiten mit dem Lesen und Schreiben. 7,5 Millionen Menschen (d.h. 14,5 % der erwerbstätigen Gesamtbevölkerung) gelten als funktionale Analphabeten: sie können einzelne Worte und Sätze lesen und schreiben, aber keine zusammenhängenden Texte. 13 Millionen besitzen nur geringe Lese- und Schreibfertigkeiten, d.h. sie lesen und schreiben langsam und mit Fehlern. 2,3 Millionen Menschen sind Analphabeten, die einzelne Worte, aber keine Sätze lesen oder schreiben können (vgl. Grotlüschen et al. in diesem Band). Die fehlenden Kenntnisse in der Schlüsselqualifikation Lesen haben negative Auswirkungen auf den Alltag und die Berufschancen der Betroffenen. Den Öffentlichen Bibliotheken ebenso wie allen anderen Weiterbildungseinrichtungen stellt sich damit eine neue, bislang unerkannte gesellschaftspolitische Herausforderung.

Kompetenz im Umgang mit Medien

In Deutschland erscheinen jedes Jahr rund 90 000 neue Buchtitel. Doch neben ihnen und weiteren Printprodukten wie Zeitungen und Zeitschriften gibt es mittlerweile ein reichhaltiges Angebot an neuen Medien: Musik- und Hörbuch-CDs, MP3s, DVDs/Blue Ray Discs, Sach-CD-ROMs, CD-ROM-Spiele, eBooks, eJournals, Datenbanken, digitale und virtuelle Bibliotheken. Darüber hinaus bietet das Internet eine Vielzahl an Informations- und Kommunikationsmöglichkeiten. Ende 2011 lag die Anzahl der Internetnutzer in Deutschland insgesamt bei 73,3 % (78,3 % bei den Männern und 68,5 % bei den Frauen; 1997 waren es insgesamt nur 6,5 %). In der Altersgruppe der 14- bis 19-Jährigen hat die Internetnutzung sogar 100 % erreicht. Die Art der Onlineanwendungen reicht von „Suchmaschinen nutzen" (83 %), „E-Mails versenden/empfangen" (80 %), „einfach so im Internet surfen" (47 %) und „zielgerichtet bestimmte Angebote suchen" (43 %) bis zu „Onlinecommunities nutzen" (36 %), „Homebanking" (32 %) und „Gesprächsforen, Newsgroups, Chats" (21 %). Bei den genutzten Onlineinhalten standen aktuelle Nachrichten mit 61 % an der Spitze, gefolgt von aktuellen Serviceinformationen (46 %), Informationen für Beruf/Ausbildung (45 %), aktuellen Regionalnachrichten/-informationen (45 %), Veranstaltungstipps (44 %), Informationen aus Wissenschaft, Forschung, Bildung (39 %), Informationen aus dem Kulturbereich (33 %), Sportinformationen (31 %), Verbraucher- und Ratgeberinformationen (31 %). 21 % der Internetnutzer waren mit einem eigenen Profil in einer Netz-Community vertreten – aber Jugendliche im Alter von 14 bis 19 Jahren zu 87 %. Die durchschnittliche Verweildauer im Internet betrug 137 Minuten pro Nutzer am Tag, bei den 14- bis 29-Jährigen 168 Minuten (vgl. Brülinghaus/Weinert 2011, 391–395).

Mit der Vielfalt an Medien und deren unterschiedlichen Nutzungsmöglichkeiten sind nicht nur Kinder und Jugendliche, sondern auch zahlreiche Erwachsene überfordert. „Wie nutze ich das Internet am besten für meine Zwecke? Wo finde ich die wertvollsten Informationen? Wie stelle ich mich anderen Menschen gegenüber dar? Zu welchen Gruppen gehöre ich? Wie privat will ich leben? Wo sind meine Daten sicher? Das sind Fragen, die Internetnutzer generell betreffen" (Pilarczyk 2011, 8), wie die Kulturredakteurin der Spiegel-Online-Redaktion Hannah Pilarczyk zu Recht feststellt. In einem Gespräch zwischen dem italienischen Schriftsteller Umberto Eco und dem französischen Drehbuchautor Jean-Claude Carrière über „Die große Zukunft des Buches" findet sich der weiterführende Gedanke:

> Die Geschwindigkeit der technischen Erneuerungen zwingt uns, unsere mentalen Gewohnheiten in einem unerträglichen Tempo neu zu organisieren [...]. Wir haben uns in der Mo-

bilität eingerichtet, im Veränderlichen, im Erneuerbaren, im Vorübergehenden, und das paradoxerweise in einer Zeit, in der wir [...] immer länger leben. Die Lebenserwartung unserer Großeltern war zweifellos geringer als unsere, aber sie waren in einer unveränderlichen Gegenwart zu Hause. (Eco/Carrière 2010, 40 und 57–58)

Der rasante Medienwandel, den der kanadische Philosoph Marshall McLuhan (1911–1980) etwas voreilig in den 1960er Jahren bereits als „Ende des Buchzeitalters" gewertet hat (vgl. McLuhan 1962; Coupland 2011; Birkerts 1997), bietet große Chancen für die Öffentlichen Bibliotheken. Während ihre Hauptaufgabe früher darin bestand, eine qualifizierte Auswahl an Büchern zu unterschiedlichen Sachgebieten für die Ausleihe bereitzustellen, bringen sie sich heute aktiv in die Vermittlung von Medienkompetenz ein. Denn zum einen erklärt sich die Nutzung der audiovisuellen und digitalen Medien ebenso wie die des Internet nicht mehr von selbst, sodass der souveräne Umgang mit den neuen Technologien erst erlernt werden muss; zum anderen verändern die neuen Medien unser Leseverhalten. Das ‚lesende Gehirn' steht nämlich immer stärker in Konkurrenz zum ‚digitalen Gehirn', das vielen Ablenkungen und einem Druck zur Schnelligkeit ausgesetzt ist. Daher weist Wolf im bereits zitierten Interview auf die akute Gefahr hin, „dass Kinder, deren lesendes Gehirn noch nicht voll ausgebildet ist, die noch nicht gelernt haben, Hintergrundwissen zu verknüpfen, einen sehr kurzen Schaltkreis entwickeln. Ein Gehirn, das nicht lernt zu fokussieren, sich zu konzentrieren." (Heidemann 2010) Und Pilarczyk räumt mit der Behauptung auf, dass alle Jugendlichen kundige und gleichberechtigte „digital natives" seien:

> Viel stärker als bei anderen Medien hat der einzelne User beim Internet Einfluss darauf, wie er es nutzt. Das beginnt mit der Festlegung, welche Seite man als Startseite will, geht weiter über die Auswahl, was als Bookmark gespeichert wird, und setzt sich fast sekündlich mit der Entscheidung darüber fort, ob man auf einen Link klickt oder nicht. Hinzu kommt, dass das Angebot an Inhalten im Netz täglich wächst – man also jeden Tag neu darüber entscheiden muss, welchen Ausschnitt des Internet man heute nutzen will (Pilarczyk 2011, 22f.).

Die negativen Auswirkungen dieser Entwicklungen auf das Leseverhalten belegen die Ergebnisse von mehreren Befragungen unter Jugendlichen. Eine 2007 von der Frankfurter Wirtschaftsprüfungsgesellschaft PriceWaterhouseCoopers in Auftrag gegebene repräsentative Studie zum Thema „Haben Bücher eine Zukunft?" kam zu dem Ergebnis, dass Mädchen im Alter zwischen 10 und 13 Jahren regelmäßig und viel lesen, während es bei den Jungen im gleichen Alter nur jeder Fünfte tut (vgl. PWC 2007). Von den so genannten Viellesern aus dieser Altersgruppe nutzt wiederum jeder Zweite das Internet, um sich Informationen zu besorgen; demgegenüber bleibt die Welt des Internets 62 % der Nichtleser völlig verschlossen. D.h. wer viel liest, informiert sich in der Regel auch wesentlich besser über andere Medien und erreicht damit einen wesentlich besseren Bildungsgrad als die Gruppe der Wenig- oder Nichtleser. Wobei die seit 1998 jährlich vom Medienpädagogischen Forschungsverbund Südwest vorgelegte Studie „Jugend, Information, (Multi-)Media" zusätzlich herausgefunden hat, dass der Grad der Bildung die Art der Internetnutzung beeinflusst: Gymnasiasten und Realschüler gehen wesentlich intensiver auf Informationssuche oder kommunizieren online deutlich vielseitiger als Hauptschüler (vgl. Pilarczyk 2011, 61–64). Bei der Frage der Gesellschaft für Konsumforschung, auf welches Medium Jugendliche zwischen 12 und 19 Jahren am wenigsten verzichten könnten, landeten 2009 das Internet, der PC, der Fernseher und der MP3-Player auf den ersten vier Plätzen, während Bücher nur von 10 % der Mädchen und 5 % der Jungen vermisst würden. Auch bei den Favoriten im Internet stehen Freizeitaktivitäten und virtuelle Kommunikationsmöglichkeiten im Vordergrund, wohingegen Bücher und Bibliotheken überhaupt keine Rolle spielen (vgl. Statista 2008).

Maryanne Wolf empfiehlt (vgl. Heidemann 2010), Kinder „langsam an die digitalen Medien heran[zu]führen." Eltern, Erzieher, Lehrer, Bibliothekare müssen ihnen helfen, „das Beste aus beiden Welten zusammenzubringen: eine multiple Lesefähigkeit, die die Anforderungen der digitalen Welt erfüllt und sich doch auf die Tiefe eines Buchlesens einlassen kann." Es geht gerade auch in Öffentlichen Bibliotheken darum, Kindern und Jugendlichen den ‚Mehrwert' des aktiven Lesens zu vermitteln. Dazu noch einmal Alberto Manguel: „Die eigentliche Macht des Lesers liegt nicht in seiner Fähigkeit, Informationen zu sammeln, sie zu ordnen oder zu katalogisieren, sondern in seiner Gabe zu interpretieren, zu assoziieren und sich das Gelesene anzuverwandeln" (Manguel 2007, 107). Diese Fähigkeit werde durch das Internet weder erleichtert noch ersetzt, denn es sei nichts anderes als „ein Hilfsmittel": „Es kann nichts dafür, dass unser Interesse an der Welt, in der wir leben, so oberflächlich ist. Sein Vorteil ist die Vielfalt und die schnelle Verfügbarkeit der Informationen; da kann es uns nicht gleichzeitig auch noch mit Konzentration und Tiefe dienen" (Manguel 2007, 252). Einführungen in die Nutzung von Suchmaschinen und die vielfältigen Recherchemöglichkeiten im Internet, in OPACs und in Verbundkatalogen, in Datenbanken und virtuellen Bibliotheken, zur Bedeutung und kritischen Nutzung von Facebook oder anderen sozialen Netzwerken gehören mittlerweile in allen Öffentlichen Bibliotheken zum Weiterbildungsangebot. Bibliothekare sind Information-Broker geworden und Brückenbauer zwischen dem traditionellen Medium Buch und der Vielfalt sich permanent verändernder ‚neuer Medien'.

Die Macht über Informationen und Wissen

Unter der Überschrift „Die Rache der Ausgefilterten" tauschten auch Jean-Claude Carrière und Umberto Eco in dem erwähnten Gespräch ihre Ansichten zum Internet aus. „Was uns das Internet liefert", so Carrière, ist

> Information im Rohzustand, unterschiedslos, unstrukturiert und ohne Kontrolle über die Quellen. Nun hat aber jeder das Bedürfnis, sein Wissen nicht nur zu überprüfen, sondern ihm auch einen Sinn zu geben, das heißt, es zu ordnen und an einer bestimmten Stelle in seine eigenen Überlegungen einzufügen. [...] Wir brauchen also einen Standpunkt oder wenigstens ein paar Anhaltspunkte, um uns auf diesem stürmischen Ozean des Wissens zu orientieren. (Eco/Carrière 2010, 73–74)

Neben der zunehmenden Orientierungslosigkeit beim Erwerb gesicherten Wissens befürchten die Autoren auch noch den Verlust der „Grundlage gemeinsamer Wissensvoraussetzungen" der Menschheit:

> Mit dem Internet, das uns alles gibt und uns dazu verurteilt, die Filterung [dessen, was bewahrt werden muss und was man vergessen soll] nicht mehr durch Vermittlung der Kultur vorzunehmen, sondern nach eigenem Gutdünken, laufen wir Gefahr, bald über sechs Milliarden Enzyklopädien zu verfügen. Womit jede Verständigung unmöglich würde. [...] Wir waren überzeugt, dass mit zunehmender Globalisierung alle in gleicher Weise denken würden. Das Gegenteil ist der Fall: Die Globalisierung trägt zur Zerstückelung des gemeinsamen Erfahrungshorizonts bei. (Eco/Carrière 2010, 74–75)

Beide Autoren sind lebenserfahren genug, um zu wissen, dass jede technische Neuerung und jedes neue Medium immer Licht- und Schattenseiten, Chancen und Risiken besitzt. Aus der Sicht der Bibliotheken ist die Herausforderung durch das Internet aber eine existenzielle. Denn nicht wenige Menschen in der Gesellschaft ebenso wie in den politischen Entscheidungsgremien und öffentlichen Verwaltungen vertreten die Ansicht, dass das Internet die Funktionen der Bibliotheken ersetzen kann. Richtig daran ist sicherlich die Tatsache, dass die Bibliotheken ihr Jahrhunderte lang gepflegtes Monopol der Sammlung und Vermittlung von Informationen und Wissen verloren haben. Die Unübersichtlichkeit, Beliebigkeit, Ungesichertheit und zeitliche Begrenztheit der im Internet angebotenen Informationen bringt die Bibliotheken jedoch wieder ins Spiel zurück. Sie können sich neu aufstellen und profilieren, indem sie die qualitative Auswahl, die sie bislang für Bücher und audiovisuelle Medien in den Regalen ihrer Einrichtungen getroffen haben, auf die digitale Welt übertragen. Die seit 2002 bestehende Deutsche Internetbibliothek ist ein Beispiel für diesen Ansatz. Mehr als 50 Öffentliche und Wissenschaftliche Bibliotheken haben sich in ihr unter dem Dach des Bibliotheksservicezentrums Baden-Württemberg zusammengeschlossen, um eine Auswahl qualifizierter Internetquellen zu derzeit 20 Themenbereichen anzubieten. Neben den fortlaufend aktualisierten Links wird ein Auskunftsdienst angeboten, über den die Nutzer bei bibliothekarischen Fachleuten aus den mitwirkenden Bibliotheken Nachfragen zu spezielleren Informationen aus den einzelnen Themenbereichen stellen können.

Ein zweites Beispiel, wie die Öffentlichen Bibliotheken auf das veränderte Mediennutzungsverhalten beim Erwerb von Informationen und Wissen reagieren, ist die DiViBib, ein Tochterunternehmen der ekz Bibliotheksservice GmbH. Über die Virtuelle Bibliothek werden derzeit rund 40 000 Inhalte angeboten: Zeitungen und Zeitschriften, eBooks (Sachbücher, Belletristik, Kinder- und Jugendbücher), Hörbücher, Musik und Videos. Auf diese Form der ‚Onleihe' können angemeldete Nutzer bereits in mehr als 200 Bibliotheken in Deutschland, Österreich und der Schweiz 24 Stunden an sieben Tagen der Woche zugreifen, wobei sich die Größe des digitalen Bestandsangebots ähnlich wie bei den Printmedien nach den jeweiligen finanziellen Möglichkeiten einer Bibliothek richtet. Mehrere Öffentliche Bibliotheken, unter ihnen die Bücherhallen Hamburg und die Städtischen Bibliotheken Dresden, haben inzwischen Angebote zum eLearning etabliert. Die Weiterbildungskurse für die aktiven Nutzer in den Bibliotheken umfassen die Bereiche EDV-Grundkenntnisse, Wirtschaft, Sprachen, Kommunikation und Recht.

Eine weitere Entwicklung, die der Medienwandel mit sich bringt, ist von erheblicher politischer und gesellschaftlicher Brisanz. Informationen sind über das Internet zwar in großer Fülle frei zugänglich, aber die Tendenz nimmt zu, den Zugang zu fundierten und qualitativ hochwertigen Informationen nur noch kostenpflichtig zu ermöglichen. Von dieser schleichenden Verschiebung der Informationskanäle profitieren die Verlage und vor allem die Mediengiganten Google (mit YouTube), Yahoo, Amazon, Apple und Microsoft, die ihre eigenen Informationserschließungs-, Digitalisierungs- und Verkaufsstrategien verfolgen. Die Diskussion über den „Open Access" ist an den Hochschulen und in den Wissenschaftlichen Bibliotheken in vollem Gange (vgl. Steinhauer 2010; Görl et al. 2011). Aber die Auswirkungen auf die Funktionstüchtigkeit der Öffentlichen Bibliotheken, die wesentlich breitere, nicht immer akademisch geschulte und einkommensstarke Bevölkerungsschichten ansprechen, sind viel gravierender. Denn Archive zu Personen, Ländern, Sport, Tagesereignissen oder Popmusik (Munzinger), Bibliografien, Lexika, Handbücher, Gesetzestexte, Rechtskommentare, Informationen zu Wirtschaftsunternehmen u.v.a.m., die früher physisch in den Bibliotheken präsent waren und im Lesesaal genutzt werden konnten, sind heute nur noch als Datenbanken zugänglich. Das hat zwar den qualitativen Vorteil der schnelleren Aktualisierungsmöglichkeit, verursacht aber wesentlich höhere Kosten – sowohl was den Erwerb der Lizenzen als auch was die technische Ausstattung (Hardware und Einbindung in das EDV-System) betrifft. Selbst Fahrpläne der Deutschen Bahn oder Telefonbücher, die den Bibliotheken früher kostenlos zur Verfügung gestellt wurden, werden von den privatisierten Staatsunternehmen nur noch gegen Zahlung einer Gebühr geliefert. Auf diese Weise wird der Digital Divide, den die Initiative D21 in einer Studie aus dem Jahr 2010 erneut bestätigt hat (Initiative D21 2011), noch vertieft. Denn die digitale Spaltung innerhalb der deutschen Gesellschaft entsteht nicht allein durch das Fehlen eines Internetzugangs oder durch die Unkenntnis, das Internet richtig zu nutzen, sondern auch durch die unzureichende Finanzausstattung von Bibliotheken oder deren vollständiges Fehlen in zahlreichen Gemeinden Deutschlands mit mehr als 5000 Einwohnern (vgl. Deutscher Bibliotheksverband 2011, 5).

In diesem Zusammenhang muss an Artikel 5, Absatz 1 des Grundgesetzes erinnert werden: „Jeder hat das Recht, seine Meinung in Wort, Schrift und Bild frei zu äußern und zu verbreiten und sich aus allgemein zugänglichen Quellen ungehindert zu unterrichten." Leider unterhöhlen nicht nur die genannten Wirtschaftsunternehmen dieses Menschenrecht, sondern auch die Politik: durch weltweit – in Diktaturen ebenso wie in Demokratien – nachweisbare Eingriffe in die freie Nutzung des Internets und durch die Kürzung der Budgets von Bibliotheken. Das ist deshalb besonders fatal, weil es hinter den Kulissen, wie der österreichische Journalist Rüdiger Wischenbart pointiert herausgestellt hat,

> um die künftige Verfügungsmacht über große Wissensbestände, und um die sie definierenden Spielregeln [geht]. Es geht damit um Besitzstände und um deren Veränderung, und es geht darum, welche Mittel – welche Medien und welche Technologien – wie geformt werden, um dies zu bewerkstelligen. Es geht um die Zugänge zu Wissen und um die Kontrolle dieser Zugänge. Und damit geht es um die Aufgaben und um die künftigen Ziele der Personen und Organisationen, die an diesen Zugängen tätig sind. (Wischenbart 2010, 18)

Ob die Bibliotheken diesen Kampfplatz als Gewinner oder als Verlierer verlassen werden, ist derzeit noch offen. Dem Kampf stellen müssen sie sich aber in jedem Fall. Und es wäre schön, wenn dabei die „Utopie für unseren künftigen Umgang mit unserem Wissen und den sekündlich neu eintreffenden Informationen", wie sie von Frank Schirrmacher unter Bezugnahme auf Hermann Hesse entworfen worden ist, in Erfüllung gehen würde:

> Das gesamte Wissen der Menschheit wird von den Glasperlenspielern nicht konsumiert, sondern ‚gespielt wie eine Orgel vom Organisten, und diese Orgel ist von einer kaum auszudenkenden Vollkommenheit. Theoretisch ließe sich mit die-sem Instrument der ganze geistige Weltinhalt im Spiele reproduzieren.' Durch die Computer sind die Gesellschaften längst in die Phase des Spiels eingetreten, aber haben es bislang denjenigen überlassen, die an Börsen und Finanzmärkten verhängnisvolle Wetten auf Informationen abschließen. (Schirrmacher 2009, 223)

Kultur und Bildung als Lebensmittel

Die kulturpolitischen Debatten der 1970er und 1980er Jahre wurden von Hilmar Hoffmanns Forderung nach einer „Kultur für alle", von Hermann Glasers Definition der „Kultur als Bürgerrecht" und von dem Ruf nach einer verstärkten Förderung der „Soziokultur" geprägt. Inzwischen bestimmt ein neuer Begriff den Diskurs: die ‚kulturelle Bildung'. Darunter lässt sich ganz allgemein das Grundwissen der gesamten Gesellschaft um die Bedeutung, den Wert und die unterschiedlichen Äußerungsformen der Kultur in der Gegenwart unter Einbeziehung des kulturellen Erbes unserer eigenen Nation ebenso wie der Befruchtung durch die kulturellen Leistungen anderer Nationen verstehen. Konkret beschreibt sie einen Prozess der aktiven Aneignung von Kultur und der produktiven Auseinandersetzung mit ihr, an dem unterschiedliche Individuen und gesellschaftliche Gruppen beteiligt sind und der zum Teil durch öffentliche Einrichtungen begleitet und gefördert wird. Die Besonderheit des künstlerischen Lernens liegt sicherlich darin, dass sie „den gesamten Menschen mit seinen ästhetischen, sinnlichen, kognitiven, sozialen und emotionalen Kräften" anzusprechen vermag (vgl. BKJ 2010, 9). Auf diesem Weg können die Selbstkompetenz, die Fachkompetenz und die Sozialkompetenz als Schlüsselkompetenzen der Bildung wirkungsvoll unterstützt und die „Lebenskompetenz" jedes Menschen in besonderer Weise gestärkt werden. Daher ist ‚kulturelle Bildung' auch „kein Luxus, sondern Teil des Menschenrechts auf Bildung" (BKJ 2010, 10).

International hat sich die United Nations Educational, Scientific and Cultural Organization (UNESCO) auf zwei Weltkonferenzen mit dem Thema beschäftigt: 2006 in Lissabon unter der Überschrift „Arts Education – Building Creative Capacities for the 21st Century" und 2010 in Seoul unter der Überschrift „Arts in Society – Education for Creativity". Die am 28. Mai 2010 von mehr als 2000 Experten aus 120 Ländern beschlossene „Seoul Agenda" formuliert drei Kernziele: (1) die Sicherstellung der Verfügbarkeit kultureller Bildung als ein grundlegender und nachhaltiger Bestandteil von Bildung; (2) die Sicherstellung der hohen Qualität von Aktivitäten und Programmen im Rahmen der kulturellen Bildung, deren Konzeption und Vermittlung und (3) sollen Prinzipien und Praktiken der kulturellen Bildung verstärkt dazu beitragen, die sozialen Aufgaben und kulturellen Herausforderungen überall auf der Welt zu bewältigen (vgl. Merkel 2010). Die Deutsche UNESCO-Kommission hat dazu auf ihrer 70. Hauptversammlung am 25. Juni 2010 in der Resolution „Kulturelle Bildung für Kulturelle Vielfalt dauerhaft stärken" noch einmal ausdrücklich festgestellt:

> Kulturelle Bildung ist Teil der Allgemeinbildung, die Jedem gesellschaftliche Teilhabe und aktive Mitgestaltung der Zukunft ermöglichen soll. Sie ist Teil eines lebenslangen Lernens

in den Künsten, mit den Künsten und durch die Künste: Literatur, Musik, Bildende Kunst, Theater, Tanz, Angewandte Kunst, Film, Fotografie, digitale Medien, Zirkus u.v.a.m. Kulturelle Bildung ist Aufgabe von Kunst- und Kultureinrichtungen, Kindertagesstätten, Schulen, Universitäten, außerschulischen kulturpädagogischen und Ausbildungseinrichtungen und der Medien. (Hauptversammlung der Deutschen UNESCO-Kommission e.V. 2010)

Auf nationaler Ebene hat zunächst der Deutsche Städtetag in seiner Positionsbestimmung zum Schlussbericht der Enquete-Kommission des Deutschen Bundestags „Kultur in Deutschland" vom August 2009 die „hohe Bedeutung" der kulturellen Bildung von Kindern, Jugendlichen und Erwachsenen betont und die Länder aufgefordert, sich bei der Finanzierung dieser Bildungsaufgabe stärker zu engagieren (Deutscher Städtetag 2009, 8). Die Kultusministerkonferenz ist dieser Empfehlung insofern gefolgt, als sie auf ihrer 329. Plenarsitzung am 4. März 2010 in Berlin entschied, die „kulturelle und musisch-ästhetische Bildung" als integralen Bestandteil des Lebenslaufs zum Schwerpunktthema des „Bildungsberichts 2012" zu machen (vgl. KMK 2010). Damit soll eine gesicherte Datenbasis zu „formelle[n] wie informelle[n] Bildungswelten von der frühkindlichen Bildung bis ins Seniorenalter" (ebd.) gewonnen und die Bedeutung der kulturellen Bildung für die individuelle Persönlichkeitsentwicklung ebenso wie für die Gesellschaft anerkannt werden.

Öffentliche Bibliotheken sind seit Langem Orte der kulturellen Bildung für Menschen unterschiedlichen Alters, unterschiedlicher sozialer Schichten und ethnischer Herkunft. Sie ermöglichen die Beschäftigung mit der Welt der Bücher, vielfach auch der historischen Buchkunst, und die Begegnung mit Buchautoren im Rahmen von Lesungen; sie erschließen neben der Literatur die Kunst, die Musik, das Theater, den Film, die Fotografie; sie vermitteln die Vielfalt der deutschen Kultur, auch der Kulturgeschichte, ebenso wie den Reichtum der Interkulturalität; sie fördern die Sprach-, Lese- und Medienkompetenz in der Muttersprache und in Fremdsprachen sowie die eigenschöpferische Kreativität von Kindern, Jugendlichen und Erwachsenen; sie eröffnen Zugänge zum lebenslangen Lernen; sie werben nicht nur für eigene Veranstaltungen, sondern auch für alle Kultureinrichtungen in einer Stadt. Zusätzlich zur Präsentation und Ausleihe von Medien finden pro Jahr rund 320 000 Veranstaltungen in Bibliotheken statt – für Kinder, Jugendliche und Erwachsene vom 18. Lebensjahr bis zur Generation 60+ (vgl. Deutscher Bibliotheksverband 2011, 3). Sie alle lernen in Bibliotheken etwas über sich selbst, über ihre Mitmenschen, über Vergangenes und Gegenwärtiges, über die Gesellschaft und über die Welt, in der wir alle gemeinsam zu leben versuchen.

Wie funktioniert ‚Integration'?

Im Jahr 2008 lebten in Deutschland insgesamt 15,6 Millionen Menschen mit einem Migrationshintergrund. Das entspricht einem Anteil von 19 % an der Gesamtbevölkerung von 82,1 Millionen Einwohnern. 7,3 Millionen sind Ausländer (= 8,9 %) und 8,3 Millionen sind Deutsche mit einer Migrationsgeschichte (= 10,1 %). 33,8 % der Migranten kommen aus den 27 Mitgliedstaaten der Europäischen Union, 15,1 % aus Asien/Ozeanien. Unter den Nationalitäten führen die Türkei und die Nachfolgestaaten der Sowjetunion mit jeweils 2,9 Millionen Menschen die Liste der Herkunftsländer an. Aus Polen stammen 1,4 Millionen Menschen, aus den Nachfolgestaaten des ehemaligen Jugoslawien zusammen 1,3 Millionen, aus Italien 795 000 und aus Griechenland 391 000. Bei den Zuwanderern handelt es sich keineswegs um eine homogene Gruppe von Menschen – weder im Hinblick auf die ethnische Herkunft und die Gründe für die Zuwanderung noch im Hinblick auf die soziale Stellung, die religiöse Praxis, die Werteeinstellungen und die individuellen Interessen. Gemeinsame Merkmale sind lediglich das im Vergleich zum Durchschnitt der Gesamtbevölkerung jüngere Lebensalter (34,4 zu 45,3 Jahren) und der höhere Anteil an Männern (50,4 zu 48,6 %). Diese disparate Ausgangslage hat Auswirkungen sowohl auf die schulische Bildung (14,2 % der Zuwanderer fehlt jeglicher Schulabschluss gegenüber 1,8 % im Bundesdurchschnitt), den beruflichen Abschluss (er fehlt bei 44,3 % der Zuwanderer gegenüber 19,9 % im Bundesdurchschnitt) und die Erwerbstätigkeit (12,4 % der Zuwanderer sind arbeitslos gegenüber 6,6 % im Bundesdurchschnitt) als auch im Hinblick auf die Teilhabe an kulturellen Angeboten (vgl. Statistisches Bundesamt Deutschland 2010).

Auf dem Gebiet des interkulturellen Dialogs haben Öffentliche Bibliotheken schon früh eine Vorreiterrolle gespielt und dabei einen wesentlichen Beitrag zur Integration von Zuwanderern geleistet. Die Stadtbibliothek in der Industriestadt Duisburg beispielsweise hat bereits 1971 auf den wachsenden Anteil von Arbeitnehmern aus europäischen und außereuropäischen Ländern an der Gesamtbevölkerung reagiert und mit dem Aufbau eines Bestands an fremdsprachiger Literatur begonnen. Von 1974 bis 1977 konnte im Rahmen eines vom damaligen Bundesministerium für Bildung und Wissenschaft finanziell geförderten Modellprojekts über einen Bücherbus die Zielgruppe der ‚Gastarbeiter' erstmals unmittelbar in den Stadtteilen angesprochen werden. Der ‚Ausländerbus' führte bis 1982 rund 5000 Medien in den sieben Sprachen der Anwerbeländer Türkei, Italien, Spanien, Portugal, Griechenland, Jugoslawien und Polen mit sich und sollte über die reine Ausleihe hinaus die Freizeitinteressen der ‚Gastarbeiter' in den einzelnen Stadtteilen erkunden. Im Bus wurden Filme gezeigt, fanden Beratungsgespräche mit Sozialarbeitern, Ärzten, Ernährungswissenschaftlern und Pädagogen statt, wurden Alphabetisierungs- und Deutschkurse für Frauen sowie Nachhilfestunden für Schüler organisiert.

Auf den Erfahrungen dieses Modellprojekts aufbauend, hat die Stadtbibliothek Duisburg in der Folge kontinuierlich fremdsprachige Literatur in ihren Bestand aufgenommen und vermittelt. Auch die Zielgruppe der Kinder und Jugendlichen wurde dabei von Anfang an berücksichtigt. Heute bietet die ‚Türkische Bibliothek' als integraler Bestandteil der Zentralbibliothek und der Zweigstellen einen Bestand von knapp 13 000 Medien an: Bücher für Erwachsene (mehr als 8000), Kinder- und Jugendbücher (2300), Tageszeitungen und Zeitschriften (37), CDs (2000), DVDs mit Spiel- und Sachfilmen für Erwachsene, Kinder und Jugendliche (300). Regelmäßig finden Lesungen in türkischer Sprache sowohl für Erwachsene als auch für Kinder statt. Im Rahmen von Vorleseseminaren werden Eltern, insbesondere den für die Erziehung zuständigen Müttern, praktische Tipps gegeben, wie sie ihren Kindern Lust auf das Abenteuer Lesen machen können. Ein Bibliothekar mit türkisch-kurdischem Migrationshintergrund, der für den Aufbau des Medienbestands und die Programmgestaltung zuständig ist, bietet spezielle Bibliotheksführungen für Migranten an und geht zu den Migrantenvereinigungen, zu Festen und Buchmessen, um dort aktiv für die Nutzung der Bibliothek zu werben. Neu hinzu gekommen ist im Herbst 2011 eine Internationale Kinder- und Jugendbibliothek. Sie bietet aktuell 2500 Bücher in 13 europäischen und außereuropäischen Sprachen, die Hälfte davon zweisprachig, so dass die deutsche Sprache und die Muttersprache des Herkunftslandes von Kindern und Jugendlichen parallel gelesen werden können. Erwachsene können neben internationalen Zeitungen und Zeitschriften auf einen Bestand von rund 4000 Büchern mit belletristischer Literatur in fremden Sprachen zugreifen und auf diese Weise Fremdsprachenkenntnisse vertiefen oder ihre Muttersprache pflegen.

Beispiele ähnlich vorbildlicher Arbeit mit und für Immigranten lassen sich in vielen anderen Öffentlichen Bibliotheken in Deutschland finden. Inzwischen hat sich die Erkenntnis durchgesetzt, dass dieser wichtige gesellschaftspolitische Aspekt der Bibliotheksarbeit nicht auf wenige Spezialisten begrenzt bleiben darf, sondern als „Querschnittsaufgabe" für alle Mitarbeiter in den Bibliotheken verstanden werden muss. Susanne Schneehorst, die seit den 1980er Jahren das Fremdsprachenlektorat der Stadtbibliothek Nürnberg leitet, hebt in diesem Zusammenhang hervor, dass es nicht mehr um „das bloße Zur-Verfügung-Stellen muttersprachlicher Bestände" geht (vgl. Schneehorst 2010, 298). Heute umfasst die interkulturelle Bibliotheksarbeit „alle Bibliotheksangebote und Leistungen, die sich auf die Bedürfnisse der multikulturellen Gesellschaft und ihrer Mitglieder beziehen" (Schneehorst 2010, 298). Denn Migranten wollen zwar auch Medien in ihrer Muttersprache lesen, aber sie interessieren sich genau wie ihre Mitbürger für die in deutscher Sprache angebotene Ratgeberliteratur, für Belletristik, Kochbücher, Bilder- und Vorlesebücher für ihre Kinder, für Informationen zum Leben in der Stadt, für Tageszeitungen und einen günstigen Zugang zum Internet. Bibliotheken führen aus diesem Grunde zunehmend auch Fortbildungsseminare für ihre Mitarbeiter zum interkulturellen Bestandsaufbau und zu dessen Vermittlung durch. Insofern funktioniert im Alltag der von Millionen Menschen genutzten Öffentlichen Bibliotheken seit Langem etwas, was die deutsche Gesellschaft erst seit etwa einem Jahrzehnt anstrebt: die Integration von Zuwanderern aus unterschiedlichen Kulturen der Welt durch die Anerkennung ihrer Bedürfnisse.

Der dritte Ort

Die Prognosen zur Zukunft der Bibliotheken und die wahrnehmbare Realität der Gegenwart sind widersprüchlich. „Die Zeit wird kommen", so der amerikanische Literaturkritiker Sven Birkerts 1994 in seinen *Gutenberg-Elegien*,

> wo wir alle zumindest partiell in einer Art Netzwerkbewusstsein leben und auf allen Daseinsebenen unser Verhältnis zur Außenwelt über dazwischengeschaltete Vermittlungsprozeduren aufrechterhalten werden. Woran werden wir erkennen, dass dieser Fall eingetreten ist? An dem Gefühl, von der natürlichen Welt durch eine Kluft getrennt zu sein, und an dem Verlust des Tiefenzeiterlebens. Die Phasen ungestörter innerer Versenkung werden immer seltener werden oder vielleicht von irgendeinem Zeitpunkt an sogar ganz ausbleiben. (Birkerts 1997, 271–272)

An der Wende zum 21. Jahrhundert hat Dieter E. Zimmer diesen Gedanken im Hinblick auf „Die Bibliothek der Zukunft" zu einem provozierenden Szenario weiterentwickelt:

> Jemand geht in die Bibliothek. Er findet das Haus, das er kennt wie kein zweites, atmet noch einmal tief durch, steigt die Treppe hoch, versucht, sich an einen Verfassernamen zu erinnern, macht die Tür auf, zieht die Straßenschuhe aus, setzt sich an den Arbeitstisch, füttert schnell noch die Katze, wirft die Kaffeemaschine an, bootet den Computer – und schon tut sich vor ihm die Bibliothek auf, die größte der Welt, die universale Bibliothek. Denn diese ist überall, auch bei ihm zu Hause, gleich neben der Espressomaschine. Wo früher Bibliotheken waren, sind heute Grünanlagen. Bibliotheken aus Stein und Beton und Glas sind überflüssig und werden geschleift oder in Multimediaerlebnisparks verwandelt. Die neue, die allgegenwärtige Bibliothek ist aus elektrischem Strom. (Zimmer 2000, 9)

Die Frage, ob „im Zeitalter der Digitalität die Bibliothek als das steinerne Depositorium von Büchern" (Zimmer 2000, 9) sterben wird, hat der langjährige ZEIT-Redakteur damals verneint. Und es spricht bislang vieles dafür, dass es in der Tat nicht zu einem solchen Kahlschlag kommen wird.

Ob private Bibliotheken, öffentliche, wissenschaftliche oder nationale – jede dieser Einrichtungen legt über die äußere und innere Gestaltung eines Gebäudes bestimmte Möglichkeiten der Nutzung fest. Nicht jeder geht dabei so genial vor wie Michelangelo (1475–1564) bei seinen Entwürfen für die Biblioteca Laurenziana in Florenz oder so reflektiert wie Henry Labrouste (1801–1875) bei seinen Planungen für die Bibliothèque Nationale in Paris oder so gewissenhaft wie Antonio Panizzi (1797–1879) in der Bibliothek des British Museum (vgl. Manguel 2007, 147 f.; Höfer/Eco 2005; Meissner 2011). Aby Warburg (1866–1929) ordnete seine riesige, oval gestaltete Bibliothek assoziativ, d.h. er stellte Beziehungen zwischen den Büchern im Hinblick auf unterschiedliche Problemstellungen her, wobei es ihm stets um Bilder und deren Bedeutung als Erinnerungsspeicher für menschliches Denken und Fühlen in unterschiedlichen Epochen der Weltgeschichte ging (vgl. Michels 2007). Wie kunstvoll auch immer ein Architekt oder sein Auftraggeber vorging – die Gebäude blieben stets ausgerichtet auf die drei Hauptzwecke von Bibliotheken: Auswählen, Sammeln, Aufbewahren. Die Macht der Bibliotheken bestand nicht allein in der Art der Auswahl – welche Bücher für würdig befunden wurden, in den Bestandskanon aufgenommen zu werden –, sondern auch in den Bestimmungen der Benutzungsordnung, die liberal oder restriktiv ausgelegt werden konnten. So durften Schwarze in den USA erst zu Beginn des 20. Jahrhunderts überhaupt Öffentliche Bibliotheken betreten. Und die British Library in London hat erst 2004 ihre Bestände auch für die nicht-wissenschaftliche Nutzung geöffnet.

Eine Ausstellung zur „Architektur und Geschichte von Bibliotheken", die 2011 im Architekturmuseum der TU München zu sehen war, präsentierte eine beachtliche Auswahl von Bibliotheksneubauten aus dem ersten Jahrzehnt des 21. Jahrhunderts. Es sind vor allem Wissenschaftliche Bibliotheken, für die sogar eine Reihe von Weltstars der Architektur engagiert wurden: das Informations-, Kommunikations- und Medienzentrum der BTU Cottbus von Herzog & de Meuron, die Bibliothek des Rechtswissenschaftlichen Instituts der Universität Zürich von Santiago Calatrava, die Philologische Bibliothek der FU Berlin von Foster + Partners, das „Library und Learning Center" der Wirtschaftsuniversität Wien von Zaha Hadid, die Hachioji Library der Tama Art University Tokio von Toyo Ito, das Rolex Learning Center in Lausanne von Sejima und Ryue Nishizawa, das Jacob- und-Wilhelm-Grimm-Zentrum der Humboldt-Universität Berlin von Max Dudler (vgl. Leiß/Leiß 2011, 215–236). Aber auch Öffentliche Bibliotheken können mit mehr oder weniger spektakulären Neubauten aufwarten: Mario Bottas 1999 eingeweihte Stadt- und Landesbibliothek Dortmund, die grandiose Seattle Public Library von Rem Kohlhaas aus dem Jahr 2004, die 2008 in Betrieb genommene Zentralbibliothek der Openbare Bibliotheek in Amsterdam von Jo Coenen und die 2011 eröffnete Zentralbibliothek/„Bibliothek 21" von Eun Youn Yi in Stuttgart führen die Hitliste an, die neuen Gebäude in Almere/Flevoland, Augsburg, Chemnitz, Delft, Hamburg, Linz („Wissensturm"), Mülheim/Ruhr oder Ulm sind allerdings auch durchaus vorzeigbar (vgl. Leiß/Leiß 2011, 215–236). Überall dort, wo Neubauten entstanden sind, konnten Bibliotheken einen rasanten Anstieg der Besucher- und Ausleihzahlen verzeichnen (vgl. Deutscher Bibliotheksverband 2011, 8).

Caroline und Johann Leiß erkennen bei der im Zeitalter des Internets erstaunlichen Renaissance der Bibliotheksbauten drei unterschiedliche Trends (vgl. Leiß/Leiß 2011, 224–232). Es gibt die „extrovertierte Bibliothek", die sich als sozialer Integrationsort definiert. Sie hat am radikalsten mit dem traditionellen Bild einer ehrfurchteinflößenden Einrichtung gebrochen, öffnet sich für unterschiedliche öffentliche Veranstaltungsformate und bietet den Kunden größtmögliche Freiheiten beim Aufenthalt in den Bibliotheksräumlichkeiten. Begegnungen von Menschen und soziale Kommunikation vor Ort sind die Kennzeichen dieser Bibliotheksphilosophie. In der „introvertierten Bibliothek" geht es vor allem um die Pflege der „Würde des Lesens und die stille Beschäftigung mit dem Wort". Der Lesesaal bildet das Zentrum für konzentriertes Arbeiten und für Reflexion. Als „Orte der Verlangsamung und Ruhe" verstehen sich diese Bibliotheken als ein bewusster Gegenentwurf zur Hektik und Konsumorientierung der Gegenwartsgesellschaft. Die „virtuelle Bibliothek" setzt immer weniger auf die Präsenz physischer Medien. Stattdessen bietet sie in ihren Lesesälen jede Menge PCs und Netzanschlüsse für Laptops, über die Kataloge, Lexika, Studienliteratur, Zeitungen, Zeitschriften, Datenbanken und digitalisierte Medien genutzt werden können. Bibliothekare sind hier zu Dienstleistern auf Abruf geworden – sei es vor Ort oder über Chatrooms, E-Mail- und SMS-Auskunftsdienste.

Öffentliche Bibliotheken werden aufgrund ihrer starken Frequentierung an vielen Orten als wichtiger Standortfaktor für die Ansiedlung von Wirtschaftsunternehmen und als Motor für die Stadtentwicklung mit dem Ziel der Belebung von Innenstädten ebenso wie von Stadtteilzentren eingesetzt. Das ist eine erfreuliche Form der Anerkennung und Wertschätzung der in Bibliotheken geleisteten Arbeit. Konsequent wäre es dann allerdings, wenn einer solchen kommunalpolitischen Funktionalisierung auch eine sachlich angemessene Personal- und Finanzausstattung folgen würde. Das ist im Gegensatz zu hoch subventionierten Bereichen der Privatwirtschaft bei Öffentlichen Bibliotheken aber offenkundig leider wesentlich schwerer durchsetzbar. Dabei leisten sie existenziell Wichtiges. Denn Bibliotheken geben uns ein „Gefühl dafür, wer wir sind, als Individuum, dazu ein Gefühl für unseren Platz, als Gemeinschaft, in einem unvorstellbaren Universum", und genau dies

> verleiht unserem Leben so etwas wie einen Sinn – einen Sinn, den die Bücher in unseren Bibliotheken in Worte fassen. Wahrscheinlich wird es auch weiterhin Bibliotheken geben,

solange wir überhaupt der Welt, in der wir leben, eine Stimme verleihen und ihre Worte für die Zukunft aufheben. So vieles ist benannt worden, so vieles wird auch weiterhin benannt werden, dass wir trotz all unserer Dummheit dieses kleine Wunder nicht aufgeben werden, das Wunder, das uns den Hauch eines Verständnisses gewährt. (Manguel 2007, 256)

Schöner als Alberto Manguel kann man es wohl nicht ausdrücken.

Literatur

Birkerts, S. (1997): Die Gutenberg-Elegien. Lesen im elektronischen Zeitalter. Frankfurt/M.: S. Fischer.
Brünlinghaus, R.; Weinert, K. (2011): „Internetnutzung in Deutschland im Überblick". In: B. Wagner (Hrsg): Jahrbuch für Kulturpolitik. Bd. 11: Digitalisierung und Internet. Essen: Klartext Verlag, 391–396.
BKJ – Bundesvereinigung Kulturelle Kinder- und Jugendbildung (2010): Kulturelle Bildung. Stark im Leben durch Kunst und Kultur. Tätigkeitsbericht der Bundesvereinigung Kulturelle Kinder- und Jugendbildung (BKJ) e.V. für 2009. Remscheid: BJK.
Calmbach, M.; Thomas, P.M.; Borchard, I.; Flaig, B. (2012): Wie ticken Jugendliche? Lebenswelten von Jugendlichen im Alter von 14 bis 17 Jahren in Deutschland. Düsseldorf: Verlag Haus Altenberg.
Coupland, D. (2011): Marshall McLuhan. Eine Biographie. Stuttgart: Tropen.
Dehaene, S. (2010): Lesen. Die größte Erfindung der Menschheit und was dabei in unseren Köpfen passiert. München: Knaus.
Deutscher Bibliotheksverband (2011): Bericht zur Lage der Bibliotheken 2011. Berlin: DBV.
Deutscher Städtetag (2009): Kultur in Deutschland aus Sicht der Städte. Positionsbestimmung zum Bericht der Enquete-Kommission „Kultur in Deutschland" des Deutschen Bundestages. Berlin: Deutscher Städtetag. (http://www.staedtetag.de/imperia/md/content/dst/kultur_in_deutschland.pdf).
Eco, U.; Carrière , J.-C. (2010): Die große Zukunft des Buches. Gespräche mit Jean Philippe Tonnac. München: Hanser.
Ehmig, S.; Reuter, T. (2011): Außerschulische Leseförderung in Deutschland. Strukturelle Beschreibung der Angebote und Rahmenbedingungen in Bibliotheken, Kindertageseinrichtungen und kultureller Jugendarbeit. Mainz: Stiftung Lesen.
Generation Facebook (2011): Über das Leben im Social Net. Hrsg. von O. Leisert, T. Röhle. Bielefeld: transcript Verlag.
Görl, S.; Puhl, J.; Thaller, M. (2011): Empfehlungen für die weitere Entwicklung der wissenschaftlichen Informationsversorgung des Landes NRW. Berlin: epubli.
Hauptversammlung der Deutschen UNESCO-Kommission e.V. (2010): Kulturelle Bildung für Kulturelle Vielfalt dauerhaft stärken. Resolution der 70. Hauptversammlung der Deutschen UNESCO-Kommission, Dortmund, 25.06.2010. (http://www.unesco.de/reshv70.html).
Heidemann, B. (2010): „Bildungsforscherin warnt: ‚Wir verlernen das Lesen'. Interview mit Maryanne Wolf". In: Westdeutsche Allgemeine Zeitung vom 13.08.2010.
Höfer, C.; Eco, U. (2005): Bibliotheken. Mit einem Essay von Umberto Eco. München: Schirmer/Mosel.

Initiative D21 (2011): Digitale Gesellschaft 2011. Die digitale Gesellschaft in Deutschland – Sechs Nutzertypen. Eine Sonderstudie im Rahmen des (N)ONLINER-Atlas. Eine Studie der Initiative D21, durchgeführt von TNS-Infratest. (http://www.initiatived21.de/wp-content/uploads/2011/11/Digitale-Gesellschaft_2011.pdf).

Keller-Loibl, K. (2009): Handbuch Kinder- und Jugendbibliotheksarbeit. Im Auftrag der Expertengruppe Kinder- und Jugendbibliotheken des Deutschen Bibliotheksverbandes e.V. Bad Honnef: Bock + Herchen.

Klieme, E. et al. (2010): PISA 2009. Bilanz nach einem Jahrzehnt. Münster: Waxmann. (http://pisa.dipf.de/de/de/pisa-2009/ergebnisberichte/PISA_2009_Bilanz_nach_einem_Jahrzehnt.pdf).

KMK – Kultusministerkonferenz (2010): Ergebnisse der 329. Plenarsitzung der Kultusministerkonferenz am 4. März 2010 in Berlin. (http://www.kmk.org/presse-und-aktuelles/Meldung/ergebnisse-der-329-plenarsitzung-der-kultusministerkonferenz-am-4-maerz-in-berlin.html).

Leiß, C.; Leiß, J. (2011): „Von P(rint) nach E(lectronic)". In: W. Nerdinger (Hrsg.): Die Weisheit baut sich ein Haus. Architektur und Geschichte von Bibliotheken. München: Prestel, 215–236.

Leseförderung in der digitalen Welt (2010): Spiel- und Lernmodule zwischen Anspruch und Wirklichkeit. Ergebnisse des 5. Round Table Leseförderung der Stiftung Lesen. Hrsg. von H. Kreibich, S. Ehmig. Mainz: Stiftung Lesen.

Lesefreude trotz Risikofaktoren (2010): Eine Studie zur Lesesozialisation von Kindern in der Familie. Hrsg. von H. Kreibich, S. Ehmig. Mainz: Stiftung Lesen.

Manguel, A. (1998): Eine Geschichte des Lesens. Berlin: Verlag Volk und Welt.

Manguel, A. (2007): Die Bibliothek bei Nacht. Frankfurt/M.: S. Fischer.

McLuhan, M. (1968): Die Gutenberg Galaxis. Das Ende des Buchzeitalters. Düsseldorf: Econ.

Meissner, I. (2011): „Die Bibliothek des Architekten". In: W. Nerdinger: Die Weisheit baut sich ein Haus. Architektur und Geschichte von Bibliotheken. München: Prestel, 361–386.

Merkel, C.M. (2010): Kulturelle Bildung gewinnt weltweit an Bedeutung. Zweite UNESCO-Weltkonferenz zur kulturellen Bildung in Seoul. (http://www.unesco.de/4743.html).

Michels, K. (2007): Aby Warburg. Im Bannkreis der Ideen. Hg. von Christian Olearius. München: Beck.

Pilarczyk, H. (2011): Sie nennen es Leben. Werden wir von der digitalen Generation abgehängt? München: Heyne.

PWC – PriceWaterhouseCoopers AG (2007) (Hrsg.): Haben Bücher eine Zukunft? Repräsentativstudie zum Leseverhalten der Deutschen. Frankfurt/M.: PWC.

Schirrmacher, F. (2009): Payback. Warum wir im Informationszeitalter gezwungen sind zu tun, was wir nicht tun wollen, und wie wir die Kontrolle über unser Denken zurückgewinnen. München: Blessing.

Schneehorst, S. (2010): „Interkulturelle Bibliotheksarbeit: Themen und Trends". In: U. Bergner; E. Göbel (Hrsg.): The Ne(x)t Generation. Das Angebot der Bibliotheken. 30. Österreichischer Bibliothekartag Graz, 15.–18.09.2009. Graz: Neugebauer, 297–301.

Statista (2008): Bindung von Jugendlichen an Medien im Jahr 2008. (http://de.statista.com/statistik/daten/studie/2481/umfrage/bindung-von-jugendlichen-an-medien-in-2008/).

Statistisches Bundesamt Deutschland (2010): Pressemitteilung Nr. 033 vom 26.01.2010. (https://www.destatis.de/DE/PresseService/Presse/Pressemitteilungen/2010/01/PD10_033_122.html).

Steinhauer, E.W. (2010): Das Recht auf Sichtbarkeit. Überlegungen zu Open Access und Wissenschaftsfreiheit. Münster: Monsenstein und Vannerdat.

Stiftung Lesen (2007): Vorlesen in Deutschland 2007. (http://www.stiftunglesen.de/vorlesestudie).

Streib, S. (2011): Big Brotherhood is watching you. Unseren Daten auf der Spur. Berlin: BibSpider.

Was geschieht beim Lesen im Gehirn? (2011): Grundlagen und Erkenntnisse der Hirnforschung und ihre Relevanz für die Leseförderung. Ergebnisse des 6. Round Table Leseförderung der Stiftung Lesen. Hrsg. von J.F. Maas, S. Ehmig, S. Uehlein. Mainz: Stiftung Lesen.

Wischenbart, R. (2010): „‚Das Universum (das andere die Bibliothek nennen)'. 4 politische Variationen auf Jorge Luis Borges zum österreichischen Bibliothekartag 2009". In: U. Bergner; E. Göbel (Hrsg.): The Ne(x)t Generation. Das Angebot der Bibliotheken. 30. Österreichischer Bibliothekartag Graz, 15.–18.09.2009. Graz: Neugebauer, 15–22.

Wolf, M. (2009): Das lesende Gehirn. Wie der Mensch zum Lesen kam – und was es in unseren Köpfen bewirkt. Heidelberg: Spektrum.

Zimmer, D. (2000): Die Bibliothek der Zukunft. Text und Schrift in Zeiten des Internet. Hamburg: Hoffmann und Campe.

Karsten Weber
Informationsgerechtigkeit umsetzen

Die (Un-)Sichtbarkeit der digitalen Spaltung

In wissenschaftlichen Texten sollte – aus guten Gründen – persönlichen Anekdoten eher wenig Raum gegeben werden, doch die folgende Episode beleuchtet das zu verhandelnde Thema auf eindrückliche Weise, sodass es gerechtfertigt scheint, diese kleine Geschichte zu erzählen: 2011 war ich Gast bei einer Veranstaltung der Partei „Die Linke" in Berlin, die kurz vor den Senatswahlen stattfand und auf der die Partei nach einer eigenen Linie und eigenen politischen Ansätzen in Bezug auf das Internet suchen wollte.[1]

Meine Aufgabe war es, in einem Panel zur digitalen Spaltung in Deutschland zunächst Informationen über die derzeitige Situation hinsichtlich der Nutzung und Verbreitung des Internets zu geben, um danach mit einer Soziologin und einer Abgeordneten der Linken im deutschen Bundestag über die digitale Spaltung und mögliche Wege ihrer Schließung zu diskutieren.

Es gäbe nun viel dazu zu sagen, wie die Diskussion verlief, welche methodischen Probleme sich hinter den Aussagen der Diskutanten verbargen[2] oder wie es zu beurteilen ist, dass die Zahl der Zuhörerinnen und Zuhörer nicht wirklich groß war – angesichts eines Themas, das unmittelbar mit der Frage nach sozialer Gerechtigkeit verbunden ist, fand ich dies bemerkenswert. Stattdessen möchte ich nur einen Aspekt herausgreifen, da dieser paradigmatisch für die gesamte Debatte um die digitale Spaltung zu sein scheint: Ein Zuhörer forderte vehement, dass der Staat für kostenlose Internetzugänge sorgen müsse, damit jeder Mensch in Deutschland unabhängig von der je eigenen sozialen Situation auf das Netz zugreifen könne. Als Begründung nannte der junge Mann, dass er selbst ohne das Netz nicht das Wissen und die Bildung hätte, die er tatsächlich habe, und dass er nicht die Ziele in seinem Leben erreicht hätte, die er bis dato tatsächlich erreicht habe. Zudem, so wurde betont, sei das Internet *das* Mittel zur politischen Partizipation. Für Bildung, soziale Gerechtigkeit und politische Aktivität sei das Netz heute unverzichtbar; wer keinen Zugang habe, sei benachteiligt und daher müsse

---

1 In diesen Text sind überarbeitete Teile aus Weber (2006) eingeflossen.
2 So bezog ich mich im Wesentlichen auf die aktuelle (N)Onliner-Studie, wohingegen eine Mitdiskutantin auf eine qualitative Studie unter Hamburger Arbeitslosen rekurrierte. Es ist kaum überraschend, dass eine Polarisierung stattfand, die sich an dem Nachmittag auch nicht mehr überwinden ließ.

der Zugang zum Netz durch den Staat gewährleistet werden.³ Ich denke, diese Zusammenfassung wird dem Diskussionsverlauf im Großen und Ganzen gerecht, wenn es insbesondere bezüglich der Hoffnungen auf die Förderung politischer Partizipation auch durchaus skeptische Stimmen gab.

Lässt man die nicht nur wissenschaftlich, sondern auch politisch mitgeprägte Debatte der letzten 15 Jahre um die digitale Spaltung bzw. um die gesellschaftliche Bedeutung des Internets nun Revue passieren, wiederholen sich die gerade genannten Argumente, diesmal nur im globalen Maßstab. Das beginnt spätestens mit Manuel Castells' 1996 erschienenem Buch *The Rise of the Network Society*, setzt sich fort mit den World Summits on the Information Society (WSIS) und dauert mit Bezug auf die Zivilgesellschaft bis heute an (vgl. z.B. Castells 2008). Die schon als klassisch zu bezeichnende Argumentationslinie gibt hierbei das U.S. Department of Commerce (USDC 2000, 14) vor:

> The Internet is becoming an increasingly vital tool in our information society. More Americans are going online to conduct such day-to-day activities as business transactions, personal correspondence, research and information-gathering, and shopping. Each year, being digitally connected becomes ever more critical to economic, educational, and social advancement. Now that a large number of Americans regularly use the Internet to conduct daily activities, people who lack access to those tools are at a growing disadvantage. Therefore, raising the level of *digital inclusion* – by increasing the number of Americans using the technology tools of the digital age – is a vitally important national goal.

Darüber, wie die digitale Inklusion – und zwar nicht nur in den USA – zu erreichen wäre, gibt es seit Beginn der Debatte um die digitale Spaltung allerdings sehr verschiedene Ansichten. Die Antworten hängen unter anderem davon ab, welche Art der digitalen Spaltung man betrachtet: Jene Spaltung innerhalb eines Landes – die das U.S. Department of Commerce im Jahr 2000 im Auge hatte und die im (N)Onliner-Atlas seit mehr als einem Jahrzehnt für die Bundesrepublik Deutschland dokumentiert wird – fordert sicher andere Maßnahmen als die Schließung der globalen digitalen Spaltung. Wenn man die digitale Spaltung in einem Land betrachtet, bedeutet es wiederum einen wesentlichen Unterschied, ob man ein hochindustrialisiertes und reiches Land wie Deutschland untersucht, Schwellenländer wie Indien oder China oder Entwicklungsländer wie Sambia oder Namibia.

---

3 Im Rahmen der 5. Initiative: Menschenrechte und Internet – Zugang, Freiheit und Kontrolle des Internet und Gesellschaft Co:llaboratory, die von Google gefördert wird, werden vergleichbare Ansprüche erhoben, ergänzt mit der Forderung nach Beiträgen von Unternehmen zur Sicherstellung des Netzzugangs.

Die digitale Spaltung stellt ein komplexes Thema dar, für das es – auch wenn die Debatten darüber oft anderes verlauten lassen – keine einfachen Lösungen gibt; es ist zudem ein Thema, das – von wenigen Ausnahmen abgesehen – kaum mehr öffentliche Aufmerksamkeit erzeugt. Die Ausnahmen sind für Deutschland schnell benannt: Die World Summits on the Information Society 2003 in Genf und 2005 in Tunis schafften es tatsächlich in die Abendnachrichten und auf die vorderen Seiten großer Tages- und Wochenzeitungen. Seitdem ist es jedoch still geworden um die dahinterliegenden Bemühungen. Schon deutlich weniger Aufmerksamkeit erhielten die Breitbandinitiative der Bundesregierung bzw. die Diskussion über die ökonomischen Nachteile insbesondere ländlicher Gebiete, die kaum oder schlecht per Internet erschlossen sind. Die jährliche Präsentation des (N)Onliner-Atlas ist schließlich eine Veranstaltung, die in erster Linie jene betrifft, die sich aus professionellen Gründen mit den entsprechenden Fragen beschäftigen; zumindest in Deutschland wird das Thema der digitalen Spaltung in den großen Tages- und Wochenzeitungen nur noch selten behandelt.

Das heißt aber nicht, dass es das Problem nicht mehr gibt. Die im Folgenden zitierten Quellen spiegeln nur einen kleinen Teil der nach wie vor intensiv geführten Debatte um die digitale Spaltung wider. Anhand dreier Projekte zur Schließung der digitalen Spaltung sollen unterschiedliche Lösungskonzepte vorgestellt und aufgezeigt werden, warum diese Projekte bisher nicht den Erfolg hatten, den sich ihre Betreiber sicherlich erhofften: Das Simputer-Projekt kann als gescheitert gelten und wird schon seit geraumer Zeit nicht mehr weiterverfolgt, das Hole in the Wall- und das OLPC-Projekt hingegen sind aktiv – allerdings mit unterschiedlicher Intensität. Durch die Analyse dieser Projekte soll herausgearbeitet werden, welche Herangehensweisen erfolgversprechend sind (aber Erfolge nicht garantieren können) und welche Fehler vermieden werden sollten, wenn Projekte zur Schließung der digitalen Spaltung nachhaltige Wirkungen zeigen sollen.

Projekte zur Überwindung der digitalen Spaltung

„Ein Laptop für jedes Kind"

Wie kaum ein anderes Projekt zur Schließung der digitalen Spaltung schafft es Nicholas Negropontes One Laptop per Child-Projekt (OLPC)[4] Schlagzeilen zu produzieren. Im November 2011 meldete die US-amerikanische Computerzeitschrift

---

4 Das Projekt wird von Nicholas Negroponte vorangetrieben, geht aber auf Alan Kay zurück.

PC Magazine in ihrer Onlineausgabe (vgl. Hachmann 2011) unter der Überschrift „Negroponte: We'll Throw OLPCs Out of Helicopters to Teach Kids to Read", dass man im Rahmen des OLPC-Projekts plane, die XO-Computer des Projekts mithilfe von Hubschraubern in ansonsten unzugängliche Dörfer zu bringen:

> Nicholas Negroponte plans to airdrop OLPC tablets to remote villages to teach the children within them to read, he told the audience at the Open Mobile Summit on Wednesday.

Dabei ist es wichtig zu betonen, dass die genannten Computer selbst keine Lernsoftware im engeren Sinne mitbringen und dass Negroponte zudem nicht plant, pädagogisch geschultes Personal mit den Computern in die Dörfer zu schicken. Die Idee hinter dem Projekt ist es, dass die Kinder selbst den Umgang mit dem Computer erlernen und dass sie außerdem durch Selbstlernen mit dem Computer basale Kulturtechniken wie Lesen, Schreiben und Rechnen erwerben könnten. Dazu schreibt das PC Magazine (ebd.):

> Negroponte said that he is basing his current work on that of Sugata Mitra, a professor of educational technology at Newcastle University. Mitra's ‚Hole in the Wall' project placed an unattended connected computer in a rural area, and kids communally taught themselves how to use it. The same should hold true with the new tablets, he said.

Tatsächlich ist dies der einzige Verweis auf theoretische und/oder empirische Grundlagen des gesamten OLPC-Projekts; auf den Webseiten findet man zu der Frage „Why do children in developing nations need laptops?" die lapidare und durch nichts abgesicherte Antwort

> Laptops are both a window and a tool: a window out to the world and a tool with which to think. They are a wonderful way for all children to learn learning through independent interaction and exploration. (http://one.laptop.org/about/faq)

Da Negroponte zufolge Sugata Mitras Arbeiten als Grundlage des OLPC-Projekts anzusehen sind, ist es notwendig und sinnvoll, diese nun etwas genauer anzuschauen.

„Loch in der Wand"

Auf einer der Webseiten des Hole in the Wall-Projekts (vgl. http://www.hole-in-the-wall.com/Beginnings.html)[5] berichtet Sugata Mitra, dass er bereits seit 1982

---

5 Bilder des Computerkiosks sind sowohl dort als auch bspw. bei Mitra/Rana (2001) zu sehen.

mit dem Gedanken spielte, Kinder unbeaufsichtigt und ohne Betreuung mithilfe von Computern selbst lernen zu lassen. 1999 wurde diese Idee dann von Vivek Rana, einem seiner Mitarbeiter, tatsächlich umgesetzt und ein sogenannter Computerkiosk errichtet: Ein Computer, von dem nur der Bildschirm in einer Wand sichtbar war, konnte mithilfe eines Touchpads bedient werden. Weder wurde diese Aktion angekündigt, noch wurden spezielle Lernprogramme auf dem Rechner installiert, Betreuung und Unterrichtung der potenziellen Nutzerinnen und Nutzer fanden nicht statt. Dies war nicht mangelnden Ressourcen geschuldet, sondern in dieser Vorgehensweise manifestierte sich das dem Projekt zugrunde liegende pädagogische Konzept. Mitra und seine Kollegen waren (und sind) der Überzeugung, dass Kinder im Schulalter – die ihre Zielgruppe darstellen – in der Lage sind, sich selbst die notwendigen Fähigkeiten zur Nutzung eines Computers beizubringen, sich wechselseitig zu unterstützen und zu informieren und danach den Computer als Werkzeug zur weiteren Informationsgewinnung verwenden können.

In verschiedenen Aufsätzen berichten Mitra und seine Kollegen (bspw. Mitra 1999; Mitra/Rana 2001) über den Ablauf dieses ersten Experiments. Darin werden auch Randbedingungen sowie theoretische Annahmen skizziert; eine der wichtigsten Annahmen besteht bspw. in der Definition von „computer literacy" (Mitra/Rana 2001, 223):

> In what follows, we define a computer literate child as one who can:
> 1. Turn a PC on[.]
> 2. Use MS paint to create a designated picture[.]
> 3. Move objects using folders, shortcuts, cut-and-paste, drag-and-drop, copy and delete methods.
> 4. Move from one web page to another and back.
> 5. Send and receive e-mail through a PC that is pre-configured to do so.

Außerdem erklären die beiden Autoren, dass sie sich im Bereich des Lernens die Ideen des Konstruktivismus zu eigen machen:

> One of the foundational premises is that children actively construct their knowledge rather than simply absorbing ideas spoken at them by teachers. It posits that children actually invent their ideas. They assimilate new information to simple, pre-existing notions, and modify their understanding in light of new data.

Im Vergleich mit dem OLPC- und dem noch zu beschreibenden Simputer-Projekt unterscheidet sich der Hole in the Wall-Ansatz in zwei wichtigen Aspekten: Statt spezielle Hard- und Software aufwändig und mit hohen Kosten zu entwickeln, setzte man hier auf handelsübliche Geräte, Betriebssysteme und Anwendungen.[6]

---

6 Mitra (2005) beschreibt die Technik ausführlich, insbesondere auch spätere Konstruktionen der Computerkioske.

Zudem verfolgte das Team um Sugata Mitra nicht nur einen konkreten pädagogischen Ansatz, sondern begleitete das Projekt sozialwissenschaftlich.

Allerdings wird Mitras Projekt durchaus kritisch gesehen, denn obwohl die sozialwissenschaftliche Begleitforschung positive Ergebnisse unterstellt, bewertet z.B. Mark Warschauer (2003b, 2) es deutlich negativer: „Children did learn to manipulate the joysticks and buttons, but almost all their time was spent drawing with paint programs or playing computer games." Warschauer berichtet außerdem, dass viele Eltern Bedenken äußerten, da sie keinen Nutzen in dem Projekt sehen konnten oder darin sogar einen Schaden erkannten, weil sich die Schulleistungen ihrer Kinder aufgrund der Vernachlässigung der Hausarbeiten zugunsten des Zeitvertreibs am Computerkiosk ihrer Meinung nach verschlechterten.

Allerdings muss sich Warschauers Bewertung auf ein frühes Stadium des Projekts bezogen haben, denn in seiner Beschreibung ist das Nutzerinterface auf einen Joystick beschränkt; auf den meisten Bildern im Internet genauso wie in den entsprechenden Filmausschnitten verfügen die Computer aber über eine Tastatur.[7] Zudem bemerken Mitra und Rana (vgl. 2001, 229ff.) selbst, dass dieses erste Experiment nur begrenzte Aussagen zulasse, und nehmen viele der Kritikpunkte, die Warschauer anführt, bereits vorweg. Die ersten Experimente zielten lediglich auf die Erhöhung der *computer literacy* im oben definierten Sinne (Mitra 2005, 80):

> We conclude that playground computers, particularly those connected to the Internet, form an alternative instructional environment that produces predictable outcomes at a low cost. The ‚hole in the wall' seems to be an effective method for ensuring computer literacy in regions where other conventional resources are not available.

Insofern geht Warschauers Kritik am Anspruch des Hole in the Wall-Projekts vorbei (s.a. Mitra 2003), da er Lernerfolge einfordert, die Mitra und sein Team zunächst nicht anstrebten – in den meisten Projekten stand die Vermittlung von elementaren Computerkenntnissen im Vordergrund. Bedenkt man allerdings, dass in späteren Versuchen Kenntnisse in Molekularbiologie (Mitra/Dangwal 2010) vermittelt und dabei Ergebnisse erreicht wurden, die durchaus mit Ergebnissen üblichen Schulunterrichts zu vergleichen sind, kann der Hole in the Wall-Ansatz durchaus als erfolgreich bewertet werden.[8]

---

7 Tatsächlich war der erste Computerkiosk nicht mit einer Tastatur ausgestattet (vgl. Mitra/Rana, 2001, 226).
8 In dem Versuch, den Mitra und Dangwal (2010) beschreiben, wurden unter anderem die Leistungen von Kindern, die ausschließlich durch Selbstlernen am Computerkiosk Kenntnisse

Simputer: Einfache Rechner

Indien scheint durch seine ökonomische und soziale Position als Schwellenland ein guter Nährboden für Projekte zur Schließung der digitalen Spaltung bzw. zur Verbesserung der allgemeinen sozialen Lage zu sein, denn Sugata Mitra und sein Team waren nicht die Ersten, die mithilfe von Computern etwas an der teilweise desolaten Situation weiter Teile der indischen Bevölkerung ändern wollten. So wurde der „Simputer" (engl.: *Sim*ple Com*puter*) bereits 1998 von einer Gruppe von IT-Fachleuten als „[...] machine that is low-cost, usable and *useful* to the common man" (Manohar 1998, 1)[9] entwickelt. Das Gerät sollte insbesondere die ländliche Bevölkerung Indiens ansprechen, die Ende der 1990er Jahre in aller Regel vom Zugang zu Computern und Informationen abgeschnitten war – und auch heute noch oft ist. Da davon ausgegangen wurde, dass viele Menschen aus dieser Zielgruppe Analphabeten sein würden, sollte die Steuerung des Simputers auf Piktogrammen aufbauen. Darüber hinaus sollten Texte, die auf das Gerät geladen oder aus dem Internet aufgerufen wurden, vorgelesen und dabei viele der in Indien verbreiteten Sprachen berücksichtigt werden.[10] Der Internetzugriff sollte über das Telefon erfolgen – eine in den 1990er Jahren durchaus auch in Industriestaaten noch übliche Technik, insbesondere bei mobilen Geräten wie Laptops und PDAs. Dabei ging es nicht so sehr um den Zugang zum World Wide Web, sondern eher um den Zugriff auf zielgruppenspezifische Informationsangebote wie zum Beispiel Preise für landwirtschaftliche Produkte, die Wetternachrichten, optimale Aussaat- und Erntezeiten u.Ä.

---

in Molekularbiologie erwerben konnten, mit den entsprechenden Leistungen von Schülern einer staatlichen Schule (von den Autoren als „nearby average-below average performing" eingeordnet) und einer privaten Schule (von den Autoren als „high performing" bezeichnet) verglichen. Die Leistungen der selbstlernenden Kinder erreichten laut den Autoren jene der Schüler der staatlichen Schule; mit der Unterstützung einer von Mitra und Dangwal (2010) als „mediator" bezeichneten Person (die keine Kenntnisse des jeweiligen Themas besaß, sondern nur die Abläufe am Computerkiosk organisierte) erreichten die Testpersonen die Leistungen der Schüler der privaten Schule. Inamdar (2004) berichtet ähnlich positiv über Versuche, Kindern im Alter von 12 bis 13 Jahren Computerkenntnisse zu vermitteln; die erzielten Ergebnisse seien durchaus mit jenen des schulischen Unterrichts vergleichbar.
9 Die folgenden Bemerkungen beruhen, wenn nicht anders angegeben, ebenfalls auf dieser Quelle.
10 Das Gerät sollte nicht übersetzen, also bspw. englische Texte in Hindi vorlesen, sondern englische Texte in englischer Sprache, Hindi-Texte in Hindi, Kashmiri-Texte in Kashmiri usw. Eine gut funktionierende maschinelle Übersetzung auf Basis eines tragbaren Computers war Ende der 1990er Jahre eine technische Utopie und ist es auch heute letztlich immer noch – heutige Ansätze für mobile Geräte basieren auf internetgestützter Technologie.

Da das Gerät komplett neu entwickelt werden sollte, konnte nicht auf bestehende Betriebssysteme und Software zurückgegriffen werden. Man hoffte, dass sich ausreichend Personen und/oder NGOs aus der Open Source- bzw. Free Software-Community fänden, die an entsprechenden Programmen arbeiten würden. Dies hätte zudem dazu beigetragen, dass der Gerätepreis hätte niedrig gehalten werden können, da keine Lizenzkosten angefallen wären (ähnlich bei James 2001 und 2003). Trotz solcher Maßnahmen, der vergleichsweise einfachen Technik und der geplanten Fertigung in Indien, sollte das Gerät ca. 5000 indische Rupien kosten – allerdings findet sich an anderer Stelle ein Preis von 9000 Rupien (vgl. Ganapati 2003). In beiden Fällen wurde der Verkauf von mindestens 100 000 Einheiten vorausgesetzt. Doch selbst ein Preis von 5000 Rupien hätte bedeutet, dass kaum jemand aus der Zielgruppe in der Lage gewesen wäre, den Simputer zu kaufen; daher war geplant, dass Dorfgemeinschaften, Genossenschaften o.Ä. das Gerät kollektiv erwerben und benutzen sollten; eine andere Idee war, dass Kleingewerbetreibende das Gerät in einem Leihsystem einer größeren Zahl von Menschen zur Verfügung stellen würden.

Obwohl die Webseiten des Simputer-Projekts noch heute zugänglich sind, war das Projekt selbst jedoch ein Misserfolg. Laut Ganapati (2003) hatte die Herstellerfirma Encore bis 2001/2002 etwa 1500 bis 2000 Geräte produziert. Sie wurden zu Preisen zwischen 12 000 für die einfachste und 22 000 indischen Rupien für die teuerste Ausstattung verkauft – zu Preisen also, die weit über dem Plan lagen und somit für die Zielgruppe unerschwinglich sein mussten.[11]

Analysen und Schlussfolgerungen

Insbesondere aus dem Verlauf des Simputer-Projekts lässt sich eine erste und dabei sehr wichtige Folgerung ableiten. Projekte, die zur Schließung der digitalen Spaltung beitragen sollen, müssen die Adressaten der Maßnahmen einbeziehen (vgl. Warschauer 2003b, 200f.), bspw. in Hinblick auf den Nutzen, den ein Projekt für die adressierten Menschen haben soll – aus den wenigen Dokumenten zum Simputer wird jedoch nicht erkennbar, dass Menschen aus der Zielgruppe jemals dazu befragt worden wären, ob ein solches Gerät ihnen helfen könnte, ein besseres Leben zu führen.

---

11 2003 entsprachen 5000 indischen Rupien etwa 96 Euro, 9000 Rupien ca. 173 Euro, 12 000 Rupien ungefähr 230 Euro und 22 000 indischen Rupien etwas mehr als 420 Euro. Im Jahr 2004 lag das Bruttoinlandsprodukt in Indien pro Einwohner bei 504 Euro (vgl. Bauer-Hailer/Wezel 2008, 55).

Ebenso wichtig ist es, die vorhandenen Fähigkeiten aller involvierten Menschen zu nutzen (vgl. Mansell/Steinmueller 2002, 37ff.). Mark Warschauer schreibt (2003b, 212) hierzu:

> A common mistake made in ICT development projects is to make primary use of computer experts rather than of the best community leaders, educators, managers, and organizers. Those who are capable of managing complex social projects to foster innovative, creative, and social transformation will likely be able to learn to integrate technology into this task. [...] [L]ocal initiative is critical to give the space for good small things to emerge.

Verfolgt man rückblickend deren Entwicklung, so ist erkennbar, dass sowohl im Fall des Simputer- als auch des OLPC-Projekts letztlich unterstellt wurde – und wird –, dass es ausreiche, Menschen Technik aus externer Quelle zur Verfügung zu stellen, um ihre im weitesten Sinne sozialen Probleme zu lösen – diese Herangehensweise nennt Warschauer das „Standard-Werkzeug-Modell" (Warschauer 2003b, 207). Entscheidend für den Erfolg von Projekten zur Schließung der digitalen Spaltung ist für Warschauer (vgl. 2003b, 199ff.) jedoch die Einsicht, dass Technik sozial eingebettet sein müsse – hierfür nutzt Warschauer die Bezeichnung „soziotechnisches Modell" (Warschauer 2003b, 207). Der Versuch, Technologie einfach zur Verfügung zu stellen und zu warten, dass sich zu dieser ‚Lösung' dann schon die passenden Problemstellungen finden werden, müsse scheitern.

Man kann den Kern der Unterschiede zwischen dem Standard-Werkzeug- und dem soziotechnischen Modell damit identifizieren, dass die Bedeutung der involvierten Personen und Personengruppen und deren soziale Beziehungen untereinander sowie zur Gesellschaft und Umwelt sehr verschieden gewichtet werden. Warschauer unterstellt, dass jene Projekte, die dem Standard-Werkzeug-Modell verpflichtet seien, auf der Überzeugung aufbauten, dass das zu lösende Problem nicht wesentlich durch soziale Beziehungen bestimmt und im Grunde vom Rest der Welt isoliert sei. Projekte wiederum, die dem soziotechnischen Modell folgten, würden im Gegensatz dazu die Menschen und ihre Beziehungen in das Zentrum aller Bemühungen stellen (vgl. Tabelle 1).

Warschauer (2003b, 206) fasst den Unterschied der zwei skizzierten Sichtweisen so zusammen:

> The studies discussed in this book draw on and reinforce the concept of the sociotechnical network. They provide further evidence that looking at what people do rather than merely at what equipment they have is necessary to make effective use of ICT for social change and inclusion.

Insofern muss die Zukunft zeigen, ob bspw. das Hole in the Wall-Projekt tatsächlich zu einer Veränderung der Lebensbedingungen seiner Adressaten beitragen

Standard-Werkzeug-Modell	Soziotechnisches Modell
IuK-Technologie ist ein Werkzeug.	IuK-Technologie stellt ein soziotechnisches Netzwerk dar.
Ein Geschäftsmodell ist ausreichend.	Die Beachtung von Umwelt- und Umgebungsbedingungen ist notwendig.
Es werden einmalige Installationen von IuK-Technologie durchgeführt.	Der Einsatz von IuK-Technologie stellt einen sozialen Prozess dar.
Technik wirkt direkt und sofort.	Technik wirkt indirekt und auf verschiedenen Zeitskalen.
Politische Faktoren sind schlecht oder zumindest irrelevant.	Politische Faktoren sind zentral und ermöglichen oft erst einen Erfolg.
Anreize zum Wandel bringen keine Probleme mit sich.	Anreize benötigen möglicherweise weitreichende Umstrukturierungen und können Konflikte auslösen.
Beziehungen können leicht einseitig verändert werden.	Beziehungen sind komplex, entstehen durch Verhandlungen und beruhen auf verschiedenen sozialen Mechanismen, bspw. Vertrauen.
Soziale Effekte der IuK-Technologie sind zwar groß, aber isoliert und harmlos.	IuK-Technologie kann enorme soziale Auswirkungen zeigen, die sich über alle Lebensbereiche erstrecken können.
Die Einsatzbedingungen sind einfach strukturiert (bspw. demografische Variablen).	Die Einsatzbedingungen sind komplex und umfassen bspw. Gefüge aus Unternehmungen, Dienstleistungen, Menschen, Technik, Geschichte und Orte.
Wissen und Know-how können leicht expliziert werden.	Wissen und Know-how sind meist implizit und verborgen.
IuK-Technologie allein reicht aus.	IuK-Technologie wird nur in Kombination mit anderen Fähigkeiten und Leistungen erfolgreich eingesetzt werden können.

Tab. 1: Standard-Werkzeug- und soziotechnisches Modell des IuK-Technologieeinsatzes (angelehnt an Warschauer 2003b, 207).

wird, denn auch hier wird letztlich darauf gesetzt – zumindest wenn man sich der Kritik Warschauers anschließt –, dass die Bereitstellung von Computertechnik bereits ausreiche, solche Änderungen anzustoßen.[12] Andererseits betonen Mitra und seine Kollegen immer wieder, dass das Hole in the Wall-Projekt ganz wesentlich auf dem Gedanken des kollaborativen Lernens der Kinder basiert, also soziale Beziehungen einen zentralen Stellenwert besitzen.

---

12 Die letzte Nachricht über die Eröffnung eines Computerkiosks (in diesem Fall in Afrika), die auf der Projektwebseite zu finden ist, ist auf September 2011 datiert, sodass davon ausgegangen werden kann, dass das Hole in the Wall-Projekt weitergetrieben wird – also bestehende Kioske gepflegt und neue Kioske eingerichtet werden.

Doch soziale Defizite, die mit entsprechenden Projekten behoben werden sollen, beruhen nicht selten auf Machtgefällen (vgl. Moss 2002) zwischen Bevölkerungsgruppen oder der Diskriminierung bspw. aufgrund des Geschlechts oder der sozialen Herkunft, in Indien insbesondere aufgrund der Kastenzugehörigkeit. Dies zu ändern – hier ist eine Prognose kaum möglich – wird zum einen nicht mit dem bloßen Einsatz von Technik zu erreichen sein und zum anderen viel Zeit benötigen. Daher ist der optimistischen Sichtweise Mitras und seiner Kollegen gar nicht so sehr Kritik im Stile Warschauers entgegenzuhalten, sondern eher der Hinweis auf bzw. die Frage nach Langzeitwirkungen: Selbst wenn Computerkioske zur Vermittlung von Kenntnissen der Computernutzung oder der Molekularbiologie beitragen mögen, stellt sich die Frage, ob die späteren Chancen der Kinder auf dem Arbeitsmarkt und damit auf bessere Lebensverhältnisse steigen, auch wenn bspw. Kastenzugehörigkeit und/oder Geschlecht dem eigentlich entgegenstehen. Erst dann wäre davon zu reden, dass Technik geholfen habe, soziale Umstände zu verändern.

Die Rede von der sozialen Einbettung der Technik soll ausdrücken, dass jede Form der Hilfe – das gilt eben auch für die Bereitstellung von IuK-Technologie – Probleme der Betroffenen aufnehmen muss und nur in Zusammenarbeit mit diesen erfolgreich sein kann. Die damit verbundene veränderte Sichtweise auf IuK-Technologie wird besonders in einem Vergleich deutlich. In der obigen Tabelle wird die Haltung, dass es völlig ausreiche, entsprechende Technik einmalig zur Verfügung zu stellen, der Auffassung gegenübergestellt, dass Technik immer nur in der sozialen Einbettung sinnvoll genutzt werden kann. Wichtig daran ist, dass die Maßnahmen zur Schließung der digitalen Spaltung die Intentionen der betroffenen Menschen in Rechnung stellen müssen. Es ist notwendig, die Betroffenen in die Hilfsmaßnahmen möglichst von Beginn an einzubeziehen – auch um jede Form des Paternalismus zu vermeiden, vor allem aber, um deren Fähigkeiten, Kenntnisse und nicht zuletzt Bedürfnisse zu berücksichtigen, selbst wenn diese Vorgehensweise meist sehr zeitaufwändig ist (vgl. Warschauer 2003b, 200f.).

Schaut man sich die Informationen zum OLPC an – Ähnliches lässt sich vermutlich über das Simputer- und in abgeschwächter Form auch für das Hole in the Wall-Projekt sagen –, entsteht der Eindruck, dass eine wesentliche Vorannahme bei diesem Projekt ist, dass die digitale Spaltung allein dadurch behoben werden könne, die noch fehlende technische Infrastruktur zur Verfügung zu stellen.[13] Doch diese Annahme ist falsch, da die digitale Spaltung in eine Reihe weiterer Spaltungen eingebettet ist:

---

[13] Einen sehr ausführlichen Überblick zur Debatte über die digitale Spaltung bietet Yu (2006). Dort finden sich insbesondere viele Anmerkungen zu möglichen Ursachen und deren Wechselwirkungen.

- Die digitale Spaltung kann als Teil der viel weiter gehenden Spaltung der Welt bezüglich des Zugangs zu Bildung und Wissen verstanden werden. Armut und Analphabetismus treten nicht nur in Entwicklungs- und Schwellenländern gemeinsam auf, sondern auch in Industrieländern (vgl. Castells 2001, 258ff.).
- Die gerade in Entwicklungs- und Schwellenländern fehlende oder mangelhafte Infrastruktur für Transport, Verkehr und Kommunikation, oft (mit-) verursacht durch widrige Umweltbedingungen und -katastrophen (vgl. Mitra 2010) oder (Bürger-)Kriege, erschwert oder verhindert die Überwindung der digitalen Spaltung.
- Mangelnde Nahrungs- und Gesundheitsversorgung tragen dazu bei, dass die kognitiven Fähigkeiten der betroffenen Menschen verringert oder erst gar nicht entwickelt werden; zudem werden Allgemeinbildung oder spezifische Computerkenntnisse in einer dauerhaften Mangelsituation vermutlich niedriger priorisiert als Ernährung und Gesundheit – obwohl beide durch Bildung gefördert werden können, in der Regel aber auf einer anderen Zeitskala.
- Fehlende Geldmittel und Einnahmequellen in Entwicklungs- und Schwellenländern führen zu geringen Ausgaben in Bereichen wie Bildung, Infrastruktur oder medizinischer Grundversorgung.
- Menschen, die in autoritären oder totalitären politischen Systemen leben, sind vom freien Informationsfluss in Wissenschaft und Technik teilweise oder ganz abgeschnitten.

Vermutlich ließe sich diese Aufzählung erheblich verlängern oder detaillierter darstellen (vgl. bspw. Mossberger/Tolbert/Stansbury 2003); hier gilt es in erster Linie jedoch zu verdeutlichen, dass die digitale Spaltung in ein Netz weiterer Faktoren eingesponnen ist und nicht isoliert betrachtet werden kann (vgl. Lynch 2002). Manuel Castells (2001, 247) betont dies ebenfalls:

> The differentiation between Internet-haves and have-nots adds a fundamental cleavage to existing sources of inequality and social exclusion in a complex interaction that appears to increase the gap between the promise of the Information Age and its bleak reality for many people around the world. Yet, the apparent simplicity of the issue becomes complicated on closer examination. Is it really true that people and countries become excluded because they are disconnected from Internet-based networks? Or, rather, is it because of their connection that they become dependent on economics and cultures in which they have little chance of finding their own path of material well-being and cultural identity?[14]

---

14 Die Rede von „haves" und „have-nots" findet sich bereits deutlich früher, bspw. bei Haule (1990, 151): „The world's traditional division of poor and rich nations is being exacerbated

Castells betont mit diesem Zitat erneut die Mehrdimensionalität der Ungleichheit (vgl. Kim/Kim 2001, 79ff.) und verweist ähnlich wie Mark Warschauer (2002) auf das Problem ihrer kausalen Verursachung.

Die Einsicht, dass die digitale Spaltung nur eine Facette einer umfassenderen Ungleichheit darstellt, legt nahe, die digitale Spaltung als ein Problem der sozialen Einbettung und Teilhabe zu verstehen. Teilhabe bedeutet dabei, dass eine Verringerung oder Überbrückung der digitalen Spaltung mit dem Zugang zu elementaren Gütern für das Überleben, Bildung sowie der Möglichkeit der demokratischen politischen Partizipation einhergehen müsste. Der Versuch, die genannten Spaltungen einzeln zu überbrücken, muss aufgrund ihrer Interdependenzen scheitern. Richtig wäre es, zu versuchen, iterativ vorzugehen und auf allen Ebenen kleine Schritte zu machen, deren Wirkungen sich dann wechselseitig verstärken könnten.

Der Weg zu möglichen Lösungen der digitalen Spaltung wird jedoch nicht selten gerade dadurch versperrt, dass von einer Entweder-Oder-Situation ausgegangen wird (Warschauer 2002):

> A second problem with the digital divide concept is its implication of a bipolar societal split. [...] [T]here is not a binary division between information „haves[„] and „have-nots", but rather a gradation based on different degrees of access to information technology. [...]. The notion of a binary divide between the haves and the have-nots is thus inaccurate and can even be patronizing as it fails to value the social resources that diverse groups bring to the table. For example, in the United States, African-Americans are often portrayed as being on the wrong end of a digital divide [...], when in fact Internet access among Blacks and other minorities varies tremendously by income group – with divisions between Blacks and Whites decreasing as income increases [...].

Wendet man nun den Blick bspw. auf Afrika, so sind insbesondere einige Küstenstaaten und dort große Städte vergleichsweise gut an das Internet angebunden, da um den afrikanischen Kontinent entsprechende Seekabel mit Abzweigungen verlegt wurden (vgl. https://www.budde.com.au/Research/Africa-Internet-Broadband-and-Digital-Media-Statistics-tables-only.html?r=51). Das Innere des Kontinents ist aber schlecht erschlossen; am ehesten wird dort der Zugang zum Internet über das Mobiltelefon gelingen (vgl. Mimbi/Bankole/Kyobe 2011; kri-

---

by its current transformation into information and technology ‚haves‘ and information and technology ‚have nots‘, as a result of advances in telecommunication services and techniques of the last six years." Es lohnt sich daher, die Diskussion über die digitale Spaltung nicht bei Null zu beginnen, sondern frühere Debatten zu beachten; dort finden sich bspw. auch schon wichtige Hinweise zur Beachtung kultureller und sozialer Aspekte bei der Einführung neuer Technologien, so bei Chepaitis (1990).

tisch dazu James/Versteeg 2007), doch sind die Kosten hierfür ebenso wie für Festnetzanschlüsse oftmals – verglichen mit den Einkommen der meisten Menschen – sehr hoch (vgl. Gyamfi 2005). Diese Form der digitalen Spaltung, die von Industrieländern wie Deutschland aus betrachtet wie eine Nord-Süd-Spaltung aussieht oder wie eine zwischen entwickelten und sich entwickelnden Ländern, könnte daher stattdessen auch als innerstaatliche Spaltung angesehen werden, die mit den sozialen und politischen Gefällen innerhalb des Landes verknüpft ist (vgl. Odendaal/Duminy/Saunders 2008; Tiene 2001) und dabei nicht binär zwischen zwei Polen trennt, sondern ein Kontinuum zwischen Zugang und gar keinem Zugang darstellt, in dem viele mögliche Abschattungen vorkommen. Ein weiteres Beispiel: In absoluten Zahlen gerechnet verfügt China inzwischen über die meisten Internetnutzer auf der Welt, aber gleichzeitig ist die Verbreitung von Netzzugängen sehr unterschiedlich; es sind vor allem die großen Städte mit der dort existierenden Mittelschicht, in denen das Netz weite Verwendung findet (vgl. CCNIC 2011). Aber ebenso wie in anderen Ländern ist in China das Leben in einer Stadt nicht mit der Verfügbarkeit eines Internetzugangs gleichzusetzen; dort finden sich ebenfalls viele Menschen, die nur erschwert oder gar keinen Zugriff auf das Netz haben.

In beiden Fällen – und es ist zu vermuten, in vielen anderen Beispielen ebenfalls – müssen Maßnahmen zur Schließung der digitalen Spaltung also sehr genau an die jeweilige soziale, kulturelle, politische und auch geografische Situation angepasst werden. Die technikdeterministische Annahme, eine digitale Spaltung existiere, weil die entsprechende Technik fehle, und eine Lösung läge in der Lieferung dieser Technik, greift demnach zu kurz. Philip, Irani und Dourish (2012, 4) benennen dies in einer Bewertung eines Werbespots für das OLPC-Projekt sehr deutlich:

> The advertisement tells a fairly straightforward technologically determinist story – the laptop can turn the lives of these children around, perhaps, because it will open doors to different life paths, away from manual labor and violence to middle class knowledge work.

Man könnte zudem fragen, ob dem OLPC-Projekt im Speziellen und vielen anderen Projekten zur Schließung der digitalen Spaltung im Allgemeinen Stereotype der potenziellen Zielpopulationen zugrunde liegen, die latent rassistisch sind (vgl. Hacker/Mason 2003, 113; Kress 2009, 42; Wright 2004). Damit wird wiederum die Bedeutung der Technik reduziert und nach anderen, sozialen Determinanten für die digitale Spaltung selbst sowie für den Erfolg bzw. Misserfolg von Maßnahmen zur Schließung derselben gefragt.

Das bedeutet aber nicht, dass Technik bei der Schließung der digitalen Spaltung unwichtig und daher nicht wirklich zu beachten sei, gleich ob im großen

Maßstab der globalen oder im kleinen der vielen sehr unterschiedlichen lokalen Spaltungen. Aber ebenso wie Projekte zur Schließung der digitalen Spaltung als Ganzes sorgfältig auf die jeweils spezifische Situation ausgerichtet werden müssen, muss auch die verwendete Technik an die charakteristischen Bedürfnisse der Nutzerinnen und Nutzer bzw. an die Bedingungen der Einsatzsituation angepasst werden.

Drew Tiene (2001) zählt nun viele Fehler auf, die in Projekten zur Schließung der digitalen Spaltung begangen werden können – und es ist hinzuzufügen: vermutlich auch begangen werden. Diese Fehler beziehen sich sowohl auf die einzusetzende Technik selbst als auch auf die Denkweisen, die dahinter stehen – darin sind die Bemerkungen Tienes jenen von Warschauer recht ähnlich. Da es meist an Geld für Maßnahmen zur Schließung der digitalen Spaltung fehle, bemerkt Tiene (vgl. 2001, 216), dass in vielen Projekten auf gebrauchte oder gespendete Systeme zurückgegriffen werde, die oft aber nicht den Anforderungen der geplanten Anwendung gewachsen seien – sei es, weil gebrauchte Hardware älter und deshalb mit neuerer Software überfordert ist oder weil die Auswahl der gespendeten Systeme nicht angepasst an die tatsächlichen Anforderungen getroffen wurde.

Andere Autoren widersprechen dieser Einschätzung allerdings mit dem Hinweis, dass gebrauchte Hardware in großen Mengen zur Verfügung stünde, außerdem günstig sei und zudem Open Source-Software mit guter Funktionalität auch auf älteren Geräten eingesetzt werden könne (vgl. James 2002, 101ff.; James 2003, 60ff.). Wie auch im Zusammenhang mit anderen Entwicklungshilfemaßnahmen könnte man daran anknüpfend argumentieren, dass die Nutzung von Standardhardware es ermögliche, dass sich vor Ort ein Markt für Reparaturen und Dienstleistungen entwickeln könnte, sodass nicht nur die digitale Spaltung, sondern auch andere soziale Probleme wie hohe Arbeitslosigkeit mit Lösungen auf Basis gebrauchter Hardware adressiert werden könnten. Tiene (2001, 216) verweist allerdings auch auf das gegenläufige Problem, dass die gekauften Systeme hinsichtlich Leistung – und damit auch hinsichtlich ihres Preises – oft überdimensioniert seien:

> Many school administrators cannot resist purchasing the most sophisticated hardware available [...]. As a result, fewer units can be obtained for the school than if less expensive models had been selected instead. Unfortunately, many of the advanced features of such systems may be little used by the average student. In addition, brand new equipment may not run older software or interface with older peripherals.

Schon aufgrund eigener Entscheidungen jener Personen, Gruppen, Unternehmen und/oder Institutionen, die an der Schließung der digitalen Spaltung arbeiten, können die Projekte bzw. die dabei genutzten Systeme also fehlangepasst sein; ebenso können fehlende Ressourcen dazu führen, dass die gewählten Maßnahmen nicht oder nur unzureichend wirksam werden. Inwieweit hier das Simputer- und insbesondere das OLPC-Projekt kritisiert werden müssen, bleibt bis zu einem gewissen Grad offen: Das Simputer-Projekt hat es nie bis zum Einsatz geschafft, zum OLPC-Projekt finden sich kaum bzw. keine unabhängigen Beurteilungen. Grundsätzlich verbindet beide Projekte aber ein Top-Down-Ansatz, da die genutzte Technik nicht vor Ort entwickelt wurde.[15]

Zu diesen Faktoren kommt noch hinzu, dass praktisch die gesamte Informations- und Kommunikationsindustrie, der größte Teil der entsprechenden Infrastruktur und vor allem der Produkte auf die Belange der entwickelten Staaten ausgerichtet sind, wie Jeffrey James (1999, 155) betont: „[...] such technology is generated in and for the circumstances prevailing in the developed rather than the developing countries." Technik, Infrastrukturen und Anwendungen sind auf die Bedürfnisse und Anwendungskontexte der Nutzer in den entwickelten Ländern des Globus ausgerichtet; gerade Computer sind in der Regel vergleichsweise empfindliche Geräte, die den Umweltbedingungen in vielen Ländern, in denen die digitale Spaltung geschlossen werden soll, kaum oder gar nicht gewachsen sind (Mitra 2005, 73):

> Personal computers (PCs), such as those used in homes and offices all over the world, are designed to work indoors, usually in a carefully conditioned and controlled environment. Such computers can not be placed in outdoor environments, without air-conditioning and with poor power conditions, such as those prevalent in rural India and Cambodia.

Mitra und seine Kollegen haben daher das Konzept des Computerkiosks entwickelt, der intern jene Bedingungen bietet, die Standardhardware für eine korrekte Funktionsweise benötigt – nicht die Hardware, sondern die Einsatzbedingungen werden somit verändert, da letzteres mit den Ressourcen vor Ort möglich ist, ersteres jedoch nicht. In dieser Hinsicht muss indes das OLPC-Projekt als vorbildlich bezeichnet werden; den technischen Spezifikationen auf den Webseiten des Projekts (vgl. http://wiki.laptop.org/go/Hardware_specification) kann entnommen werden, dass das Gerät an Bedingungen, wie sie James und Mitra im Blick haben, durchaus gut angepasst ist.

---

15 Dieser Einschätzung widerspricht Acharya (2007, 350), allerdings wird auch darauf verwiesen, dass das OLPC-Projekt aus pädagogischer Sicht durchaus Schwächen aufweist.

Offene Zukunft

Natürlich stellt sich die Frage, ob aus gescheiterten oder erfolgreichen Projekten Aussagen abgeleitet werden können, um eine Art Bedienungsanleitung für zukünftige Projekte zur Schließung der digitalen Spaltung zu erstellen. Doch schon bei der Frage nach dem Maßstab für Erfolg und Scheitern wird es schwierig: Liest man bspw. die Texte von Sugata Mitra und seinen Kollegen, die im Kontext des Hole in the Wall-Projekts mitgearbeitet haben, so bewerten diese das Projekt durchaus positiv, selbst wenn zuweilen von den Grenzen des gewählten methodischen Vorgehens gesprochen wird. Es wird argumentiert, dass es möglich war, mit sehr kleinem Aufwand Kindern Fähigkeiten beizubringen, die sie aufgrund ihrer eigenen Lebenssituation ohne das Projekt niemals hätten erwerben können. Aus einer externen Perspektive könnte jedoch gegen diese Haltung argumentiert werden, dass das Hole in the Wall-Projekt nie den Durchbruch erreicht habe, da es letztlich aus vielen kleinen und isolierten Teilprojekten besteht und nicht einmal in Indien selbst eine landesweite Verbreitung gefunden hat.

Wenn gerade dies jedoch das entscheidende Kriterium für Erfolg oder Misserfolg eines Projekts zur Schließung der digitalen Spaltung wäre, so könnte nur das OLPC-Projekt als Erfolg gewertet werden. Denn selbst wenn die selbstgesteckten Ziele bisher nicht erreicht wurden – bspw. bezüglich des Preises von $100 oder der angestrebten fünf bis sieben Millionen verkauften Einheiten im ersten Jahr (vgl. Jurgeit-Körner 2011; Matzat (2007) spricht sogar von noch höheren Zielvorgaben) –, sind ca. zwei Millionen verteilter XO-Laptops nicht wenig (vgl. http://wiki.laptop.org/go/The_OLPC_Wiki). Studien über den (pädagogischen) Erfolg des Geräts fehlen hingegen fast vollständig[16] – schaut man sich bspw. den englischsprachigen Eintrag zum OLPC-Projekt in der Wikipedia an, wird dort zudem auf harsche Kritik verwiesen (vgl. http://en.wikipedia.org/wiki/One_Laptop_per_Child). Alanna Shaikh (2009) schreibt hierzu:

> Some people call OLPC Nick Negroponte's vanity project. I wouldn't go that far. But it's not going to change the world, or even affect it all that much. One Laptop per Child got everyone thinking about the education in the developing world. It spawned the commercial laptops that are now out competing it. But that's all. The dream is over.

---

[16] Im deutschsprachigen Raum findet sich nur das Buch von Pantea Bashi (2011). Dessen Umfang ist allerdings eher gering. Jeffrey James (2010, 387f.), einer der Kenner der Thematik, schreibt in Bezug auf das OLPC-Projekt sogar: „For all the attention it has received in recent years, one might have thought that the idea of giving a laptop to each schoolchild in developing countries had been subject to intense scrutiny. Unfortunately, it has not been seriously reviewed by either proponents of the idea or anyone else for that matter."

Dies ist eine deutliche Absage nicht an das Projekt selbst, sondern an den missionarischen Anspruch, der dem Projekt und vor allem dessen Frontmann Negroponte eigen ist – andere Autoren äußern sich ähnlich (bspw. Kraemer/Dedrick/Sharma 2009). Für eine im Vergleich zu Negroponte nüchternere Sicht auf die Chancen, mit Technologie etwas bzgl. der Ausbildung von Kindern und Jugendlichen zu ändern, sprechen Untersuchungen (bspw. Cuban 2001, insbesondere Kapitel 6), die kaum oder gar keine Auswirkungen von Technik im Klassenraum nachweisen konnten. Larry Cuban (2001) führt dies darauf zurück, dass bisher weder Lehrer noch Schüler in die Projekte eingebunden wurden; übertragen auf das OLPC- und andere Projekte ist dies eine klare Absage an Top-Down-Ansätze.

Ausgehend von diesen Befunden ist die Zukunft und damit der Erfolg oder Misserfolg sowohl des OLPC-Projekts als auch anderer Versuche, die digitale Spaltung in erster Linie über den Einsatz von Technologie zu schließen, jedoch kaum vorherzusagen. Dies liegt nicht zuletzt daran, dass der Einsatz dieser Technologie in einem komplexen sozialen Umfeld stattfinden muss, das sowohl von lokalen als auch globalen Faktoren mitbestimmt wird (vgl. Luyt 2008; Parthasarathy/Srinivasan 2008). Die Fülle der Determinanten ist dabei unüberschaubar; allein dies macht jede seriöse Prognose unmöglich.

Nichtsdestotrotz sind einige Aussagen möglich: Erfolgreiche Hilfe setzt Anerkennung, Reziprozität und Gleichheit aller Beteiligten bzw. Stakeholder voraus. Maßnahmen zur Behebung sozialer Ungleichheiten und damit auch der digitalen Spaltung müssen auf Empowerment zielen und dürfen nicht auf einer paternalistischen Attitüde beruhen. Da die digitale Spaltung kein rein technisches bzw. vielleicht nicht einmal primär ein technisches Problem ist, sind in erster Linie technologisch ausgerichtete Projekte verfehlt – selbst in Studien, die den Wert von IuK-Technologie für Bildungsprozesse und die Schließung der digitalen Spaltung durchaus betonen, werden begleitende Maßnahmen bspw. bezüglich der Ausbildung von Lehrern gefordert (bspw. Mangiatordi/Pischetola 2010).

Das bisher Gesagte gilt nicht nur für die Schließung der digitalen Spaltung in fernen Ländern, sondern auch bei uns selbst. Die Digital Divide-Forschung zeigt – anknüpfend an die Wissenskluftypothese – überzeugend (vgl. Marr/Zillien 2010; Zillien 2009), welche Bedeutung Bildung und soziale Unterschiede bei der Nutzung des Netzes haben. Dabei wird insbesondere deutlich, dass der bloße Zugang zum Internet allein keinen Beitrag zur Bildung leistet, da für eine entsprechende Verwendung des Internets bestimmte Kenntnisse, Fähigkeiten und Voraussetzungen bereits vorhanden sein müssen. Wiederum wird erkennbar, dass eine technikzentrierte Herangehensweise hinsichtlich der digitalen Spaltung zu kurz greift.

Literatur

Acharya, S. (2007): „Identity, Technological Communication and Education in the Age of Globalization". Gender, Technology and Development 11:3, 339–356.

Bashi, P. (2011): Digitale Ungleichheit? One Laptop per child: Anspruch und Wirklichkeit. München: AVM Verlag.

Bauer-Hailer, U.; Wezel, H.U. (2006): „Indien: ein Land voller Gegensätze". Statistisches Monatsheft Baden-Württemberg 8, 54–57.

Castells, M. (2008): „The New Public Sphere: Global Civil Society, Communication Networks, and Global Governance". The ANNALS of the American Academy of Political and Social Science 616:1, 78–93.

Castells, M. (2001): The Internet Galaxy. Oxford: Oxford University Press.

Castells, M. (1996): The Rise of the Network Society. Malden, MA: Blackwell.

CCNIC (2011): Statistical Report on Internet Development in China. China Internet Network Information Center. (http://www1.cnnic.cn/uploadfiles/pdf/2011/2/28/153752.pdf).

Chepaitis, E. (1990): „Cultural Constraints in the Transference of Computer Technologies to Third World Countries". In: M. Mtewa (ed.): International Science and Technology: Philosophy, Theory, and Policy. New York, NY: St. Martin's Press, 61–71.

Cuban, L. (2001): Oversold and Underused: Computers in the Classroom. Cambridge, MA: Harvard University Press.

Ganapati, P. (2003): „Simputer: Not for the Common Man Anymore". Rediff Business, 17.09.2003. (http://in.rediff.com/money/2003/sep/17spec.htm).

Gyamfi, A. (2005): „Closing the Digital Divide in Sub-Saharan Africa: Meeting the Challenges of the Information Age". Information Development 21:1, 22–30.

Hachmann, M. (2011): „Negroponte: We'll Throw OLPCs Out of Helicopters to Teach Kids to Read". PC Magazine, 02.11.2011. (http://www.pcmag.com/article2/0,2817,2395763,00.asp#fbid=8eZkqXoqW7-).

Hacker, K.L.; Mason, S.M. (2003): „Ethical Gaps in Studies of the Digital Divide". Ethics and Information Technology 5:2, 99–115.

Haule, J.J. (1990): „A Model for Telecommunication Development in Africa". In: M. Mtewa (ed.): International Science and Technology: Philosophy, Theory, and Policy. New York, NY: St. Martin's Press, 151–158.

Inamdar, P. (2004): „Computer Skills Development by Children Using ‚Hole in the Wall' Facilities in Rural India". Australasian Journal of Educational Technology 20:3, 337–350.

James, J. (2010): „New Technology in Developing Countries: A Critique of the One-Laptop-Per-Child Program". Social Science Computer Review 28:3, 381–390.

James, J. (2003a): Bridging the Global Divide. Cheltenham: Edward Elgar.

James, J. (2003b): „Free Software and the Digital Divide: Opportunities and Constraints for Developing Countries". Journal of Information Science 29:1, 25–33.

James, J. (2002): Technology, Globalization and Poverty. Cheltenham: Edward Elgar.

James, J. (2001): „Low-cost Computing and Related Ways of Overcoming the Global Digital Divide". Journal of Information Science 27:6, 385–392.

James, J. (1999): Globalization, Information Technology and Development. London: St. Martin's Press.

James, J.; Versteeg, M. (2007): „Mobile Phones in Africa: How Much Do We Really Know?" Social Indicators Research 84:1, 117–126.

Jurgeit-Körner, C. (2011): „Gefeiert, kritisiert und immer noch da". Technology Review, 17.01.2011. (http://www.heise.de/tr/blog/artikel/Gefeiert-kritisiert-und-immer-noch-da-1170153.html).

Kim, M.-C.; Kim, J.-K. (2001): „Digital Divide: Conceptual Discussions and Prospect". In: W. Kim et al. (eds): The Human Society and the Internet. Berlin: Springer, 78–91.

Kraemer, K.L.; Dedrick, J.; Sharma, P. (2009): „One Laptop Per Child". Communications of the ACM 52:6, 66–73.

Kress, T.M. (2008): „In the Shadow of Whiteness: (Re)Exploring Connections between History, Enacted Culture, and Identity in a Digital Divide Initiative". Cultural Studies of Science Education 4:1, 41–49.

Luyt, B. (2008): „The One Laptop Per Child Project and the Negotiation of Technological Meaning". First Monday 13:6. (http://www.firstmonday.org/htbin/cgiwrap/bin/ojs/index.php/fm/article/viewArticle/2144/1971).

Lynch, B.P. (2002): „The Digital Divide or the Digital Connection: A U.S. Perspective". First Monday 7:10. (http://www.firstmonday.org/htbin/cgiwrap/bin/ojs/index.php/fm/article/view/996/917).

Mangiatordi, A.; Pischetola, M. (2010): „Sustainable Innovation Strategies in Education: OLPC Case Studies in Ethiopia and Uruguay". In: M.D. Lytras et al. (eds): Organizational, Business, and Technological Aspects of the Knowledge Society, Vol. 112. Berlin: Springer, 94–104.

Manohar, S. (1998): The Simputer: Access Device for the Masses. (http://www.simputer.org/simputer/history/paper.pdf).

Mansell, R.; Steinmueller, W.E. (2002): Mobilizing the Information Society. Oxford: Oxford University Press.

Marr, M.; Zillien, N. (2010): „Digitale Spaltung". In: W. Schweiger; K. Beck (Hrsg.): Handbuch Onlinekommunikation. Wiesbaden: VS Verlag für Sozialwissenschaften, 257–282.

Matzat, L. (2007): „Der MIT-Professor und der digitale Graben". Telepolis, 01.03.2007. (http://www.heise.de/tp/artikel/24/24723/1.html).

Mimbi, L.; Bankole, F.O.; Kyobe, M. (2011): „Mobile Phones and Digital Divide in East African Countries". Proceedings of the South African Institute of Computer Scientists and Information Technologists Conference on Knowledge, Innovation and Leadership in a Diverse, Multidisciplinary Environment, SAICSIT '11. New York, NY: ACM, 318–321.

Mitra, S. (2005): „Self Organising Systems for Mass Computer Literacy: Findings from the ‚Hole in the Wall' Experiments". International Journal of Development Issues 4:1, 71–81.

Mitra, S. (2003): „Minimally Invasive Education: a Progress Report on the ‚Hole-in-the-Wall' Experiments". British Journal of Educational Technology 34:3, 367–371.

Mitra, S. (1999): „Minimally Invasive Education for Mass Computer Literacy". CSI Communications 6, 12–16.

Mitra, S.; Dangwal, R. (2010): „Limits to Self-organising Systems of Learning – the Kalikuppam Experiment". British Journal of Educational Technology 41:5, 672–688.

Mitra, S.; Rana, V. (2001): „Children and the Internet: Experiments with Minimally Invasive Education in India". British Journal of Educational Technology 32:2, 221–232.

Moss, J. (2002): „Power and the Digital Divide". Ethics and Information Technology 4:2, 159–165.

Mossberger, K.; Tolbert, C.J.; Stansbury, M. (2003): Virtual Inequality: Beyond the Digital Divide. Washington, DC: Georgetown University Press.

Odendaal, N.; Duminy, J.; Saunders, P. (2008): „Is Digital Technology Urban? Understanding Intermetropolitan Digital Divides in South Africa". Proceedings of the 20th Australasian Conference on Computer-Human Interaction: Designing for Habitus and Habitat. OZCHI '08. New York, NY: ACM, 97–103.

Parthasarathy, B.; Srinivasan, J. (2008): „How the Development of ICTs Affects ICTs for Development". Science Technology & Society 13:2, 279–301.

Philip, K.; Irani, L.; Dourish, P. (2012): „Postcolonial Computing". Science, Technology & Human Values 37:1, 3–29.

Shaikh, A. (2009): „One Laptop Per Child – The Dream is Over". UN Dispatch – United Nations News & Commentary Global News-Forum, 09.09.2009. (http://www.undispatch.com/one-laptop-per-child-the-dream-is-over).

Tiene, D. (2001): „Addressing the Global Digital Divide and its Impact on Educational Opportunity". Educational Media International 39:3, 212–222.

USDC (2000): Americans in the Information Age: Falling through the Net. U.S. Department of Commerce, October 2000. (http://search.ntia.doc.gov/pdf/fttn00.pdf).

Warschauer, M. (2003a): „Dissecting the ‚Digital Divide': a Case Study in Egypt". The Information Society 19:4, 297–304.

Warschauer, M. (2003b): Technology and Social Inclusion. Rethinking the Digital Divide. Cambridge, MA: MIT Press.

Warschauer, M. (2002): „Reconceptualizing the Digital Divide". First Monday 7:7. (http://www.firstmonday.org/htbin/cgiwrap/bin/ojs/index.php/fm/article/viewArticle/967/888).

Weber, K. (2006): „Entwicklung und digitale Spaltung – Zusammenhänge und Prioritäten". PROKLA. Zeitschrift für kritische Sozialwissenschaft 145, 36:4, 533–547.

Wright, M.M. (2002): „Racism, Technology and the Limits of Western Knowledge". In: M. Fernandez; F. Wilding; M.M. Wright (eds): Domain Errors: Cyberfeminist Practices! New York, NY: Autonomedia, 45–62.

Yu, L. (2006): „Understanding Information Inequality: Making Sense of the Literature of the Information and Digital Divides". Journal of Librarianship and Information Science 38:4, 229–252.

Zillien, N. (2009): Digitale Ungleichheit: Neue Technologien und alte Ungleichheiten in der Informations- und Wissensgesellschaft. Wiesbaden: VS Verlag für Sozialwissenschaften.

Dorothea Kleine
Informations- und Kommunikationstechnologien in der internationalen Entwicklungszusammenarbeit (ICT4D)

Einleitung

Der rasche Wandel von Informations- und Kommunikationstechnologien in den letzten Jahren und Jahrzehnten hat unser Leben stark verändert – zumindest das Leben der 2,5 Milliarden Internetnutzer und sechs Milliarden Mobiltelefonnutzer[1] weltweit (vgl. ITU 2012). Die Verbreitung dieser Technologien erfolgt innerhalb von Gesellschaften und zwischen verschiedenen Ländern in ungleicher Art und Weise. In den späten 1990er und frühen 2000er Jahren regte sich deshalb die Besorgnis, dass sich diese ungleiche Verteilung von informationstechnologischer Infrastruktur und internetbezogener Kompetenz nachteilig auf schlechter gestellte Bevölkerungsschichten und ärmere Länder auswirken würde (vgl. Norris 2001). Aus entwicklungspolitischer Sicht wurde befürchtet, dass besonders ärmere Entwicklungsländer weiter an relativer Wettbewerbsfähigkeit verlieren könnten. Um solchen internationalen *digital divides* (Digitalen Klüften) entgegenzuwirken, begannen Staaten und Nichtregierungsorganisationen (NGOs), Programme und Projekte zur staatenübergreifenden und gesellschaftsinternen digitalen Integration (*digital inclusion*) aufzulegen. Es häuften sich zudem die Hinweise, dass Informations- und Kommunikationstechnologien wichtige Werkzeuge in einer Reihe von Bereichen der Entwicklungspolitik darstellen könnten. Dieses Potenzial wurde in Pilotprojekten ausgelotet, von denen jedoch viele scheiterten (vgl. Heeks 2002). Dennoch entstand in Wissenschaft und Praxis ein Diskurs, den wir heute mit *information and communication technologies for development (ICT4D)* – Informations- und Kommunikationstechnologien für Entwicklung – umschreiben.

Dabei wurden zunehmend auch problematische Aspekte der technologischen Entwicklung deutlich. In Abwesenheit von Regulierung und unter dem Druck der Gewinnmaximierung von Technologiefirmen schreitet technische Innovation

---

1 Im Regelfall werden hier die SIM-Karten gezählt. Das heißt, je mehr Menschen mehr als eine SIM-Karte für ihr Handy benutzen, desto schlechter korreliert diese Zahl mit den tatsächlichen Benutzern.

voran und orientiert sich an dem, was möglich ist und sich verkauft. Zu wenig fragen wir uns – als Einzelne und als kollektiv vernetzte Benutzer und Bürger – welche Technologieentwicklung wir langfristig anstreben.

Dieser Beitrag wird zunächst die Geschichte des ICT4D-Diskurses darlegen und kritisch hinterfragen, welches die treibenden Kräfte in diesem Diskurs waren und sind. Im darauffolgenden Abschnitt werden wir uns auf die Debatte um den Digital Divide konzentrieren, bevor verschiedene Beispiele zeigen, wie Informations- und Kommunikationstechnologien seit den 1990ern in staatliche Politik, Sozialprogramme und verschiedene Projekte in Entwicklungsländern eingebettet wurden. Schließlich fragen wir, wie ICT4D – als Diskurs und als Praxis – aus Perspektive der Informationsgerechtigkeit bewertet werden kann. Dabei geht es insbesondere um die Entscheidungsfreiheiten, die hinsichtlich der Nutzung, Veränderung, Schaffung und auch Vermeidung von Technologien existieren.

Geschichte des ICT4D-Diskurses

In den letzten zehn Jahren stieg die Zahl der Internetnutzer von geschätzten acht Prozent der Weltbevölkerung auf heute 35 % (vgl. ITU 2011). E-Mail bleibt nach wie vor die meist benutzte Anwendung, sowohl im privaten als auch im beruflichen Bereich. Die Möglichkeit, dass Daten schnell ausgetauscht werden können, hatte tief greifende Auswirkungen auf die geografische Struktur der Weltwirtschaft. Unterstützt von neuen Kommunikationsmöglichkeiten wurde räumlich getrennte Arbeitsteilung die Norm in vielen multinationalen Konzernen. Neue Märkte wurden ebenfalls leichter erreichbar durch den schnellen Informations- und Kommunikationsfluss. In bestimmten Sparten, insbesondere bei „weightless goods" (Quah 2002, 5), sogenannten schwerelosen Produkten wie Computerprogrammen und Content, sowie Nischenprodukten, ergaben sich Chancen für kleine und mittlere Unternehmen, neue Märkte zu erschließen. In Ländern, in denen Post- und Paketdienste gut funktionieren, können selbst Firmen ohne eigenes Vertriebssystem an Kunden ausliefern und somit Online-Shops eröffnen.

Für demokratisch gewählte Regierungen ermöglicht das Internet eine neue, direkte Interaktion mit Bürgern, durch Online-Services, Online-Petitionen, Online-Konsultationen und auch die Option, online die Stimme abzugeben. Telemedizin und E-Learning können die Bereiche Gesundheit und Bildung unterstützen. Einzelne Internetnutzer können im Netz Informationen finden, einkaufen, Bankgeschäfte erledigen, Fernkurse belegen, Urlaube planen und buchen, andere Leute kennenlernen, flirten, an Diskussionsforen teilnehmen, Fotos, Videos und Musik mit anderen austauschen, soziale Netzwerke wie Facebook und Twitter nutzen, einen eigenen Blog schreiben oder ohne zusätzliche Kosten mit Verwandten und Freunden chatten, telefonieren oder sie per Skype-Video kontaktieren.

Zu Beginn der Internetverbreitung in OECD-Ländern spielte der öffentliche Internetzugang eine wichtige Rolle. Kommerzielle sogenannte Internetcafés/Cybercafés boten kostenpflichtig einen Internetzugang an, während zum Beispiel in öffentlichen Büchereien und Arbeitsämtern kostenlos auf das Internet zugegriffen werden konnte, was besonders für ärmere Bevölkerungsgruppen eine Rolle spielte. In den reicheren Ländern des globalen Nordens wurde der ‚Pay-as-you-go-Internetanschluss' in Cybercafés bald vom vertragsgebundenen Dial-up und dann vom heimischen Breitbandanschluss überholt. Aktuell verfügen mehr und mehr Menschen durch ihr Mobiltelefon, Laptop, Netbook oder Touch-Screen-Pad über einen mobilen Internetzugang. Allerdings gilt es zu beachten, dass während zum Beispiel in Deutschland Internetnutzer im Schnitt täglich zwei Stunden und zwanzig Minuten online verbringen (vgl. RPonline 2010), weltweit die Mehrheit der Menschen das Internet noch nie benutzt hat (65 % laut ITU 2012). Parallel zur Diffusion der Internetnutzung fand eine noch rasantere Entwicklung im Bereich der Mobiltelefonie statt. 2001 hatten 16 % der Menschen weltweit ein Mobiltelefon, 2011 sind es 87 %; vgl. ITU 2011).

Dieser rapide technologische Wandel erregte in entwicklungspolitischen Kreisen zwiespältige Reaktionen. Einerseits entstand die Erwartung, dass Informations- und Kommunikationstechnologien eine wichtige Rolle für die wirtschaftliche Entwicklung ärmerer Länder spielen könnten. Ein früher Bericht mit dem optimistischen Titel „Creating a Development Dynamic" (2001), den das Consultingunternehmen Accenture, die Markle Foundation und die UN-Entwicklungsbehörde UNDP veröffentlichten, sprach von einer informationstechnologiebasierten Entwicklung („ICT-based development"), die beinhalte, dass Länder Software, Hardware und ICT-Services als Wirtschaftssektor entwickeln könnten (zum Beispiel Indien und Brasilien). Darüber hinaus war die Rede von einer durch Informations- und Kommunikationstechnologien ermöglichten Entwicklung („ICT-enabled development"), die beinhalte, dass Technologien wirtschaftliche und soziale Entwicklungsprozesse verstärken könnten. *ICT-enabled development* schien auch für solche Länder eine Möglichkeit, die nicht über das für *ICT-based development* nötige Bildungsniveau, Fachpersonal und die entsprechende Infrastruktur verfügten.

Schon 1997 eröffnete der damalige UN-Generalsekretär Kofi Annan das erste Treffen der „UN Working Group in Informatics" mit den Worten:

> [R]ecent developments in the fields of communication and information technology are indeed revolutionary in nature [...] in such fields as agriculture, health, education, human

resources and environmental management, or transport and business development, and consequently really could be revolutionary (Annan 1997, 1).

Informations- und Kommunikationstechnologien wurden als Werkzeuge in der praktischen Entwicklungszusammenarbeit in den Bereichen Bildung (E-Learning), Wirtschaftswachstum (E-Business), Gesundheit (E-Health), Verbesserung der landwirtschaftlichen Methoden (E-Agriculture) und Regierungsführung (E-Government) gelobt.

Auf der anderen Seite sorgten sich Entwicklungsexperten, dass ärmere Länder, die mit dem rapiden technischen Wandel nicht mithalten konnten, zunehmend wirtschaftlich abgehängt und marginalisiert werden würden. In einem Bericht von 1998 wurde festgehalten, dass die Mehrheit der Menschen in Entwicklungsländern wenig mit Informations- und Kommunikationstechnologien in Berührung gekommen war; und dass viele von der globalen Informationsgesellschaft ausgeschlossen blieben (vgl. Mansell/Wehn 1998). Die Autoren argumentierten, dass Länder nationale Strategien entwerfen sollten, um dem entgegenzuwirken. Zunehmend machte der Begriff des ‚Digital Divide' die Runde, welchen Pippa Norris als Überbegriff für die ungleichmäßige Ausbreitung von Informations- und Kommunikationstechnologien innerhalb von Gesellschaften und zwischen reichen und armen Ländern definierte (vgl. Norris 2001). Andere Wissenschaftler wiesen darauf hin, dass dieser Digital Divide nicht neu sei, sondern existierenden Mustern von sozialer und wirtschaftlicher Ungleichheit folge (vgl. Souter 2004; Wade 2002). Viele zogen es vor, angesichts der Vielschichtigkeit des Phänomens die Pluralform Digital Divides zu verwenden (vgl. Besser 2001; Mansell 2002). Tatsächlich wurden in vielen Ländern Kommissionen mit Repräsentanten aus Politik, Wirtschaft und Wissenschaft eingesetzt, um solche nationalen Strategien zu entwerfen. Typische Teilaspekte waren Maßnahmen der Zugangsförderung, Computerkurse für die Bevölkerung, Anpassung des gesetzlichen Rahmens, beispielsweise für E-Commerce, und ein Angebot staatlicher Serviceleistungen im Netz. Hyperbolische Ausdrücke wie ‚digitale Revolution', und ‚Datenautobahn' taten ein Übriges, um der Öffentlichkeit die neue zentrale Rolle von Informations- und Kommunikationstechnologien nahe zu bringen.

Währenddessen dauerte in der freien Wirtschaft der Trend an, dass Unternehmen ihre internen und externen Prozesse durch Informations- und Kommunikationstechnologien zu verbessern suchten. Investoren hatten auch große Erwartungen für neue Unternehmen, deren Geschäftsmodell sich auf das Internet bezog. Allerdings wurde erst nach dem Platzen der ‚Internetblase' (*dot.com bubble*) um das Jahr 2000 deutlich, welche Unternehmen es waren, die den Hype überlebten und sich als Amazon, Google und Yahoo zu Technologieriesen wie IBM, Cisco, Dell, Apple und Microsoft hinzugesellten. Eine grundlegende Herausforderung für das ICT4D-Feld besteht darin, dass diese großen Technologieunternehmen auf der einen Seite sehr wichtige und oft notwendige Partner in Projekten sind, auf der anderen Seite jedoch in ihrem Hauptgeschäft von Profitstreben und Marktausweitung – und nicht von Entwicklungszusammenarbeit – motiviert sind. Es kommt komplizierend hinzu, dass viele dieser Unternehmen einen gemeinnützigen Stiftungsarm haben, oder manche Projekte als *corporate social responsibility initiatives* intern legitimiert werden, sodass sich auch Unternehmensvertreter oft schwer tun, die Motive der Marktausweitung und des Gemeinnutzes getrennt zu artikulieren. Aus Unternehmenssicht ist der Übergang fließend, für Partner kann diese gemischte Interessenlage Verhandlungen erschweren.

Ab den späten 1990ern entstanden immer mehr ICT4D-Projekte, von kleinen Graswurzelprojekten mit lokalen Gruppen, die zum Beispiel ein Telecenter für Computertrainings eröffneten, bis zu großen ‚multi-stakeholder'-Kollaborationen zwischen internationalen und bilateralen Gebern, nationalen Regierungen und Technologieunternehmen. Im Jahre 2003 fand in Genf der erste UN-Gipfel zur Informationsgesellschaft (World Summit on the Information Society, WSIS) unter intensiver Beteiligung von Technologieunternehmen als Partnern statt. Etwa 11 000 Delegierte aus 175 Ländern nahmen an dem Gipfel teil, beim zweiten WSIS-Gipfel in Tunis waren es 19 401. In der begleitenden Ausstellung während der Gipfel stellten Geber, Unternehmen und NGOs ihre ICT4D-Projekte vor. Beispielsweise wurde 2005 medienwirksam der Startschuss für das „One-Laptop-per-Child"-Projekt gegeben. Nicholas Negroponte und sein Team am MIT Media Lab in Boston hatten einen kostengünstigen, einfachen Computer entwickelt, der in möglichst vielen Entwicklungsländern in Schulen eingesetzt werden sollte. Kritische Beobachter bemerkten, dass Bottom-Up-Initiativen von kleinen NGOs, die sich direkt auf lokale Bedürfnisse oder den Kampf um gerechtere Zustände bezogen, bei diesen globalen Events und in der Presse deutlich weniger Aufmerksamkeit erhielten. Andererseits stieg die Anzahl entsprechender Projekte, wie zum Beispiel Netzwerke von Frauengruppen, Foren von Verbraucherschützern, Websites, die lange unterdrückte politische Meinungen oder kulturelles Wissen verbreiteten, unabhängige ‚citizen journalism websites' und Blogger.

Die UN-Behörde „International Telecommunications Union" (ITU) organisiert seitdem jährliche WSIS-Foren, auf denen über Fortschritte im Bereich des entwicklungspolitischen Einsatzes neuer Medien (ICT4D) diskutiert wird. Das UN-initiierte Netzwerk „Global Alliance for ICT and Development" (GAID) ist ein weiteres solches Forum. Das Interesse der bilateralen Geber ist unterschiedlich, beispielsweise zeigen die staatlichen kanadischen und schwedischen Entwicklungsbehörden besonders großes Interesse an der Thematik. Für die meisten anderen Geber, inklusive des deutschen Bundesministeriums für wirtschaftliche Zusammenarbeit (BMZ) und der Gesellschaft für Internationale Zusammenarbeit (GIZ) als

Ausführungsorganisation, stellen Informations- und Kommunikationstechnologien vor allem ein Hilfsmittel in den verschiedenen klassischen Sektoren der Entwicklungszusammenarbeit dar. In der Wissenschaft ist ICT4D ein aktives multidisziplinäres Feld mit Beiträgen von Informatikern, Ökonomen, Geographen, Soziologen, Medien-, Verwaltungs- und Politikwissenschaftlern, Pädagogen und Designern.

Im Folgenden wird anhand von drei zentralen Themen beispielhaft gezeigt, wo im ICT4D-Feld Debatten zur Gerechtigkeit ausgetragen werden. Diese sind (1) der Bereich der Digital Divides, (2) der Einsatz von Informations- und Kommunikationstechnologien in verschiedenen Sektoren der Entwicklungszusammenarbeit und schließlich (3) die Debatte um die Autonomie des Einzelnen in der vernetzten Gesellschaft.

Informationsgerechtigkeit und ICT4D

Die Debatte um die Digital Divides

Norris' (2001) Definition von Digital Divides als ungleichem Zugang zu Informations- und Kommunikationstechnologien innerhalb von Gesellschaften und zwischen verschiedenen Ländern ist hilfreich, allerdings muss zwischen verschiedenen Technologien unterschieden werden. Grob vereinfacht lässt sich heute noch zwischen Internet- und Mobiltelefonzugang unterscheiden, auch wenn sich derzeit und künftig eine Verschmelzung dieser Bereiche abzeichnet. Darüber hinaus ist es hilfreich, den Begriff ‚Zugang' genauer zu betrachten. Gerster und Zimmermann (2003) definieren drei Dimensionen von ‚*access*': *availability* – die physische Möglichkeit des Zugangs; *affordability* – die relative Bezahlbarkeit des Zugangs; und *capability* (*skills*) – die für den Zugang nötige Kompetenz des Nutzers. Zum Beispiel unterscheiden sich in der dritten Dimension (*capability/skills*[2]) die schriftbasierten Internetapplikationen von der stimmbasierten Nutzung von Mobiltelefonen. Menschen, die nicht oder nur mühsam ihre eigene oder die dominanten Schriftsprachen des Internets lesen können, bleibt der Internetzugang aufgrund fehlender Nutzerkompetenz größtenteils verwehrt. Dagegen ist die Hauptapplikation von einfachen Mobiltelefonen, die mündliche Verbindung zwischen zwei Nutzern, deutlich bedienungsfreundlicher. Im folgenden Abschnitt

---

2 In meiner Arbeit verwende ich *capability* in Sinne von Amartya Sens *capability approach*, daher paraphrasiere ich Gerster und Zimmermanns *capability*-Begriff hier mit *skills*.

werden wir zunächst für das Internet und dann für Mobiltelefone jeweils die drei Dimensionen (a) *availability*, (b) *affordability* und (c) *capability/skills* beleuchten.

(a) Availability – Physischer Zugang

Es lohnt sich an dieser Stelle, kurz den geschichtlichen Kontext der weltweiten Vernetzung zu skizzieren. Die ersten Telegrafennetzwerke folgten vor allem den wichtigsten Handelsrouten in der Welt. Die europäischen Kolonialmächte, allen voran Großbritannien, investierten in Telegrafen auch deshalb, weil ihr Empire, das im 19. Jahrhundert von Indien über Afrika bis nach Kanada reichte, nur mit schnellen Kommunikationsverbindungen regierbar war. Die internationalen Internetverbindungen des 21. Jahrhunderts folgen wiederum weitgehend den existierenden Handelsrouten. Afrika, der Kontinent, dessen Länder bisher nur 3 % Anteil am gesamten Welthandel haben (vgl. UNIS 2008), hatte auch im geringsten Ausmaß physischen Internetzugang (*availability*). Afrika südlich der Sahara ist weiterhin die ärmste Region der Welt, aber derzeit setzen Experten, Politiker und Unternehmer große Hoffnungen in eine neue Welle der Vernetzung des Kontinents. In West- und Ostafrika wurden seit 2009 Unterwasserkabel verlegt, die schnelle Glasfaser-Verbindungen für Länder wie Kenia, Tansania, Uganda, Ghana und Nigeria anbieten. Allerdings hat auch im Jahre 2011 die Mehrheit der Menschen weltweit noch nie auf das Internet zugegriffen (vgl. ITU 2012).

In reicheren Ländern wird physischer Zugang inzwischen an der Verfügbarkeit von Breitbandanschlüssen gemessen. In den meisten OECD-Ländern ist der Internetzugang ein Dienstleistungsangebot von privaten Firmen, die von einer Regulierungsbehörde überwacht werden. Diese Regulierungsbehörden sind darauf bedacht, regionale Ungleichheiten im physischen Zugang zu Breitband zu verringern, damit keine Bürger vom Internet ausgeschlossen sind. Darüber hinaus gibt es soziodemographische Unterschiede im Hinblick auf einen Internetzugang: So sind Menschen mit niedrigem Bildungsniveau, finanziell schlechter gestellte Personen, Menschen in ländlichen Gebieten, ältere Menschen und Menschen mit Behinderung einem größeren Risiko ausgesetzt, nicht am Internet als sozialem, kommerziellem, politischem und kulturellem Raum teilnehmen zu können. Unter den vielen Fragen, die auf den UN-Gipfeln von Genf und Tunis diskutiert wurden, fand sich auch die grundsätzliche Frage, ob der Zugang zu Information und Kommunikation, oder gar zum Internet selbst, als ein Menschenrecht anzusehen sei. Die Schlusserklärung (Declaration of Principles) des Genfer Gipfels 2003 bestätigte den Wunsch und das Engagement der Delegierten für eine Informationsgesellschaft, an der alle Menschen teilhaben können:

[The assembled representatives of the peoples of the world] declare our common desire and commitment to build a people-centred, inclusive and development-oriented Information Society, where everybody can create, utilize and share information and knowledge, enabling individuals, communities and peoples to achieve their full potential in promoting their sustainable development and improving their quality of life, premised on the purpose and principles of the Charter of the United Nations and respecting fully and upholding the Universal Declaration of Human Rights. (ITU 2003)

Diese Schlusserklärung identifizierte im Weiteren Frauen, Migranten, Flüchtlinge, Arbeitslose und ‚Unterprivilegierte', Minderheiten, Nomaden, alte Menschen, Menschen mit Behinderung, Menschen, die in abgelegenen ländlichen Räumen und in marginalisierten Stadtvierteln leben, sowie indigene Bevölkerungsgruppen als Gruppen, die es galt, nicht von der Informationsgesellschaft auszuschließen. Letzten Endes konnten sich die internationalen Delegierten in Genf und Tunis aber nicht zu einem Beschluss eines Rechtes auf einen Internetzugang durchringen. Inzwischen haben jedoch mehrere Länder – wie zum Beispiel Finnland, Estland, Spanien und Griechenland – den Internetzugang als Bürgerrecht oder sogar als Menschenrecht anerkannt.

Die internationalen Bestrebungen, den Internetzugang zu demokratisieren, werden mit den Begriffen ‚digital inclusion' oder ‚internet inclusion' beschrieben. Aus dem Bestreben, allen Bürgern und Bürgerinnen Zugang zum Internet zu ermöglichen, ergab sich die Telecenter-Bewegung, die in Skandinavien begann und zu einem weltweiten Phänomen wurde. Die Telecenter – organisiert als alleinstehende Village Information Centres oder integriert in andere Einrichtungen wie Rathäuser, Schulen und öffentliche Büchereien – bieten auf der Basis von staatlichen Mitteln oder Spendengeldern kostenlose Computerkurse und einen kostenlosen Zugang zum Internet.

(b) Affordability – Bezahlbarkeit des Zugangs

Aus der ungleichen Verbreitung der Kabel- und Satelliteninfrastruktur sowie der ungleichen Regulierungslandschaft resultieren große Unterschiede hinsichtlich der Kosten für den Internetzugang. Die ITU schätzt, dass die Kosten eines Breitbandanschlusses in reichen Ländern durchschnittlich in einer Größenordnung von 1,5 % des Bruttoinlandsproduktes pro Kopf liegen, während es in Entwicklungsländern 17 % sind (vgl. ITU 2012). Dabei ist entscheidend, sowohl die absoluten als auch die relativen Kosten für Informations- und Kommunikationsdienste zu vergleichen. Dies lässt sich sehr gut an einem Beispiel aus meiner Feldforschung im ländlichen Chile verdeutlichen.

In der 13 000-Einwohner-Gemeinde, in der ich meine Feldforschung unternahm, gab es zu Beginn des Jahres 2005 fünf und 2006 sieben kommerzielle Internetcafés, die für umgerechnet 89 Cent pro Stunde Internetzugang anboten. In der nächstgelegenen Stadt kostete dieser 59 Cent pro Stunde und in der Hauptstadt Santiago 52 Cent. Die geschätzten monatlichen Mietkosten für ein Zimmer in einem Haus/einer Wohngemeinschaft lagen in dem Dorf bei 45 Euro, in der Regionalstadt bei 119 Euro und in der Hauptstadt bei 223 Euro. Das bedeutete, dass im Dorf die Kosten für eine Stunde Internetnutzung etwa 2 % der Monatsmiete betrugen, in der Stadt etwa 0,5 % und in der Hauptstadt etwa 0,2 %. Ein Internetzugang war nicht nur in absoluten Zahlen deutlich teurer auf dem Land, sondern relativ zur Monatsmiete geschätzt zehnmal so teuer. Tabelle 1 zeigt, wie teuer der Internetzugang im Vergleich zu anderen Informations- und Kommunikationsmedien wie etwa der Lokalzeitung war.

Medium	Kosten (in Pesos)
1 Stunde Internetzugang (Internetcafé)	600
1 Stunde Internetzugang (öffentliche Bibliothek)	0
1 Minute Telefonieren zum Lokaltarif im Call Center	40
1 Minute Telefonieren zum Ferntarif im Call Center	80
1 Minute Telefonieren mit dem Handy ohne Vertrag	350
Lokalzeitung	250
Busfahrschein Hin- & Rückfahrt zur Regionalhauptstadt	4400

Tab. 1: Kostenvergleich in einem Dorf im ländlichen Chile.

Aufgrund der chilenischen nationalen Informations- und Kommunikationstechnologien-Strategie „Agenda Digital" (Grupo de Acción Digital 2004) gab es in dem Dorf auch ein Telecenter, das in einem Nebenraum der öffentlichen Bücherei kostenlosen Zugang zum Internet anbot. Dieses Telecenter war zuvor auch als Klassenzimmer für kostenlose Computerkurse für Erwachsene genutzt worden. Auf diese Weise versuchte die damalige chilenische Mitte-Links-Regierung, Internetzugang für die ganze Bevölkerung anzubieten.

(c) Skills – Internetkompetenzen

Die dritte Dimension des Zugangs nach Gerster und Zimmermanns (2003), *skills*, ist selbst wiederum facettenreich. Hier muss erstens betont werden, wie wichtig die Lesefähigkeit für die Nutzung des Internets ist. In den ärmsten Ländern der Welt – wie zum Beispiel Mosambik – können 44 % der Erwachsenen über 15 Jahren nicht lesen, aber auch in Indien sind es 37 % (vgl. UNDP 2011). Während diese

Menschen das Internet bestenfalls durch eine Vermittlerperson nutzen können, bergen Mobiltelefone größere Chancen. *Connectivity* (Zugang), *capability* (Lesefähigkeit, IKT- und Sprachkenntnisse) und *content* (also Inhalte) sind nach Torero und von Braun (2006) entscheidend für ICT4D-Prozesse. Zweitens wird hier die Rolle von Sprachkenntnissen deutlich. Schätzungen in diesem Bereich sind methodisch ausgesprochen problematisch, aber eine kommerzielle Studie schätzte, dass 2011 56,5 % aller Webseiten in Englisch verfasst waren, daraufhin folgten Seiten in Deutsch (6,5 %), Russisch (4,7 %), Japanisch (4,7 %), Spanisch (4,6 %), Chinesisch (4,5 %), Französisch (4,1 %), Italienisch (2,1 %) und Portugiesisch (2,0 %) (vgl. w3techs 2011). In weiten Teilen Afrikas und Lateinamerikas ist die Sprache des Internets die Sprache der ehemaligen europäischen Kolonialherren, was besonders indigene Bevölkerungsgruppen benachteiligen kann. Wer Inhalte im Internet nutzen oder an Diskussionen teilnehmen möchte, muss meistens eine der hegemonialen Weltsprachen beherrschen. Paradoxerweise stellt das Internet gleichzeitig einen virtuellen Raum für die kulturellen und sprachlichen Inhalte von Minderheiten oder weniger mächtigen Bevölkerungsgruppen dar. Beispielsweise erlaubt das Internet verschiedenen indigenen Bevölkerungsgruppen, Informationen über ihre Kultur in ihrer Sprache ins Netz zu stellen. Das Internet bietet Raum für diese Diversität – und doch unterstützt die internationale Vernetzung die Tendenz hin zur Lingua franca. Das Beherrschen dieser Weltsprachen, allen voran Englisch, stellt eine zentrale Hürde für den Internetzugang dar. Drittens bedarf der Internetzugang einiger Basiskenntnisse im Umgang mit Computern, die nicht in allen Ländern und Bevölkerungsgruppen vorhanden sind. Hier spielen insbesondere nationale Initiativen zur ‚digitalen Alphabetisierung' (*digital literacy*) eine Rolle. Andreas Stamm rief schon 2001 zu einer „globalen IKT-Kompetenzoffensive zur Überwindung der digitalen Kluft zwischen Nord und Süd" auf (Stamm 2001). In fast allen Ländern werden Computerkenntnisse in Schulen und manchmal darüber hinaus in kostenlosen oder subventionierten Kursen auch für Erwachsene angeboten. Dabei ist aber zu bemerken, dass informelles Lernen von Verwandten und Freunden sowie Selbststudium eine mindestens genauso wichtige Rolle spielen.

Laut ITU-Schätzungen hatten 2011 87 % aller Menschen weltweit Zugang zu einem Mobiltelefon (vgl. ITU 2011). Mobiltelefone verlangen ihren Nutzern nicht notwendigerweise Lese- oder Schreibfähigkeit ab, was viel zu ihrer Popularität beiträgt. Selbst ganz einfache Modelle können für Anrufe, SMS und sogenanntes ‚Beeping' verwendet werden. In Afrika ist ‚Beeping' eine beliebte Nutzungsmethode, bei der zwei Nutzer vorher ausmachen, was einfaches oder mehrfaches Klingeln bedeutet (vgl. Donner 2007). So können sie einfach Nachrichten – wie „Ich komme heute bei Dir vorbei" – schicken, ohne den Netzbetreibern Geld bezahlen zu müssen. So existieren Nutzungsarten (Beeping, Empfang von Anrufen), die kostenfrei sind, wenn einmal das Endgerät gekauft ist. Auch der Empfang von Textnachrichten (SMS) ist üblicherweise billig, verlangt aber Lese- und Schreibfähigkeit. Viele Menschen mit finanziell geringen Mitteln können sich ein Handy mit ‚Pay-as-you-go-Option' ohne Vertrag leisten, wobei hier allerdings die Kosten pro Minute höher sind, was kostenneutrale und kostengünstige Nutzungsarten relevanter werden lässt. Zumindest im Moment sind die meisten Menschen in Entwicklungsländern[3] noch weit davon entfernt, ihr Handy zum Internetsurfen zu benutzen.

Der Zugang (*availability*) ist bei Mobiltelefonen grundsätzlich anders strukturiert als beim Internetzugang. Die rapide Ausbreitung der Mobiltelefonnetze, auch in Afrika, hatte auch mit dem Wettbewerb zwischen kommerziellen Netzbetreiberfirmen zu tun. Deren Angebot musste mit einer entsprechenden Netzabdeckung einhergehen, um Kunden anzulocken. So sind die dichter bevölkerten Teile der Erde praktisch vollkommen für den Mobiltelefonbetrieb erschlossen. Dennoch bleiben in dünn besiedelten und ländlichen Regionen Orte ohne Mobilfunkempfang. Parallel zum Internet gibt es in vielen Ländern kommerzielle *Call Centers*, allerdings bestehen keine öffentlichen, kostenfreien Varianten. Am entscheidensten aber ist, dass das Mobiltelefon als Individualtechnologie konzipiert ist, die der Einzelne am Körper mit sich trägt. Dabei ist das Telefon selbst nicht nur Werkzeug, sondern auch Statussymbol. Dies bedeutet zumeist, dass auch ein nominell geteilter Anschluss mit nur einem Handy meist von dem mächtigsten, meist männlichen Familienmitglied kontrolliert wird (vgl. Tafnout/Timjerdine 2009). Frauen, Kinder und ältere Menschen haben daher oft erschwerten Zugang. Studien haben auch gezeigt, dass in patriarchalischen Gesellschaften Ehemänner oft versuchen, ihren Frauen und Töchtern die Nutzung des Mobiltelefons zu verbieten oder ihre Nutzung zu kontrollieren, oft mit dem Hinweis, dass dies Promiskuität ermögliche (vgl. Munyua 2009). *Availability* ist damit nicht nur von der physischen Infrastruktur der Netze, sondern auch von (oft ungerechten) sozialen Normen abhängig.

Digitale Klüfte folgen meistens existierenden sozialen Klüften, die sich zum Beispiel durch Geschlecht, Alter, Bildung, Einkommen und Behinderung ergeben. Inwiefern digitale Klüfte existierende soziale Unterschiede verstärken oder reduzieren, ist eine wichtige und andauernde Debatte. Auf alle Fälle sollten wir nicht unterschätzen, welch wirkungsstarke Werkzeuge Informations- und Kom-

---

3 Es bedarf des Hinweises, dass es bei der Klassifizierung ‚Entwicklungsland' darauf ankommt, wie wir den Begriff ‚Entwicklung' verstehen. Um ein Beispiel zu nennen: im Sinne einer nachhaltigen Entwicklung, die ökologische, soziale und ökonomische Aspekte in Einklang zu bringen sucht, sind alle Länder noch in Entwicklung und sind damit ‚Entwicklungsländer'.

munikationstechnologien in sozialen und ökonomischen Entwicklungsprozessen sein können.

Die Debatte um den Einsatz von Informations- und Kommunikationstechnologien in der Entwicklungszusammenarbeit

Die Mehrheit der Studien im Bereich ICT4D beschäftigt sich mit der Frage, wie Informations- und Kommunikationstechnologien am besten in verschiedenen Sektoren der Entwicklungszusammenarbeit (EZ) eingesetzt werden können. Diese sektorale Perspektive wird jedoch der transversalen und holistischen Natur von Informations- und Kommunikationstechnologien nicht gerecht. Es wird daher sehr schwer fallen, punktuell bestimmte Wirkungen – wie wirtschaftliches Wachstum, bessere Lernergebnisse und ein verbessertes Gesundheitsniveau – direkt auf den Einsatz bestimmter Informations- und Kommunikationstechnologien zurückzuführen (vgl. Kleine 2009). ICT4D wurde in vielen Organisationen der Entwicklungszusammenarbeit erst unterschätzt, dann kurz wahrgenommen, und dann schnell, vielleicht zu schnell, in die sektoralen Schubladen wie z.B. in Schul- und Ausbildungswesen, in Wirtschaftsförderung, in Gesundheitswesen, in Umweltmonitoring usw. einsortiert. In den folgenden Abschnitten folgen wir dieser sektoralen Aufteilung, indem wir je einen Bereich und dann ein typisches Anwendungsbeispiel nennen. In vielen Bereichen, wie z.B. E-Health, gibt es auch einen Teilsektor, M-Health, der besonders auf die Nutzung von Mobiltelefonen ausgelegt ist, worauf ebenfalls eingegangen wird.

(a) E-Health

Die Nutzung von Informations- und Kommunikationstechnologien im Gesundheitssektor kann zu verbessertem Wissens- und Datenmanagement führen. Zu den Schlüsselfunktionen gehört die Verwaltung von digitalen Gesundheitsdatenbanken, die sowohl dem einzelnen Patienten nutzen, als auch, in anonymisierter Form, zu Forschungszwecken ausgewertet werden können. Medikamentenverschreibung, -bestellung und -lieferung können ebenfalls vereinfacht werden. Patienten können per SMS an ihre Termine und Medikamenteneinnahme erinnert werden. Im Falle von Epidemien können digitale Geographische Informationssysteme (GIS) bei der Einsatzplanung helfen. Weniger erfahrene Ärzte, die oft diejenigen sind, die in abgelegeneren und ärmeren Regionen arbeiten, können mithilfe von Telemedizin Hilfe von erfahreneren Ärzten bei der Diagnose erhalten, wie dies in Südafrika unternommen wurde (vgl. Strachan 2001). Digitalisierte Patientendaten, sogenannte Electronic Health Records (EHR), können den Informationsfluss zwischen verschiedenen Fachärzten verbessern.

(b) E-Learning

Das zweite der UN-Millennium-Entwicklungsziele ist, dass im Jahr 2015 alle Kinder weltweit zumindest eine Grundschulbildung erhalten sollen. Viele Länder sind weit von diesem Ziel entfernt. Dazu kommt, dass die Qualität des Unterrichts oft schlecht ist, da es oft an Büchern, Schreibgeräten, ausreichendem Schulraum und gut ausgebildeten Lehrern mangelt. Die besten Lehrer ziehen oft das Leben in Städten vor, während besonders in ländlichen Gebieten noch nicht einmal garantiert werden kann, dass die Lehrer auch zum Unterricht erscheinen. Gleichzeitig sind viele Entscheidungsträger besorgt, dass die internationale Wettbewerbsfähigkeit und Attraktivität ihrer Länder für ausländische Direktinvestitionen stark vom Bildungsniveau der zur Verfügung stehenden lokalen Arbeitskräfte abhängen. Zu diesem Druck kommt nun zunehmend auch noch der Druck hinzu, Schüler ausreichend in computerbezogenen Fähigkeiten zu trainieren.

Im Bereich E-Learning geht es weniger um Informations- und Kommunikationstechnologien als Lehrinhalt, vielmehr geht es darum, Informations- und Kommunikationstechnologien für den Lernprozess zu nutzen. So hat beispielsweise die chilenische Regierung mit dem Enlaces-Programm sichergestellt, dass jede Schule im Land mindestens einen Computer mit Internetzugang hat (vgl. Arredondo et al. 2001). Eine der bekanntesten und kontrovers diskutierten Initiativen im Bereich E-Learning ist die One-Laptop-per-Child-Initiative, die jedes Schulkind in sogenannten Entwicklungsländern mit einem einfachen Laptop, zum Teil mit Kurbelantrieb, ausstatten und durch Massenproduktion den Preis der Geräte auf unter $100 drücken wollte. Kritiker des Projekts hatten unter anderem Bedenken angemeldet, dass diese Initiative das Augenmerk zu stark auf das Gerät und zu wenig auf die Pädagogik richte (vgl. Kozma 2007). Zudem wurde gefragt, ob das Geld nicht besser z.B. in die Lehrerausbildung investiert wäre (vgl. Unwin 2010). Da Mobiltelefone zunehmend verbreitet sind, wird verstärkt auch dieses Medium für M-Learning genutzt. Es ist wohl unbestritten, dass ein guter Lehrer im Internet viel Material für die Unterrichtsvorbereitung findet und mit M-Learning über zahlreiche Möglichkeiten zum Kontaktieren der Schüler verfügt. Zum Erfolg im E-Learning-Bereich gehören daher sowohl eine entsprechende Technologie als auch gute Pädagogen mit angemessenem Arbeitspensum und gerechter Bezahlung.

(c) E-Government

Der Begriff E-Government bezieht sich auf die Möglichkeit, sowohl interne als auch externe staatliche Verwaltungsprozesse mit Informations- und Kommunikationstechnologien effizienter und transparenter zu gestalten. Bhatnagar (2004) unterscheidet verschiedene Phasen, von der Online-Bereitstellung von Information zu Transaktionen und der Online-Bearbeitung von Verwaltungsprozessen. Zu diesem Bereich gehört etwa die Möglichkeit, online ein Unternehmen zu registrieren, Steuern zu bezahlen oder Arbeitnehmer anzumelden. Mühsame Verwaltungsgänge, die oft mit langer Anfahrt, Warten und gelegentlich dem Zahlen von Schmiergeld verbunden sind, kosten Unternehmen in sogenannten Entwicklungsländern viel Zeit. Dies kann durch Online-Services verbessert werden. Dem stehen Hürden wie die oft schlechte Internetverfügbarkeit (vgl. Odedra-Straub 2003) entgegen, zudem kann Internetnutzung teuer sein und damit ein Problem für ärmere Bevölkerungsschichten darstellen (vgl. Basu 2004). Fehlende IKT-Kenntnisse von Bürgern und staatlichen Beamten stellen eine weitere Herausforderung für das E-Government dar (vgl. Moon 2002). Daher bedarf es kontextangemessener Lösungen, die in den politischen und institutionellen Rahmen des jeweiligen Landes passen (vgl. Schuppan 2009). Manche Länder wie Chile, Südkorea oder Brasilien haben ihr staatliches Beschaffungswesen ins Internet verlegt, wo sich Unternehmen in Auktionen um die Aufträge bewerben. Dies kann zu mehr Transparenz führen, erhöht aber den Druck auf kleinere Unternehmen, die im Regelfall über geringere Kenntnisse und weniger Preisflexibilität verfügen (vgl. Kleine 2009). Theoretisch birgt E-Government auch das Potenzial für partizipative Formen der Demokratie, wie sie beispielsweise das E-Petitionssystem des Amts des englischen Premierministers ausprobiert. Im Jahre 2011 wurde auch heftig diskutiert, wie wichtig die Rolle war, die soziale Online-Netzwerke wie z.B. Facebook und Twitter in der Mobilisierung von Menschenmassen in Ägypten und Tunesien spielten.

d) E-Business

Die in der derzeitigen Entwicklungspolitik dominanten neoliberalen Marktmodelle sehen als Idealzustand an, wenn alle Marktteilnehmer über vollständige Information und vollständigen Zugang zu allen Märkten verfügen. Dies ist weit entfernt von der Realität von Firmen in Entwicklungsländern. Die Mehrheit der Arbeitsplätze wird von kleinsten, kleinen und mittleren Unternehmen bereitgestellt, daher gilt ihnen das größte entwicklungspolitische Augenmerk. Diese Unternehmen haben in der Regel Schwierigkeiten, an Märkten teilzunehmen oder gar Informationen über die für sie relevanten Wertschöpfungsketten und Märkte zu erhalten. Technologiebezogene Initiativen in diesem Bereich sind daher einerseits auf die Verbreitung von Marktinformationen (via PC oder Mobiltelefon) ausgerichtet. Auf der anderen Seite spielen z.b. elektronische Vermittlungsbörsen oder Online-Marktplätze eine wichtige Rolle. Viele dieser Unternehmen erhalten durch Projekte der Entwicklungszusammenarbeit Hilfe, um sich mit einer E-Commerce-Option im Netz etablieren zu können. Dies war zum Beispiel der Fall für Schneiderinnen in Kamerun, die versuchten, ihre gemusterten Kleidungsstücke an die afroamerikanische Bevölkerung in den USA zu verkaufen. Die Größe dieses Marktes wird von der Weltbank auf 200 bis 270 Millionen US-Dollar geschätzt (vgl. Biggs et al. 2003). Eine Analyse dieser Initiative zeigte jedoch, dass für viele der überwiegend weiblichen Unternehmer E-Mail zwar ein wichtiges Kommunikationsmittel im Kundenkontakt war, die meisten aber weit entfernt davon waren, einen zuverlässigen Online-Shop mit Lieferservice anbieten zu können (vgl. Yitamben/Tschinda 2009). In dem Fallbeispiel in Kamerun sowie in meiner eigenen Feldforschung mit entsprechenden Unternehmen in Chile (vgl. Kleine 2007) wurde deutlich, dass das Internet Schneiderinnen und Schreinern die Gelegenheit bot, neue Designs zu finden, nachzuahmen oder abzuwandeln. In den genannten Fällen waren weniger die Nutzung von Informations- und Kommunikationstechnologien das Problem, sondern es ergaben sich eher praktische Schwierigkeiten, z.b. die abgelegene Lage und schlechte Transportinfrastruktur, die einen Online-Shop für Handwerksprodukte erschwerten.

e) E-Agriculture

Mit dem E-Business verwandt ist der Bereich E-Agriculture. Die Mehrheit der weltweit armen Bevölkerung lebt in ländlichen Räumen, die weitgehend von der Landwirtschaft abhängen. Daher ist es nicht verwunderlich, dass viele ICT4D-Programme und -Initiativen darauf ausgerichtet sind, Informations- und Kommunikationstechnologien für die Landwirtschaft zu nutzen. Zu den häufigsten Anwendungen gehören Wettervorhersagen, Marktpreisinformationen, Informationsservices zur Schädlingsbekämpfung und zur Anwendung von Dünger. Oft werden besonders die Beratungsleistungen bereits von staatlich finanzierten *Agricultural Extension Officers* angeboten, die sich regelmäßig mit Bauern und Bauernverbänden treffen. Diese Beratungen sind einerseits teuer, andererseits weiß auch der beste Berater nicht alles. Initiativen wie FarmerNet in Sri Lanka bieten daher einerseits eine Kombination von Beratung und Internetzugang in Telecentern an, andererseits nutzen sie die unter Kleinbauern viel weiter verbreitete Mobiltelefontechnologie, um SMS mit Wetter- und Marktpreisinformationen zu verschicken (vgl. Liyanage 2009).

All die genannten sektoralen Anwendungen finden ihre Grenzen in den bereits erwähnten Zugangs- und Nutzungsschwierigkeiten. Zudem handelt es sich um Veränderungsprozesse nicht nur in technischen, sondern auch in sozialen Systemen. Solch ein sozio-technischer Systemwandel kann nur dann Erfolg haben, wenn beispielsweise die Belohnungsmechanismen richtig kalibriert sind. Warum sollten beispielsweise Krankenschwestern oder Lehrer ihre begrenzte Zeit dafür verwenden, Inhalte in E-Learning- oder E-Health-Systeme einzuspeisen, wenn diese Zeit in ihrem Arbeitszeitmodell nicht angerechnet wird? Viele Interventionen gehen von einem automatischen Enthusiasmus für neue Technologien aus, den die Entwickler verspüren, aber die geplanten Nutzer nicht teilen. Erfolgreiche Projekte sind daher solche, die nicht nur die technischen, sondern auch die sozialen, kulturellen, ökonomischen und politischen Fragen ausreichend analysiert und beantwortet haben.

Die Debatte um die Autonomie des Einzelnen in der vernetzten Gesellschaft

Während die beiden zuvor geschilderten Debatten in der Literatur zu ICT4D weit verbreitet sind, wird eine dritte Debatte bislang nur am Rande thematisiert: die Debatte um die Freiheit der Einzelnen, selbst zu entscheiden, ob, in welchem Ausmaß und in welcher Art und Weise jemand Informations- und Kommunikationstechnologien nutzen, reprogrammieren oder selbst schaffen möchte.

Wenn man von einem Entwicklungsbegriff ausgeht, wie ihn etwa Amartya Sen vorlegt – der Entwicklung als Prozess ansieht, bei dem es darum geht, dem Einzelnen mehr Entscheidungsfreiheit zu ermöglichen, sein Leben so zu leben, wie er es aus gutem Grunde wertschätzt (vgl. Sen 1999) –, dann muss der Einsatz von Informations- und Kommunikationstechnologien daran gemessen werden, ob diese Technologien die Freiheit oder Unfreiheit von Einzelnen verstärken (vgl. Kleine 2011). Diese Frage wird in der ICT4D-Literatur zu wenig gestellt. Stattdessen wird praktisch davon ausgegangen, dass eine höhere Nutzung von Informations- und Kommunikationstechnologien *per definitionem* Vorteile bringt und somit besser ist. Dies ist im Einklang mit dem immer noch latenten Modernitätsglauben in der Entwicklungszusammenarbeit sowie mit den Markterweiterungszielen der kommerziellen Projektpartner, entspricht aber nicht immer der Sichtweise der Nutzer.

Eine der Schwierigkeiten ist das ‚technophile Filterproblem', welches beinhaltet, dass viele jener, die sich mit Informations- und Kommunikationstechnologien beschäftigen, selbst technologieaffin sind und die Freude an der Technologie um der Technologie willen weitgehend unreflektiert auf andere Nutzer übertragen.

Mansell und Wehn (1998) unterschieden schon früh zwischen produktiver und reproduktiver Nutzung von Informations- und Kommunikationstechnologien. Viele Experten sehen nach wie vor produktive Nutzung, also Programme zu reprogrammieren, Inhalte ins Netz zu stellen und an Online-Diskussionen aktiv teilzunehmen, als qualitativ besseres, reiferes Nutzungsverhalten an. Dabei stellt sich für nicht inhärent technologieaffine Nutzer, die Informations- und Kommunikationstechnologien aufgrund ihres instrumentellen Werts schätzen, die aber nicht per se Freude an Technologie um ihrer selbst willen empfinden, die Frage, ob der zusätzliche Zeit- und gedankliche Aufwand angemessen sei.

Aus Sicht der Informationsgerechtigkeit lassen sich drei Aussagen festhalten. Erstens: Die Schöpfer von Informations- und Kommunikationstechnologien sind ein kleiner und nicht repräsentativer Teil der Nutzer. Sie sind aller Wahrscheinlichkeit mehr an Informations- und Kommunikationstechnologien interessiert als der Rest der Bevölkerung, kreieren aber die Produkte, die dann allen zur Nutzung angeboten werden. Jedes technische System hat bestimmte Normen bereits in sich eingeschrieben (vgl. Lessig 2000) und trägt darüber hinaus Normen in sich, die Parameter für die Nutzung darstellen (vgl. Wajcman 2004). Diese Problematik verschärft sich, wenn Technologien in einem kulturellen Kontext geschaffen, jedoch in einen anderen eingebettet werden.

Zweitens: Netzwerkeffekte können bedeuten, dass die Ausbreitung einer neuen Technologie die sozialen Normen, mit denen sich der Einzelne dann auseinandersetzen muss, verschiebt. Technologien wie soziale Online-Netzwerke wie Facebook, linkedin und Twitter brauchen eine kritische Masse an Nutzern, um für den einzelnen Internetnutzer attraktiv zu sein. Hier ist auch E-Mail ein gutes Beispiel. In den 1990er Jahren hatte die Mehrheit der Bundesbürger noch keine E-Mail-Adresse. Inzwischen hat sich die soziale Norm verschoben und es ist weit verbreitet, eine E-Mail-Adresse zu haben, sodass sich Menschen ohne E-Mail-Konto schwer tun, beispielsweise auf bestimmte öffentliche oder kommerzielle Dienstleistungen zuzugreifen. Gerade die berufliche Nutzung von E-Mail hat in manchen Ländern so überhand genommen, dass viele Nutzer davon träumen, ihre E-Mail-Nutzung zu verringern, sich aber mit der sozialen Norm der intensiven E-Mail-Nutzung konfrontiert sehen.

Drittens gibt es bislang zu wenige Versuche, Nutzer an der Entscheidung, ob und wie sie eine Technologie nutzen wollen, zu beteiligen. Insbesondere gibt es zu wenige Versuche, sozial benachteiligte Nutzer systematisch in partizipative Technik-Design-Prozesse einzubeziehen.

Diese drei Aussagen lassen sich auf den Bereich des ICT4D beziehen. Hier werden zu oft Produkte in einem bestimmten kulturellen Kontext von technologieaffinen Designern und Programmierern geschaffen und wie mit einem Fallschirm in grundverschiedene kulturelle Situationen im globalen Süden ‚abgeworfen'. Das One Laptop per Child-Projekt (OLPC; vgl. den Beitrag von Karsten Weber im vorliegenden Band) könnte hier als ein Beispiel genannt werden. Der ICT4D-Diskurs, aber auch der weit bedeutendere Globalisierungsdiskurs, suggerieren Ländern und Bürgern im globalen Süden, dass eine höhere Technologienutzung ein Zeichen von Entwicklung sei und der internationale Wettbewerbsdruck eine immer breitere Nutzung verlange. Wenn sich schon einige E-Mail-Nutzer in reichen Ländern zunehmend unfrei in ihrer Technologienutzung fühlen, wie viel Entscheidungsfreiheit bleibt dann den Nutzern im globalen Süden?

Fazit

Dieses Kapitel bietet nur einen ersten Überblick über Informations- und Kommunikationstechnologien in der internationalen Entwicklungszusammenarbeit, wobei die drei Schlüsseldebatten um Digital Divides, die Einbettung von IKT in Projekten und die Entscheidungsfreiheit der intendierten Nutzer fokussiert wurden. Diese Debatten bauen aufeinander auf: Zugang ist eine Grundvoraussetzung für die Nutzung und die Frage nach der Entscheidungsfreiheit der Nutzer verleiht der immer weiteren Verbreitung von IKT in der Entwicklungszusammenarbeit eine wichtige ethische Tiefendimension.

Technologie wird selten für einkommensschwächere Gruppen geschaffen. Das bedeutet, dass diese Nutzer, wie beim ‚Beeping', Nutzungsmethoden entgegen dem Design des technischen Artefakts erfinden müssen, statt dass Produktdesigner aktiv an kostengünstige Applikationen denken. Natürlich ist dies nicht notwendigerweise mit dem Profitstreben kommerzieller Partner in Einklang zu bringen, aber es entspricht den Zielen der Entwicklungszusammenarbeit, die bewusst für die sozial Benachteiligten Partei ergreift. Erst in letzter Zeit wird mehr von dem „designing for the bottom billion" gesprochen (Singh 2009) und dies stellt für ICT4D eine wichtige Chance dar. Dieser Trend könnte mit den Erfahrungen des partizipativen Technologiedesigns verknüpft werden und so zu Anwendungen für die Schlechtergestellten (*pro-poor solutions*) führen. Dabei ist zu beachten, dass natürlich ein Internetanschluss per se weit größere Entscheidungsfreiheiten eröffnet als bestimmte Anwendungen, deren Nutzungsspektrum viel genauer definiert ist. Aus Sicht von Sens *Capabilities*-Ethik, die nach Entscheidungsfreiheit strebt, heißt dies: je festgelegter das Nutzungsspektrum einer Anwendung ist, desto umfassender müssten künftige Nutzer in den Prozess der Technikentwicklung einbezogen werden (vgl. Kleine 2011). Die Entwicklungszusammenarbeit hat seit den 1970er Jahren gelernt, dass das Einbeziehen von lokalen Partnern und intendierten Nutzern nicht nur moralisch richtig, sondern auch praktisch effektiv ist. Projekte, in denen intendierte ‚Zielgruppen' durch partizipative Prozesse zu Partnern wurden, schlugen deutlich seltener fehl als zentral entwickelte Top-Down-Prozesse. Diese Erfahrungen werden im Moment im Bereich des ICT4D repliziert. Aus Sicht der Informationsgerechtigkeit geht es dabei nicht nur um den effizienten Einsatz von Mitteln der Entwicklungszusammenarbeit, sondern auch darum, dass ein Einsatz von Informations- und Kommunikationstechnologien nur unter Einbeziehung der Nutzer *gerecht* – und damit *gerechtfertigt* – sein kann.

Literatur

Accenture, Markle Foundation & UNDP (2001): Creating a Development Dynamic. Washington, DC: Digital Opportunity Initiative

Annan K. (1997): Secretary General Stresses International Community's Objective of Harnessing Informatics Revolution for Benefit of Mankind. Geneva: Commission on Science and Technology for Development, ‚Inter-Agency Project on Universal Access to Basic Communication and Information Services' 3rd Session, E/CN.16/1997/Misc.3. (http://mailman.anu.edu.au/pipermail/link/1997-May/027037.html).

Arredondo, M.Á. et al. (2001): „Aproximación Etnográfica a La Introducción De Nuevas Tecnologías De Información Y Comunicación En Dos Escuelas Rurales Del Centro Sur De Chile". In: M. Bonilla, G. Cliche (eds): Internet Y Sociedad En América Latina Y El Caribe. Investigaciones Para Sustentar El Diálogo. Quito: IDRC/FLACSO.

Basu, A. (2004): „E-Government and Developing Countries: An Overview". International Review of Law, Computers and Technology 18, 109–132.

Besser, H. (2001): „The Next Digital Divides". Teaching to Change LA 1:2. (http://www.tcla.gseis.ucla.edu/divide/politics/besser.html).

Bhatnagar, S.C. (2004): E-Government: From Vision to Implementation. A Practical Guide with Case Studies. New Delhi: Sage.

Biggs, T. et al. (2003): „Africa Can Compete! Export Opportunities and Challenges for Garments and Home Products in the European Market". Paper presented at World Bank Discussion Papers, Washington, DC.

Donner, J. (2007): „The Rules of Beeping: Exchanging Messages via Intentional ‚Missed Calls' on Mobile Phones". Journal of Computer-Mediated Communication 13:1, 1–22.

Gerster, R.; Zimmermann, S. (2003): Information and Communication Technologies (Icts) for Poverty Reduction? Bern: Swiss Agency for Development Cooperation.

Grupo de Acción Digital (2004): Agenda Digital – Chile 2004–2006. Te Acerca El Futuro. Santiago: Grupo de Acción Digital.

Heeks, R. (2002): „Information Systems and Developing Countries: Failure, Success and Local Improvisations". The Information Society 18, 101–112.

ITU (2012): The World in 2011 – Ict Facts and Figures. Geneva: International Telecmonunication Union.

ITU (2011): Global Ict Developments 2001–2011. Geneva: International Telecommunication Union.

ITU (2003): World Summit on the Information Society Geneva: Declaration of Principles.

Kleine, D. (2011): „The Capability Approach and the ‚Medium of Choice'. Steps Towards Conceptualising Information and Communication Technologies for Development". Ethics and Information Technology 13, 119–130.
Kleine, D. (2009): „The Ideology Behind the Technology – Chilean Microentrepreneurs and Public Ict Policies". Geoforum 40, 171–183.
Kleine, D. (2007): Empowerment and the Limits of Choice. Microentrepreneurs, Information and Communication Technologies and State Policies in Chile. Unpublished PhD Thesis. Department of Geography and Environment. London: London School of Economics and Political Science.
Kozma, R.B. (2007): One Laptop Per Child and Education Reform. (http://www.olpcnews.com/use_cases/education/one_laptop_per_child_education.html).
Lessig, L. (2000): Code and Other Laws of Cyberspace. New York, NY: Basic Books.
Liyanage, H. (2009): From Agri-Clinics to Farmernet: Applying Mobile Phones and the Internet to Support Rural Farmers. (http://www.cabi.org/Uploads/File/GlobalSummit/CABI%20Paper%20final.pdf).
Mansell, R. (2002): „From Digital Divides to Digital Entitlements in Knowledge Societies". Current Sociology 50, 407–426.
Mansell, R.; Wehn, U. (1998): Knowledge Societies. Information Technology for Sustainable Development. Oxford: United Nations Commission on Science and Technology for Development.
Moon, M. J. (2002): „The Evolution of E-Government among Municipalities: Rhetoric and Reality". Public Administration Review 62, 424–433.
Munyua, A.W. (2009): „Women Entrepreneurs in Nairobi: Examining and Contextualising Women's Choices". In: I. Buskens; A. Webb (eds): African Women and Icts: Investigating Technology, Gender and Empowerment. London: Zed Books.
Norris, P. (2001): Digital Divide – Civic Engagement, Information Poverty, and the Internet Worldwide. Cambridge, MA: Harvard University Press.
Odedra-Straub, M. (2003): „E-Commerce and Development: Whose Development?" The Electronic Journal of Information Systems in Developing Countries 11:2, 1–5. (http://www.ejisdc.org/ojs2/index.php/ejisdc/article/viewFile/60/60).
Quah, D. (2002): Digital Goods and the New Economy. (http://econ.lse.ac.uk/~dquah/p/dp-0212hbne.pdf).
RPonline (2010): 100 Minuten pro Tag: Deutsche verbringen mehr Zeit im Internet. (http://www.rp-online.de/digitales/neuheiten/deutsche-verbringen-mehr-zeit-im-internet-1.2185330).
Schuppan, T. (2009): „E-government in developing countries. Experiences from sub-Saharan Africa". Government Information Quarterly 26:1, 118–127.
Sen, A. (1999): Development as Freedom. Oxford: Oxford University Press.
Singh, A. (2009): Designing for the Bottom Billion. Präsentation. (http://www.slideshare.net/Bookido/design-for-the-bottom-billion).
Souter, D. (2004): „Then and Now: What Would Be the Remit of a Modern-Day Maitland Commission?" In: G. Milward-Oliver (ed.): Maitland +20 – Fixing the Missing Link. Bradford-on-Avon: The Anima Centre.
Stamm, Andreas (2001): Eine globale IKT-Kompetenzoffensive zur Überwindung der digitalen Kluft zwischen Nord und Süd. Deutsches Institut für Entwicklungspolitik / German Development Institute (Analysen und Stellungnahmen 2/2001).
Strachan, K. (2001): „Telemedicine in South Africa". Health Systems Trust Update 59, 6–7. (http://www.hst.org.za/sites/default/files/update59.pdf).

Tafnout, A.; Timjerdine, A. (2009): „Using Icts to Act on Hope and Commitment. The Fight against Gender Violence in Morocco". In: I. Buskens; A. Webb (eds): African Women and Icts. Investigating Technology, Gender and Empowerment. London: Zed Books. (http://web.idrc.ca/es/ev-137007-201-1-DO_TOPIC.html).

Torero Cullen, M.; von Braun, J. (2006): Information and Communication Technologies for Development and Poverty Reduction. The Potential of Telecommunications. Baltimore, MD: Johns Hopkins University Press.

UNDP (2011): Human Development Report 2011. Sustainability and Equity. A Better Future for All. New York, NY: UNDP.

UNIS (2008): Zwölfte Konferenz der Vereinten Nationen für Handel und Entwicklung. Wien: United Nations Information Service.

Unwin, T. (2010): ICT4D. Cambridge: Cambridge University Press.

w3techs (2011): Usage of Content Languages for Websites. (http://w3techs.com/technologies/overview/content_language/all).

Wade, R.H. (2002): „Bridging the Digital Divide – New Route to Development or New Form of Dependency". Global Governance 8, 443–466.

Wajcman, J. (2004): Technofeminism. Oxford: Polity Press.

Yitamben, G.; Tschinda, E. (2009): „Internet Use among Women Entrepreneurs in the Textile Sector in Douala, Cameroon: Self-Taught and Independent". In: I. Buskens; A. Webb (eds): African Women and Icts – Investigating Technology, Gender and Empowerment. London: Zed Books. (http://web.idrc.ca/es/ev-137011-201-1-DO_TOPIC.html).

Über die Autoren

Dr. Jan-Pieter Barbian ist Direktor der Stadtbibliothek Duisburg und Mitglied im Vorstand des Deutschen Bibliotheksverbands.

Univ.- Prof. Mag. Dr. DDr. h. c. Wolfgang Benedek ist Leiter des Instituts für Völkerrecht und internationale Beziehungen an der Universität Graz sowie des ETC der Universität Graz (Europäisches Trainings- und Forschungszentrum für Menschenrechte und Demokratie).

Klaus Buddeberg M.A. ist Wissenschaftlicher Mitarbeiter in dem durch das BMBF geförderte Projekt „leo. – Level-One Studie". Projektleitung Prof. Dr. Anke Grotlüschen, Universität Hamburg, Fakultät EPB, Fachbereich 3: Berufliche Bildung und Lebenslanges Lernen.

Prof. Dr. Anke Grotlüschen ist Professorin für Lebenslanges Lernen an der Universität Hamburg und Leiterin des BMBF-geförderten Projekts „leo. – Level-One Studie".

Dr. Dorothea Kleine ist Leiterin des interdisziplinären ICT4D Centres, welches zum UNESCO-Lehrstuhl für ICT4D am Royal Holloway College der University of London gehört. Als Senior Lecturer am Department für Geographie leitet sie den Master-Studiengang „Practising Sustainable Development (ICT4D specialism)".

Prof. Dr. Rainer Kuhlen ist Professor für Informationswissenschaft an der Universität Konstanz.

Dr. Wibke Riekmann ist Wissenschaftliche Mitarbeiterin im BMBF-geförderten Projekt „leo. – Level-One Studie". Projektleitung Prof. Dr. Anke Grotlüschen, Universität Hamburg, Fakultät EPB, Fachbereich 3: Berufliche Bildung und Lebenslanges Lernen.

Dr. Jan-Hinrik Schmidt ist wissenschaftlicher Referent für digitale interaktive Medien und politische Kommunikation am Hans-Bredow-Institut für Medienforschung an der Universität Hamburg.

Dr. André Schüller-Zwierlein ist Leiter der Abteilung Dezentrale Bibliotheken an der Universitätsbibliothek München (LMU) und Herausgeber der Reihe *Age of Access? Grundfragen der Informationsgesellschaft*.

Prof. Dr. Jan A.G.M. van Dijk ist Professor of Communication Science an der Universiteit Twente, Niederlande, und Leiter des Center for eGovernment Studies.

Prof. Dr. Karsten Weber ist Professor für Allgemeine Technikwissenschaften an der Brandenburgischen Technischen Universität Cottbus.

Dr. Nicole Zillien vertritt die Professur für Soziologie (insb. Konsum- und Kommunikationsforschung) an der Universität Trier.

Register

Access s. Zugang zu Information
   s. Zugänglichkeit, Dimensionen der
Accessibility 5, 33
Allmendegüter s. Common-Pool Resources
Alphabetisierung 2, 91–105
   s. a. Leseförderung
Alter 3, 5, 38, 81, 108–112, 115–116, 118–120,
   123–124, 126–129, 131, 136, 154–158,
   164–165, 177, 179, 200, 204
Analphabetismus 2, 5, 8, 91–105, 156, 179,
   184, 202

Bibliotheken 2, 7–8, 17, 31, 58–59, 64, 83,
   153–170, 202
Bibliotheksgesetze 153
Bildung 1, 3–4, 8, 17, 31, 59–60, 67, 81–82,
   85, 91–105, 108–111, 113, 115, 117–120,
   123–131, 141, 153–154, 156–157, 159,
   163–165, 173, 184–185, 190, 195–197,
   200, 204–206
Blogs 76–77, 134–136, 138–139, 143–144,
   146, 148, 196, 198
Bottom-Up-Ansatz 35, 180, 198, 211–212

Capabilities (Sen) 24–35, 199, 211
Cloud Computing 69
Commons 7, 21, 46–67
Common-Pool Resources 46–67
Computer Literacy
   s. Informationskompetenz
Copyright s. Urheberrecht
Creative Commons 60, 141

Datenschutz 24, 37, 69, 76, 80, 84–85, 139,
   147–148
Diffusionstheorie 3, 5, 118–120, 196
Digital Divide 7–8, 19, 21–23, 27–28, 30, 39,
   80, 108–131, 162, 173–190, 194–195,
   197, 199, 204, 211
Digital Rights Management 54, 60–61
Digitale Kompetenzen
   s. Informationskompetenz
Digitale Spaltung s. Digital Divide
Digitale Ungleichheit s. Digital Divide

E-Agriculture 179, 197, 208–209
E-Business s. E-Commerce
E-Commerce 127, 197, 207–208
E-Government 81, 197, 207
E-Health 197, 205–206, 209
E-Learning 195, 197, 206, 209
Eigentumsrechte 49, 55–56, 61, 64, 66, 76, 83
Entwicklungspolitik 9, 18–19, 23, 25, 32–33,
   36, 72, 80, 83, 109, 113, 118–119, 174,
   184, 187, 194–212
Erwachsenenbildung 91–105, 131
Erwerbstätigkeit 97, 99–100, 102–103, 156,
   165
EU s. Europäische Union
Europäische Union 18, 71, 77–79, 81, 83–85

Förderdiagnostik 91–105
Freiheit 18–20, 25, 27–29, 46, 69, 72–80,
   84, 148, 174, 209

Gemeingüter s. Commons
Gerechtigkeitstheorie 19, 24–39
Geschlecht 3, 108–112, 117–118, 120, 124–
   125, 127, 129, 136, 155, 157, 165, 183,
   204, 208
Gleichheit s. Ungleichheit
GNU 141
Grundrechte s. Menschenrechte
Gütertheorie 46–67

Handys s. Mobiltelefone
Hole in the Wall-Projekt 173–190
Human-Computer-Interaction 24, 34

ICT 9, 18–19, 28, 30–31, 38, 53, 58–60, 74,
   84, 108, 111–112, 114–115, 128, 134, 157,
   181, 188, 194–212
ICT4D 9, 19, 23–24, 28, 33, 35, 38, 181,
   194–212
Inclusive Design 31, 33–34
Information (Definition) 1, 15–17
Information als Gut 7, 9, 16–22, 28–29, 46–67
Information and Communication Technology
   for Development s. ICT4D

Information Behavior Research 24, 31, 34–35, 37
Information Literacy Assessment 32
Information und Demokratie 2–3, 6, 17–19, 37–38, 69, 75, 162, 207
Informationelle Grundversorgung 21, 36–37
Informationelle Eingriffsfreiheit 37
Informationelle Selbstbestimmung 8, 134, 147–149
Informations- und Kommunikationstechnologien s. ICT
Informationsaustausch 8, 37–38, 69, 153, 195
Informationsdesign 24, 33–35, 188, 211
Informationsfreiheit 70, 72–75, 77–79, 81–82, 85
Informationsgerechtigkeit 6–9, 15–39, 55, 86, 173–190, 195, 199–212
  Begründung 7, 15–22
  Metrik 8, 22–35
  Ziele 8–9, 35–39
Informationsgesellschaft 4–6, 16, 21, 23, 28, 37–38, 69–86, 111, 121, 134, 197–198, 200–201
Informationskompetenz 5, 29–34, 121–127, 199–200, 202–205
Informationskompetenz, Messung der s. Information Literacy Assessment
Informationsethik 7, 19, 28–29, 31, 55–56, 67, 148
Informationsfilterung 6, 69–70, 75–77, 134, 138, 142–148, 154, 160, 209
Informationsmarkt 29, 46–67, 113, 175
Integration 8, 153, 165–167, 169, 194
Intergenerationelle Gerechtigkeit 38–39, 61
International Telecommunications Union 30, 118–119, 194–196, 198, 200–201, 203
Internet Governance 71–72, 79–80
Internetnutzung 5, 8, 21, 32, 69, 82, 117, 121, 123–129, 148, 157, 159, 162, 196, 202, 207

Journalismus 70, 77, 139, 144–146, 198

Kinder und Jugendliche 69, 75, 85, 100–101, 109, 155–159, 161, 164, 166–167, 176–179, 182–183, 189–190, 204, 206

Knowledge Gap s. Wissenskluftforschung
Kollaboration 61, 66, 138, 140–142, 144, 146–147, 182, 198
Kulturelle Überlieferung 38–39, 163
Lesefähigkeit 2, 8, 91–105, 159, 202–203
  s. a. Analphabetismus
  s. a. Literalität

Leseförderung 91–105, 155
  s. a. Alphabetisierung
Lesen 1, 2, 5, 8, 91–105, 154–156, 158–159, 166, 169, 176, 179, 199, 202–203
Literalität 2, 8, 91–105

Medienkompetenz s. Informationskompetenz
Meinungsäußerungsfreiheit 7, 70, 72–82, 84–85
Menschenrechte 7, 17–19, 46, 69–86, 162–163, 174, 200–201
Mobiltelefone 185, 194, 196, 199–200, 202–206, 208
Motivation 3, 23, 99–100, 108, 110, 113, 115, 117, 119, 121, 124, 129, 140–141

Öffentliche Güter s. Commons
Öffentlichkeit 38, 51, 56, 58, 60–61, 63–64, 66, 134, 137, 139–140, 144–149
One Laptop per Child-Projekt 173–190, 206
Open Access 52, 60–67, 161
Open Source 60–61, 139, 180, 187

Partizipation s. Teilhabe
PISA 95, 154–155
Primärgüter (Rawls) 19–20, 22, 25, 28, 39

Rawls-Sen-Debatte 6, 19, 24–36, 38–39
Recht auf Information 7, 32, 70, 72–82, 85
Recht auf Bildung 81–82, 85, 163–164, 185
Regulierung 53, 55, 67, 71, 79, 194, 200–201
Relationale Ungleichheit s. Ungleichheit
Relevanz 16–20, 22–23, 139, 143–144
Resources (Rawls) 24–35

Schlüsselqualifikationen 8, 153–156
Schreibfähigkeit 2, 91–105, 156, 176, 203–204
  s. a. Analphabetismus
  s. a. Literalität

Schriftsprache 91–95, 99–100, 105, 199
Simputer-Projekt 173–190
Social Media s. Soziale Medien
Software 54, 60–61, 77, 83, 113–114, 120–121, 134, 138–141, 143, 145, 147–148, 176–177, 180, 187, 196
Soziale Medien 8, 37, 69, 76, 79, 125–127, 134–149, 195
Soziale Ungleichheit s. Ungleichheit
Stakeholder 71, 85, 190, 198
Stratifizierung 17, 21–22, 108–131
Suchmaschinen 76, 79, 126, 157, 159

Teilhabe 1, 8, 19, 20, 83, 104–105, 111–112, 114, 126–128, 131, 134, 140, 146–148, 153–154, 163, 165, 185, 200, 207, 210–212
Top-Down-Ansatz 188, 190, 212

UN s. Vereinte Nationen
UNESCO 17, 18, 32, 38, 69, 71, 91, 100, 163–164
Ungleichheit 3–6, 8, 21–25, 27, 29, 35–36, 39, 91–105, 108–131, 146, 148, 185, 190, 194, 197, 199, 200–201
Urheberrecht 21, 24, 37, 51–52, 54, 57–59, 62–64, 66–67, 69, 82–84, 141
Usability 33–34

Vereinte Nationen 17, 32, 70–71, 73–74, 76, 81, 196, 198, 200, 206
Verlage 56, 59–60, 63–65, 161

Web 2.0 s. Soziale Medien
WikiLeaks 69–70
Wikipedia 135–137, 140–142, 148
Wissensgesellschaft s. Informationsgesellschaft
Wissenskluftforschung 4, 6, 21, 23, 27, 126, 190
Wissensökologie 46–67
Wissensökonomie 46–67
s. a. Informationsmarkt
World Summit on the Information Society 17, 18, 70, 198

Zensur 1, 61, 69, 75–76
Zugang zu Information 2–3, 5, 7–9, 18–19, 23–24, 27–29, 38–39, 50, 52, 62, 64, 66, 69–70, 74, 76, 86, 153, 161–162, 179, 184
Zugang zum Internet 5, 7, 17, 27, 69, 71–73, 80–84, 86, 108–131, 146, 167, 174, 179, 185–186, 190, 197, 199, 211
Zugänglichkeit, Dimensionen der 4–5, 8, 23–24, 29–33, 38–39, 52–54, 58, 67, 74, 83, 108–131, 161–162, 185, 199–205